本书是湖南省教育厅2018年科学研究重点项目
“实现湖南精准脱贫目标的乡村振兴引领示范路径与政策研究——
基于长株潭城市群两型社会建设经验”（18A352）的阶段性成果
湖南工程学院经济学院“经济学专业”湖南省“双一流”专业建设阶段性成果
本书获湖南省“双一流”应用特色工商管理学科项目（湘教通〔2018〕469号）和“数智赋能、跨链融通”新商科政产学研协同育人机制创新与实践项目（湘教通〔2021〕94号）资助

城市化效率与对外贸易

陈辉民　徐运保　著

湘潭大学出版社

图书在版编目（CIP）数据

城市化效率与对外贸易 / 陈辉民，徐运保著. -- 湘潭：湘潭大学出版社，2021.5

ISBN 978-7-5687-0562-2

Ⅰ. ①城… Ⅱ. ①陈… ②徐… Ⅲ. ①对外贸易—影响—城市化—经济发展—经济效率—中国 Ⅳ. ①F752 ②F299.21

中国版本图书馆 CIP 数据核字（2021）第 098026 号

城市化效率与对外贸易

CHENGSHIHUA XIAOLü YU DUIWAI MAOYI

陈辉民 徐运保 著

责任编辑：丁立松
封面设计：张丽莉
出版发行：湘潭大学出版社
社　　址：湖南省湘潭大学工程训练大楼
电　　话：0731-58298960 0731-58298966（传真）
邮　　编：411105
网　　址：http://press.xtu.edu.cn/
印　　刷：广东虎彩云印刷有限公司
经　　销：湖南省新华书店
开　　本：787 mm×1092 mm 1/16
印　　张：11.5
字　　数：287 千字
版　　次：2021 年 5 月第 1 版
印　　次：2022 年 3 月第 1 次印刷
书　　号：ISBN 978-7-5687-0562-2
定　　价：48.00 元

前　言

本书融合了国际经济学和城市经济学关于对外贸易和城市化的理论成果，运用空间计量方法分析对外贸易与城市化效率的关系，为该领域的研究者提供了一些新的素材。

本书重点构建了平衡面板空间杜宾随机前沿模型，测度了中国 31 个省（市、自治区）1990—2017 年的城市化效率，并考察了对外贸易对城市化效率影响的机理机制。

本书分为 5 章。第 1 章为导论。第 2 章为城市化效率与研究方法综述。第 3 章为空间面板杜宾随机前沿模型构建与推导。第 4 章为基于空间面板杜宾随机前沿模型的区域城市化效率测度分析。第 5 章为对外贸易影响城市化效率的计量分析。

感谢湖南省教育厅 2018 年科学研究重点项目“实现湖南精准脱贫目标的乡村振兴引领示范路径与政策研究——基于长株潭城市群两型社会建设经验”（项目编号：18A352）、湖南省 2020 年普通高等学校课程思政建设研究项目“‘数理金融’课程思政教学改革的研究与实践”（项目编号：HNKCSZ-2020-0486）、湖南工程学院经济学院“经济学专业”湖南省“双一流”专业建设项目、湖南省“双一流”应用特色工商管理学科项目（湘教通〔2018〕469 号）和“数智赋能、跨链融通”新商科政产学研协同育人机制创新与实践项目（湘教通〔2021〕94 号）的资助，使得我能够持续研究和整理出版该著作。同时，感谢我的妻子给予我最大的支持，感谢我的女儿果果带给我前进的力量！

陈辉民

（湖南工程学院经济学院金融工程教研室）

2021 年 2 月

目　录

第1章　导　论

1.1　引　言

Paelinck 和 Klaasen(1979)的《Spatial Econometrics》、Luc Anselin(1988)的《Spatial Econometrics:Methods and Models》、LeSage 和 Pace(2009)的《Introduction to Spatial Econometrics》、Paul Elhorst(2014)的《Spatial Econometrics:From Cross-Sectional Data to Spatial Panels》、Kelejian 和 Piras(2017)的《Spatial Econometrics》等优秀的空间计量学教材的出现为区域和城市计量经济学模型的构建提供了方法论基础。空间计量经济学强调空间相关性和异质性,正好契合城市化理论的内涵。城市化理论涉及城市发展的方方面面(陈辉民,2015,2016,2018;Chen,2017,2018),如人口城市化、土地城市化、经济城市化、生活城市化。从过程和结果的统一体角度理解城市化,城市化效率自然就成为城市化理论的重要部分,但现有文献对该领域的研究相对薄弱。

自靳相木(2005)首次提出城市化效率概念以来,城市化效率相关研究引起较多学者关注,并取得较丰富的成果。研究成果主要集中在城市化效率的内涵提炼和表现、影响城市化效率的国内因素等。总结重点文献发现数据包络分析和随机前沿分析是目前主流的测度城市化效率的手段,但这些文献很少考虑区域相关性,因此,研究结论与现实情况存在一定的差距。考虑到空间计量模型应用领域的广泛性和空间相关性的普遍性,该书重点参考Tsukamoto(2018)的研究方法,建构了平衡面板空间杜宾随机前沿模型。

为实现空间计量方法和城市化效率研究的融合,基于开源软件丰富的资源,选用了 R 软件,参考 R 软件丰富的包的编程思想,编写并调试代码,测度区域城市化效率,并运用空间计量方法分析对外贸易影响城市化效率的机理机制。

1.2 本书的内容与结构

本书分为 5 章,总体上回顾了城市化效率的研究成果及研究方法,构建了平衡面板空间随机前沿模型,测度了中国 31 省(市、自治区)的城市化效率,并进行了对外贸易影响城市化效率的计量分析。

第 1 章为导论部分,分为 3 节。1.1 节引入使用空间随机前沿模型研究城市化效率的背景。1.2 节介绍了本书的内容与结构,方便读者查阅与深入研究。1.3 节介绍了 R 语言最为重要的空间计量模型包。

第 2 章分为 2 节,分别回顾了城市化效率的研究成果和研究方法。2.1 节从内涵、衡量指标和研究成果等方面回顾了城市化效率的研究进程。2.2 节从随机前沿分析方法、投入产出方法、截面数据的单方程随机前沿模型、面板数据的单方程随机前沿模型、空间截面与面板数据的单方程随机前沿模型五个方面简要回顾常用的随机前沿方法。

第 3 章分为 3 节,介绍平衡面板空间杜宾随机前沿模型。3.1 节简要回顾索洛余值(1957)法、Olley-Pakes(1996)法、Levinsohn-Petrin(2003)法、Ackerberg,Caves 和 Frazer(2015)法五种研究区域效率的参数化方法。3.2 节从理论模型形式、内嵌的理论模型、最大似然函数、技术效率四个方面建构平衡面板空间杜宾随机前沿模型。3.3 节从模型构建、模型推导、技术效率的推导三个方面给出详细的推导过程。

第 4 章分为 9 节,从引言、文献综述、空间面板杜宾随机前沿模型、变量选择、数据来源及说明、变量描述性统计、变量相关性分析、估计结果分析、结论等方面对空间杜宾模型测度城市化效率进行分析。

第 5 章分为 5 节,从引言、文献综述、出口贸易和外商直接投资作用区域城市化效率的理论分析、实证分析及结果呈现、结论与讨论等方面分析对外贸易影响城市化效率的机理机制及作用程度。

1.3 相关软件基础

1.3.1 R 软件

R 软件是一种用于统计计算和图形的语言和环境。R 软件提供了各种各样的统计(线性和非线性建模、经典统计测试、时间序列分析、分类、聚类等)和图形技术,并且具有高度的可扩展性。

R 软件容易生成设计良好的出版质量图、数学符号和公式。用户对图形设计的细节保留了完全的控制权。

R软件在自由软件基金会的GNU通用公共许可证的条款下以源代码形式作为自由软件提供。它可以在各种UNIX平台和类似系统(包括FreeBSD和Linux)、Windows和MacOS上编译和运行。

R软件是一套用于数据操作、计算和图形显示的集成软件。它主要包括:

(1) 一个有效的数据处理和存储设施;

(2) 一套运算符,用于数组,特别是矩阵的计算;

(3) 大量的、连贯的、集成的中间数据分析工具;

(4) 用于数据分析和在屏幕上或硬拷贝上显示的图形设备;

(5) 一种开发良好、简单和有效的编程语言,包括条件、循环、用户定义递归函数和输入输出工具。

R软件环境允许用户通过定义新功能来添加额外的功能。计算密集型任务时,可以在运行时链接和调用C、C++和Fortran代码。高级用户可以编写C代码来直接操作R对象。

R软件是一个实现统计技术的环境。R软件可以通过包进行扩展。R软件发行版提供了大约8个包,更多的包可以通过CRAN家族的Internet站点获得,涵盖了非常广泛的现代统计数据。

R软件有自己的类似于LaTex的文档格式,用于提供全面的文档,包括多种在线格式和硬拷贝格式。

1.3.2 重要的空间计量分析R包

进行空间计量分析可以参考的重要R包有sp,spdep,spatialreg,splm。

sp包是用来处理空间数据、绘制地图的基础包。

spdep包用来创建空间权重矩阵、进行全局和局部Morans I、Gearys C空间自相关检验和空间异质性检验。

spatialreg包用来处理截面空间数据,包括空间自回归模型SAR、空间滞后模型SLM、空间误差模型(SEM)、空间杜宾模型(SDM)等。

splm包使用最大似然法和广义矩阵方法处理空间面板数据模型,包括空间面板SAR、SEM、SLM、SDM、SAC模型等。

可以使用R语言的CRAN任务视图功能安装所需的统计包。CRAN任务视图功能旨在提供一些指导,说明哪些CRAN上的包与某个主题的任务相关,给出了包括的包的简要概述,并可以使用ctv包自动安装。主要包括Econometrics、Optimization、Spatial、Spatio Temporal、TimeSeries六个任务包。

要自动安装视图，使用 ctv 包：

```
install.packages(ctv)
```

然后视图可以通过 install 安装或更新。

```
ctv::install.views("Econometric")
ctv::update.views("Econometric")
ctv::install.views("Optimization")
ctv::update.views("Optimization")
ctv::install.views("Spatial")
ctv::update.views("Spatial")
ctv::install.views("SpatioTemporal")
ctv::update.views("SpatioTemporal")
ctv::install.views("TimeSeries")
ctv::update.views("TimeSeries")
```

第2章 城市化效率与研究方法综述

城市化效率涉及面广，从研究的便利性考虑，理论研究一般基于投入产出的角度将其理解为城市发展的经济效率，非参数化方法（如数据包络分析方法）和参数化分析方法（如投入产出法和随机前沿法）被广泛使用。基于研究的需要，本部分简要回顾了城市化效率研究进展和参数化方法，以夯实研究基础。

2.1 城市化效率研究综述

2.1.1 内 涵

城镇化效率（urbanization efficiency）是城镇化良性发展的内核，也是决定城镇化质量的一个关键环节，提升城镇化效率，有利于解决部分城市问题和提升城镇化质量。将城市比作企业，那么城市的投入与产出关系便形成了城市效率。效率是指单位要素投入在一定时间内完成的工作量。城市化过程涉及面广，城市化的结果也呈现多面性，因此对城市化效率内涵与外延的确定，尚未形成一致的观点。基于效率定义角度，城市化效率可以理解为城市单元单位投入在一定时间创造的物质产品和经济产品的价值总和（王嗣均，1994）；基于宏观经济管理角度，城市化效率是指一个国家或地区在一定时期内城镇化的“投入”与“产出”关系（靳相木，2005；万庆 等，2015）；基于具体产业角度，城市化效率（urban productivity）可以理解为城市制造业的相对经济绩效（Kim，1992）；基于资源环境角度，城市化效率是土地效率、能源效率、水资源效率、环境效率的综合（魏后凯 等，2017）；基于城市化结果，城市化效率可以理解为城市经济效率（以城市居住人口每人平均总产值或收入为准，以城市土地单位面积平均产值表述）、居住效率（城市建成区单位面积上容纳的居民数）、运行效率（交通运输系统、情报通信系统、能源供应系统、给排水系统、环卫处理系统）和环境效率（防治环境污染的投资与因环境污染、生态破坏所造成的经济损失之比）四部分的综合结果（李博之，1987）；基于灯光数据，城市化效率等同于灯光城镇效率（Wu et al.，2016）。

2.1.2 衡量指标

从理论和实践研究角度综合分析，把城市化效率理解为投入产出关系更为稳当。衡量城市化效率一般使用两种方法：一种是单一指标比例法（Kim，1992），常用人均国民收入、人均国内生产总值、人均工农业总产值指标衡量（Moomaw，1981）；一种是复合指标法，如用第二、三产业产值与城市区域总人口和非农业人口的平均值之比，第二、三产业产值与城市建成区面积之比，第二、三产业产值与城市自然科学技术人员人数之比，城市工业百元资金提供的利税，城市万元国内生产总值耗电量和万元国内生产总值耗水量综合反映（王嗣均，1994）。

2.1.3 研究成果

总结研究城市化效率的核心文献成果发现：(1)研究的区域：省级层面，如中国31省市（王家庭 等，2009；Yuan et al.，2015）、28个省市（金相郁，2007；Charnes et al.，1989）、30个省市（Fang et al.，2018）；城市群，如长三角、珠三角、京津冀（李红锦 等，2012）；地级市，中国地级市196个（刘秉镰 等，2009）、41个城市（金相郁，2006）、202个地级市（李郇 等，2005）、127个市镇（Hunjet et al.，2015）、28个核心城市（Charnes et al.，1989）。(2)研究时间：时间段（1990—2012）（金相郁，2006，2007；李郇 等，2005；刘秉镰 等，2009；王家庭 等，2009；Yuan et al.，2015）；单个时间，如2012年（Fang et al.，2018）。(3)研究方法：非参数方法，DEA（李红锦 等，2012；Charnes et al.，1989）、DEA-Malmquist方法（刘秉镰 等，2009；王家庭 等，2009；金相郁，2006，2007）、SBM方法（Yuan et al.，2015）；SRSBM-DEA（Fang et al.，2018）、三阶段DEA（Jia et al.，2017）、窗口分析方法（Hunjet et al.，2015）；参数方法，SFA（戴永安，2010）。(4)投入-产出指标选择：两个投入（劳动和资本）单产出（地区生产总值）（金相郁，2006；Hunjet et al.，2015）；两个投入（劳动和资本）两个产出（地区生产总值和财政收入）（刘秉镰 等，2009；汤洁 等，2014）；多投入单产出（刘雷 等，2015；李俊奇 等，2015；翟爱梅 等，2014；李红锦 等，2012；金相郁，2006，2007）；多投入两产出（张明斗 等，2012；肖文 等，2011；张军涛 等，2011；王家庭 等，2009）；多投入多产出（李许卡 等，2018；李成刚 等，2018；魏后凯 等，2017；谢永琴 等，2018；尹鹏 等，2017；赵黎明 等，2015；万庆 等，2015；范建双 等，2015；王晓鹏 等，2014；张明斗 等，2012；吴莹 等，2017；胡彪 等，2017；李郇 等，2005；Jia et al.，2017；Yuan et al.，2015；Fang et al.，2018；Charnes et al.，1989）。(5)研究结果：基于总体，文献研究结果呈现两种相反的结果。第一种是城市化效率整体下降（王家庭 等，2009；李郇 等，2005），并呈现出区域差异性（李俊奇 等，2015；张明斗，2013；张明斗 等，2012；肖文 等，2011；李许卡 等，2018）。第二种是城镇化效率上升，虽呈现东中西递进演变和区域集聚趋势，但差距在扩大(吴莹 等，2017；戴永安，2010；金相郁，2007)，城市生产效率尚未达到最佳规模状态(金相郁，2006)。基于区域，沿海城市群城镇化综合效率虽一般，但效率指标均值均呈上升趋势(尹鹏等，2017)；东部地区效率远高于中西部地区(金相郁，2007)；山西、安徽、河南城镇化效率、技术效率及技术进步效率基本上呈现下降趋势，且区域间差异波动明显(谢永琴 等，2018)；东北三省 34 个地级市城市效率较低(张军涛 等，2011)。从城市经济增长的途径分析，把城市经济增长分为两类：褐色增长(即增长伴随污染物增加)和绿色增长(即增长伴随着污染降低)。城市经济为褐色增长类，城市发展无效率；城市经济为绿色增长类，则城市发展有效率(Quaas et al.，2018)。(6)影响城市化效率的因素：制约城市化效率的因素主要有制度及认识偏差(吴敬琏，2012，2013)、资产投资和信息化水平(张军涛 等，2011)、城市规模(Sveikauskas，1975；石林，2015)、要素投入冗余和资源空间配置(李红锦 等，2012)、“五力”(即行政力、市场力、外向力、内源力、外向力(外资和外贸))(范建双 等，2015)。

2.2　区域生产效率研究方法综述

2.2.1　随机前沿分析方法

随机前沿方法由 Aigner，Lovell，Schmidt(1977)和 Meeusen，van den Broeck(1977)提出，经 Greene(1990)，Stevenson(1990)，Tsionas(2000，2002)扩展，广泛应用到农业经济、健康、市场和区域等领域(Tsionas et al.，2016)。

1. 随机产出前沿公式

随机产出前沿模型公式为：

$\ln y_i = \ln y_i^* - u_i, u_i \geqslant 0$，给定 $u_i \geqslant 0$，观测的 y_i 处于前沿产出 y_i^* 之下。

$\ln y_i^* = f(x_i;\beta) + v_i$，为随机前沿函数，给定 x，前沿给出最大可能产量，随机性取决于 v_i，v_i 为零均值随机变量，$u_i \geqslant 0$ 时产出无效率。

模型可以改写为：$\ln y_i = f(x_i;\beta) + \varepsilon_i, \varepsilon_i = v_i - u_i$，其中 ε_i 称为合成误差。

$u_i = \ln y_i^* - \ln y_i$，也可改写为 $\exp(-u_i) = \frac{y_i}{y_i^*} u_i \times 100\%$，表示达到最大产出可以增长的部分，也可以理解为技术无效率占比。估计的 u_i^* 是指以产出为导向的技术无效率(趋近于 0 表示完全效率，趋近于 1 表示完全无效率)，$\exp(-u_i) \subset [0,1]$表示实际产出占最大产出的比例，是指公司 i 的技术效率；$\exp(-u_i) \times 100\%$表示公司 i 的最大产出占比。

2. 效率估计

(1) 假定 u_i 的分布随机

使用 Winsten(1957)提出的 COLS 方法(corrected ordinary least square)估计效率与无效率,转化模型和估计方法如下:

① 模型为:

$$\ln y_i = \ln y_i^* - u_i, u_i \geqslant 0, \ln y_i^* = f(x_i; \beta) \tag{2-1}$$

假定模型对数线性或线性,则 $\ln y_i = \beta_0 + \tilde{x}'_i \tilde{\beta} - u_i$。

② 估计步骤:

第 1 步:使用 OLS,估计 y 对 $\tilde{x}$ 和常数 1 的系数,得到 $\ln y_i = \hat{\beta}_0 + \tilde{x}'_i \hat{\tilde{\beta}} + \hat{e}_i$。

其中,$\hat{e}_i$ 为 OLS 估计的残差,$E(u_i) \neq 0$,$\hat{\beta}_0$ 估计有偏,$\hat{\tilde{\beta}}$是一致性估计,但可以获得零均值的 OLS 残差 $\hat{e}_i$,即 $\hat{e}_i = \ln y_i - [\hat{\beta}_0 + \tilde{x}'_i \hat{\tilde{\beta}}]$。

第 2 步:调整截距的系数,在估计的系数的基础上加上截面 i 最大的残差项($\hat{e}_i$),确保所有的观测值都在调整后的产量函数上,则残差变为:

$$\hat{e}_i - \max\{\hat{e}_i\} = \ln y_i - \underbrace{\{[\hat{\beta}_0 + \max\{\hat{e}_i\}] + \tilde{x}'_i \hat{\tilde{\beta}}\}}_{\text{估计的前沿函数}} \leqslant 0 \tag{2-2}$$

$$\hat{u}_i = -(\hat{e}_i - \max\{\hat{e}_i\}) \geqslant 0 \tag{2-3}$$

其中,$\hat{u}_i$ 为估计的无效率;技术效率$\widehat{TE_i} = \exp(-\hat{u}_i)$。

(2) 假定 u_i 的分布确定

① 半正态分布条件(half-normal distribution)

(a) 预先检验

Schmidt 和 Lin(1984)建议使用 OLS 检验随机前沿设定的有效性,作为预先检验。产量前沿条件:OLS 估计的残差呈现左偏特征;成本前沿条件;残差呈现右偏特征;零假设为无偏;备择假设:有偏(左偏或右偏)。选择一个偏度检验的样本矩 $\sqrt{b_1} = \frac{m_3}{m_2\sqrt{m_2}}$,$m_2$,$m_3$ 为 OLS 残差第二、第三样本矩,即 $m_2 = \frac{1}{n}\sum_{i=1}^{n}(x-\bar{x})^2$,$m_3 = \frac{1}{n}\sum_{i=1}^{n}(x-\bar{x})^3$。如果$\sqrt{b_1} < 0$,OLS 残差左偏;$\widehat{\sqrt{b_1}} > 0$,OLS 残差右偏。$\sqrt{b_1}$非标准,临界值可以在 D'Agostino,Pearson(1973)查到。

Coelli(1995)建议使用 M3T$= m_3 / \sqrt{6m_2^3/N}$统计量,此统计量呈渐进标准正态分布。

(b) 最大似然法函数

效率模型为:

$$\ln y = \ln y_i^* - u_i \tag{2-4}$$

$$\ln y_i^* = x_i\beta + v_i \tag{2-5}$$

$$u \sim \text{iid. } N^{+}(\mu, \sigma_u^2)$$

$$v \sim \text{iid. } N(\mu, \sigma_v^2)$$

其中，u，v 相互独立；β，σ_u^2，σ_v^2 是待估参数。

可以使用非零均值标准正态法和零均值标准正态法进行处理，具体如下：

非零均值标准正态法：假设随机变量 $z \sim N(\mu, \sigma_z^2)$，其概率密度函数为 $g(z)$，在 a 点截断，$z \geqslant a$，则其截断密度函数 $f(z)$ 为：

$$f(z) = \frac{g(z)}{1 - \Phi\left(\frac{a-\mu}{\sigma_z}\right)} = \frac{\frac{1}{\sigma_z}\phi\left(\frac{z-\mu}{\sigma_z}\right)}{1 - \Phi\left(\frac{a-\mu}{\sigma_z}\right)}, z \geqslant a \tag{2-6}$$

$\phi(\cdot)$，$\Phi(\cdot)$分别为标准正态分布的概率密度函数和概率分布函数。

$$f(u_i) = \frac{\frac{1}{\sigma}\phi\left(\frac{u_i}{\sigma}\right)}{1 - \Phi(0)} = \frac{2}{\sigma}\phi\left(\frac{u_i}{\sigma}\right) = 2(2\pi\sigma^2)^{-\frac{1}{2}}\exp\left(-\frac{u_i^2}{2\sigma^2}\right), u_i \geqslant 0 \tag{2-7}$$

非零均值标准正态法：

$$w \sim N(\mu, \sigma_w^2), z = |w|,$$

$$f(z) = \left(\frac{1}{\sigma_w}\right)\left[\phi\left(\frac{z-\mu}{\sigma_w}\right) + \phi\left(\frac{z+\mu}{\sigma_w}\right)\right], z \geqslant a \tag{2-8}$$

对数似然函数：

$$L_i = -\ln\left(\frac{1}{2}\right) - \frac{1}{2}\ln(\sigma_v^2 + \sigma_u^2) + \ln\phi\left(\frac{\varepsilon_i}{\sqrt{\sigma_v^2 + \sigma_u^2}}\right) + \ln\phi\left(\frac{\mu_{*i}}{\sigma_*}\right) \tag{2-9}$$

$$\mu_{*i} = \frac{-\sigma_u^2 \varepsilon}{\sigma_v^2 + \sigma_u^2} \tag{2-10}$$

$$\sigma_*^2 = \frac{\sigma_v^2 \sigma_u^2}{\sigma_v^2 + \sigma_u^2} \tag{2-11}$$

(c) 单边分布存在检验

使用 LR 检验单边分布存在性（u_i 为无效率项），零假设——没有单边分布（即不存在无效率项 u_i，$\sigma_u^2 = 0$），具体有三种方法：

第一种为偏度检验。

第二种为 LR 法，即

$$\text{LR} = -2[L(H_0) - L(H_1)]\text{，自由度为受到约束的个数}$$

其中，$L(H_0)$为使用 OLS 估计的对数似然值，受约束的估计；$L(H_1)$为使用 ML 估计的随机前沿对数似然值，不受约束的估计。

第三种为 Battese 和 Corra(1977)提出的 Gamma 参数法 $\gamma = \frac{\sigma_u^2}{\sigma_u^2 + \sigma_v^2}$。

(d) 效率测算

使用 Jondrow，Lovell，Materov，Schmidt(1982)和 Battese，Coelli(1988)方法测度效率。Jondrow，Lovell，Materov，Schmidt(1982)效率测度公式为：

$$E(u_i|\varepsilon_i)=\frac{\sigma_*\phi\left(\frac{u_{*i}}{\sigma_*}\right)}{\Phi\left(\frac{u_{*i}}{\sigma_*}\right)}+u_{*i} \tag{2-12}$$

$$\mu_{*i}=\frac{-\sigma_u^2\varepsilon}{\sigma_v^2+\sigma_u^2} \tag{2-13}$$

$$\sigma_*^2=\frac{\sigma_v^2\sigma_u^2}{\sigma_v^2+\sigma_u^2} \tag{2-14}$$

或者

$$M(u_i|\varepsilon_i)=\begin{cases}u_{*i},u_{*i}>0\\0,u_{*i}\leqslant 0\end{cases} \tag{2-15}$$

Battese 和 Coelli(1988)效率测度公式为：

$$E[\exp(-u_i)|\varepsilon_i]=\exp\left(-u_{*i}+\frac{1}{2}\sigma_*^2\right)\frac{\Phi\left(\frac{u_{*i}}{\sigma_*}-\sigma_*\right)}{\Phi\left(\frac{u_{*i}}{\sigma_*}\right)} \tag{2-16}$$

(e) 效率置信区间

置信区间是由 Horrace 和 Schmidt(1996)，Hjalmarsson 等(1996)，Bera 和 Sharma(1999)所推出的：显著性水平为$(1-\alpha)\times 100\%$的下置信区间 L_i 和上置信区间 U_i 为：

$$L_i=u_{*i}+\Phi^{-1}\left\{1-\left(1-\frac{\alpha}{2}\right)\left[1-\Phi\left(-\frac{u_{*i}}{\sigma_*}\right)\right]\right\}\sigma_* \tag{2-17}$$

$$U_i=u_{*i}+\Phi^{-1}\left\{1-\frac{\alpha}{2}\left[1-\Phi\left(-\frac{u_{*i}}{\sigma_*}\right)\right]\right\}\sigma_* \tag{2-18}$$

$$\mu_{*i}=\frac{-\sigma_u^2\varepsilon}{\sigma_v^2+\sigma_u^2}\sigma_*^2=\frac{\sigma_v^2\sigma_u^2}{\sigma_v^2+\sigma_u^2} \tag{2-19}$$

效率的上、下置信值分别为：

$$L_i=\exp(-U_i) \tag{2-20}$$

$$U_i=\exp(-L_i) \tag{2-21}$$

② 截断正态分布条件(truncated-normal distribution)

此假设下的效率分析模型由 Stevenson(1980)提出，具体公式如下：

$$\ln y=\ln y_i^*-u_i \tag{2-22a}$$

$$\ln y_i^*=x_i\beta+v_i \tag{2-22b}$$

$$u_i\sim \text{iid. } N^+(\mu,\sigma_u^2)$$

$$v_i\sim \text{iid. } N(0,\sigma_v^2)$$

其中，u，v 相互独立；β，σ_u^2，σ_v^2 是待估参数。

模型可以改写为：$\ln y_i = x_i\beta + \varepsilon_i$，$\varepsilon_i = v_i - u_i$。

(a) 推导截断分布

$$f(z_i)=\frac{\frac{1}{\sigma}\phi(z_i)}{1-\Phi\left(\frac{-\mu}{\sigma}\right)}=\frac{1}{\sqrt{2\pi}\Phi\left(\frac{\mu}{\sigma}\right)}\exp\left(-\frac{(z_i-\mu)^2}{2\sigma^2}\right),z_i\geqslant 0 \tag{2-23}$$

(b) 对数似然函数(The Log-Likelihood Function)

$$L_i=-\frac{1}{2}\ln(\sigma_v^2+\sigma_u^2)+\ln\phi\left(\frac{\mu+\varepsilon_i}{\sqrt{\sigma_v^2+\sigma_u^2}}\right)+\ln\phi\left(\frac{\mu_{*i}}{\sigma_*}\right)-\ln\phi\left(\frac{\mu}{\sigma_u}\right) \tag{2-24}$$

$$\mu_{*i}=\frac{\sigma_v^2\mu-\sigma_u^2\varepsilon_i}{\sigma_v^2+\sigma_u^2} \tag{2-25}$$

$$\sigma_*^2=\frac{\sigma_v^2\sigma_u^2}{\sigma_v^2+\sigma_u^2} \tag{2-26}$$

为保证方差为正值，参数化：

$$\sigma_u^2=\exp(w_u) \tag{2-27}$$

$$\sigma_v^2=\exp(w_v) \tag{2-28}$$

(c) 技术效率公式

$$E(u_i|\varepsilon_i)=\frac{\sigma_*\phi\left(\frac{u_{*i}}{\sigma_*}\right)}{\Phi\left(\frac{u_{*i}}{\sigma_*}\right)}+u_{*i} \tag{2-29}$$

$$\mu_{*i}=\frac{\sigma_v^2\mu-\sigma_u^2\varepsilon_i}{\sigma_v^2+\sigma_u^2} \tag{2-30}$$

$$\sigma_*^2=\frac{\sigma_v^2\sigma_u^2}{\sigma_v^2+\sigma_u^2} \tag{2-31}$$

$$E[\exp(-u_i)|\varepsilon_i]=\exp(-u_{*i}+\frac{1}{2}\sigma_*^2)\frac{\Phi\left(\frac{u_{*i}}{\sigma_*}-\sigma_*\right)}{\Phi\left(\frac{u_{*i}}{\sigma_*}\right)} \tag{2-32}$$

(d) 找出置信区间

在显著性水平为$(1-\alpha)\times 100\%$的下置信区间 L_i 和上置信区间 U_i 为：

$$L_i=u_{*i}+\Phi^{-1}\left\{1-\left(1-\frac{\alpha}{2}\right)\left[1-\Phi\left(-\frac{u_{*i}}{\sigma_*}\right)\right]\right\}\sigma_* \tag{2-33}$$

$$U_i=u_{*i}+\Phi^{-1}\left\{1-\frac{\alpha}{2}\left[1-\Phi\left(-\frac{u_{*i}}{\sigma_*}\right)\right]\right\}\sigma_* \tag{2-34}$$

$$\mu_{*i}=\frac{\sigma_v^2\mu-\sigma_u^2\varepsilon_i}{\sigma_v^2+\sigma_u^2} \tag{2-35}$$

$$\sigma_*^2 = \frac{\sigma_v^2 \sigma_u^2}{\sigma_v^2 + \sigma_u^2} \tag{2-36}$$

效率的上、下置信值分别为：

$$L_i = \exp(-U_i) \tag{2-37}$$

$$U_i = \exp(-L_i) \tag{2-38}$$

③ 标度属性的截断分布

z_i 采用一个或者全部分布参数进行参数化，Wang 和 Schmidt(2002)提出另外一种建模方案，非效率变量具有如下函数形式：

$$u_i \sim h(z_i, \delta) u^*$$

其中，$h(\cdot) \geqslant 0$ 为外生非随机函数变量的具体观测值；$u^* \geqslant 0$ 为随机变量，具有分布假设，不依赖 z_i，对所有观测都相同；u_i 与给定分布的 u^* 的分布相同，但赋予 $h(z_i\beta)$ 的权重；$h(\cdot)$被称为规模函数；u^* 为基本分布。

(a) 具体模型设定

$$\ln y_i = \ln y_i^* - u_i \tag{2-39}$$

$$\ln y_i^* = x'\beta + v_i \tag{2-40}$$

$$u_i \sim h(z_i, \delta) \cdot N^+(\tau, \sigma_u^2) = \exp(z_i'\delta) \cdot N^+(\tau, \exp(c_u))$$

$$v_i \sim N(0, \sigma_u^2)$$

其中：τ，c_u 为不受约束的参数，z_i 为不包括常数项的变量向量。

标度属性模型表明：所有公式的 u_i 分布形状相同；比较容易解释 δ 系数，$\frac{\partial \ln E(u_i)}{\partial z[k]} = \delta[k]$，为期望无效率的半弹性。

(b) 对数最大似然函数(Log-Likelihood Function)

$$L_i = -\frac{1}{2}\ln(\sigma_v^2 + \tilde{\sigma}_{u,i}^2) + \ln\phi\left(\frac{\tilde{\mu}_i + \varepsilon_i}{\sqrt{\sigma_v^2 + \tilde{\sigma}_{u,i}^2}}\right) + \ln\Phi\left(\frac{\mu_{*i}}{\sigma_{*i}}\right) - \ln\Phi\left(\frac{\tilde{\mu}_{*i}}{\tilde{\sigma}_{*i}}\right) \tag{2-41}$$

$$\tilde{\mu}_i = \tau \cdot \exp(z_i'\delta) \tag{2-42}$$

$$\tilde{\sigma}_{u,i}^2 = \exp(c_u + 2z_i'\delta) \tag{2-43}$$

$$\mu_{*i} = \frac{\sigma_v^2 \tilde{\mu}_i - \tilde{\sigma}_{u,i}^2 \varepsilon_i}{\sigma_v^2 + \tilde{\sigma}_{u,i}^2} \tag{2-44}$$

$$\sigma_{*i}^2 = \frac{\sigma_v^2 \tilde{\sigma}_{u,i}^2}{\sigma_v^2 + \tilde{\sigma}_{u,i}^2} \tag{2-45}$$

其中，$\sigma_v^2 = \exp(w_v)$，w_v 为常数。

(c) 技术效率(Technical Efficiency)

$$E(u_i | \varepsilon_i) = \frac{\sigma_{*i}\phi\left(\frac{u_{*i}}{\sigma_{*i}}\right)}{\Phi\left(\frac{u_{*i}}{\sigma_{*i}}\right)} + u_{*i} \tag{2-46}$$

$$E[\exp(-u_i)|\varepsilon_i]=\exp(-u_{*i}+\frac{1}{2}\sigma_{*i}^2)\frac{\Phi\left(\frac{u_{*i}}{\sigma_{*i}}-\sigma_{*i}\right)}{\Phi\left(\frac{u_{*i}}{\sigma_{*i}}\right)} \tag{2-47}$$

$$\mu_{*i}=\frac{\sigma_v^2\tilde{\mu}_i-\tilde{\sigma}_{u,i}^2\varepsilon_i}{\sigma_v^2+\tilde{\sigma}_{u,i}^2} \tag{2-48}$$

$$\sigma_{*i}^2=\frac{\sigma_v^2\tilde{\sigma}_{u,i}^2}{\sigma_v^2+\tilde{\sigma}_{u,i}^2} \tag{2-49}$$

(d) 置信区间(Confidence Interval)

在显著性水平为$(1-\alpha)\times100\%$的下置信区间 L_i 和上置信区间 U_i 为：

$$L_i=u_{*i}+\Phi^{-1}\left\{1-\left(1-\frac{\alpha}{2}\right)\left[1-\Phi\left(-\frac{u_{*i}}{\sigma_{*i}}\right)\right]\right\}\sigma_{*i} \tag{2-50}$$

$$U_i=u_{*i}+\Phi^{-1}\left\{1-\frac{\alpha}{2}\left[1-\Phi\left(-\frac{u_{*i}}{\sigma_{*i}}\right)\right]\right\}\sigma_{*i} \tag{2-51}$$

$$\mu_{*i}=\frac{\sigma_v^2\tilde{\mu}_i-\tilde{\sigma}_{u,i}^2\varepsilon_i}{\sigma_v^2+\tilde{\sigma}_{u,i}^2} \tag{2-52}$$

$$\sigma_{*i}^2=\frac{\sigma_v^2\tilde{\sigma}_{u,i}^2}{\sigma_v^2+\tilde{\sigma}_{u,i}^2} \tag{2-53}$$

$E(\exp(-u_i)|\varepsilon_i)$的上、下置信值分别为：

$$L_i=\exp(-U_i) \tag{2-54}$$

$$U_i=\exp(-L_i) \tag{2-55}$$

(e) 异质性、外生决定、边际效应

异质性假设条件公式：

$$\sigma_{v,i}^2=\exp(z_{v,i}w')$$

边际效应值为：

$$E(u_i)=\exp(z_i'\delta)\cdot E(u^*) \tag{2-56}$$

$$u^*\sim N^+(\tau,\sigma_u^2) \tag{2-57}$$

$$\frac{\partial\ln E(u_i)}{\partial z[k]}=\delta[k]\exp(z_i'\delta)\cdot E(u^*) \tag{2-58}$$

$$E(u^*)=\sigma_u\left[\frac{\tau}{\sigma_u}+\frac{\phi\left(\frac{\tau}{\sigma_u}\right)}{\Phi\left(\frac{\tau}{\sigma_u}\right)}\right] \tag{2-59}$$

用$\hat{\tau}$，$\exp\left(\frac{1}{2}\cdot\hat{c}_u\right)$替代$\tau$，$\sigma_u$，

$$V(u_i)=\exp(2\cdot z_i'\delta)\cdot V(u^*) \tag{2-60}$$

$$\frac{\partial V(u_i)}{\partial z[k]}=2\delta[k]\exp(2\cdot z_i'\delta)\cdot V(u^*) \tag{2-61}$$

$$V(u^*)=\sigma_u^2\left[1-\frac{\tau}{\sigma_u}\left[\frac{\phi\left(\frac{\tau}{\sigma_u}\right)}{\Phi\left(\frac{\tau}{\sigma_u}\right)}\right]-\left[\frac{\phi\left(\frac{\tau}{\sigma_u}\right)}{\Phi\left(\frac{\tau}{\sigma_u}\right)}\right]^2\right] \tag{2-62}$$

④ 指数分布假定(Exponential Distribution)

此分布假设是由 Meeusen，van den Broeck(1977)提出，具体如下。

(a) 密度函数

$$f(u_i)=\frac{1}{\eta}\exp\left(-\frac{u_i}{\eta}\right),u_i\geqslant 0 \tag{2-63}$$

则 $E(u_i)=\eta, V(u_i)=\eta^2, \text{mode}(u_i)=0$。

(b) 对数似然函数(Log-likelihood Function)

$$L_i=-\ln(\eta)+\ln\left[\Phi\left(-\frac{\varepsilon_i}{\sigma_v}-\frac{\sigma_v}{\eta}\right)\right]+\frac{\varepsilon_i}{\eta}+\frac{\sigma_v^2}{2\eta^2} \tag{2-64}$$

为保证正值，参数化：

$$\eta^2=\exp(w_\eta) \tag{2-65}$$

$$\sigma_v^2=\exp(w_v) \tag{2-66}$$

(c) 技术效率(Technical Efficiency)

$$E(u|\varepsilon_i)=\frac{\sigma_v\phi\left(\frac{\mu_{*i}}{\sigma_v}\right)}{\Phi\left(\frac{\mu_{*i}}{\sigma_v}\right)}+\mu_{*i} \tag{2-67}$$

$$E(\exp(-u_i)|\varepsilon_i)=\exp\left(-\mu_{*i}+\frac{1}{2}\sigma_v^2\right)\frac{\Phi\left(\frac{\mu_{*i}}{\sigma_v}-\sigma_v\right)}{\Phi\left(\frac{\mu_{*i}}{\sigma_v}\right)} \tag{2-68}$$

$$\mu_{*i}=-\varepsilon_i-\frac{\sigma_v^2}{\eta} \tag{2-69}$$

(d) 置信区间(Confidence Interval)

在显著性水平为$(1-\alpha)\times 100\%$的下置信区间 L_i 和上置信区间 U_i 为：

$$L_i=u_{*i}+\Phi^{-1}\left\{1-\left(1-\frac{\alpha}{2}\right)\left[1-\Phi\left(-\frac{u_{*i}}{\sigma_v}\right)\right]\right\}\sigma_v \tag{2-70}$$

$$U_i=u_{*i}+\Phi^{-1}\left\{1-\frac{\alpha}{2}\left[1-\Phi\left(-\frac{u_{*i}}{\sigma_v}\right)\right]\right\}\sigma_v \tag{2-71}$$

$$\mu_{*i}=-\varepsilon_i-\frac{\sigma_v^2}{\eta} \tag{2-72}$$

$E(\exp(-u_i)|\varepsilon_i)$的上、下置信值分别为：

$$L_i=\exp(-U_i),U_i=\exp(-L_i) \tag{2-73}$$

(e) 异质性、边际效应

异质性条件公式为：

Wang(2003)参数化 $\eta_i^2=\exp(z_i\delta)$，得到

$$\sigma_{vi}^2=\exp(z_iw) \tag{2-74}$$

边际效应公式为：

$$\frac{\partial \ln E(u_i)}{\partial z[k]}=\frac{1}{2}\delta[k]\exp\left(\frac{1}{2}z_i\delta\right) \tag{2-75}$$

$$\frac{\partial \ln V(u_i)}{\partial z[k]}=\delta[k]\exp(z_i\delta) \tag{2-76}$$

2.2.2　投入产出方法

此类方法主要包括基于投入的 IO 法(Input-Oriented Technical Inefficiency)和基于产出的 OO 法(Ouput-Oriented Technical Inefficiency)。具体如下：

IO 方法：

$$y=f(xe^{-\eta}) \tag{2-77}$$

OO 方法：

$$y=f(x)e^{-u} \tag{2-78}$$

Cobb-Douglas IO 模型：

$$\ln y=\beta_0+\sum\beta_j\ln x_j-\Big(\sum_j\beta_j\Big)\eta \tag{2-79}$$

超越对数 -IO 法：

$$\begin{aligned}\ln y&=\beta_0+\sum_j\beta_j(\ln x_j-\eta)+\frac{1}{2}\sum_j\sum_k\beta_{jk}(\ln x_j-\eta)(\ln x_k-\eta)\\&=\beta_0+\sum_j\beta_j\ln x_j+\frac{1}{2}\sum_j\sum_k\beta_{jk}\ln x_j\ln x_k-\eta\sum_j\beta_j\\&\quad+\frac{1}{2}\Big(\sum_j\sum_k\beta_{jk}\Big)\eta^2-\Big[\sum_j\Big(\sum_k\beta_{jk}\ln x_k\Big)\Big]\eta\\&=\beta_0+\sum_j\beta_j\ln x_j+\frac{1}{2}\sum_j\sum_k\beta_{jk}\ln x_j\ln x_k\\&\quad-\eta\Big[\sum_j\beta_j+\sum_j\Big(\sum_k\beta_{jk}\ln x_k\Big)\Big]+\frac{1}{2}\eta^2\sum_j\sum_k\beta_{jk}\end{aligned} \tag{2-80}$$

超越对数 -OO 法：

$$u=\eta\Big[\sum_j\beta_j+\sum_j\Big(\sum_k\beta_{jk}\ln x_k\Big)\Big]+\frac{1}{2}\eta^2\sum_j\sum_k\beta_{jk} \tag{2-81}$$

2.2.3　截面数据的单方程随机前沿模型

1. ALS1977 模型

基于生产过程受到两种明显不同的经济因素影响的事实，Aigner，Lovell 和 Schmidt

(1977)把随机扰动项分解为 $\varepsilon_i = v_i + u_i$，负的 u_i 表明每个公司的产出在 $[f(x_i;\beta)+v_i]$ 上或者之下，任何的偏离都是公司拥有的要素作用的结果，如技术和经济无效率，生产者和雇员的意愿和努力度，有缺陷或者损坏的产品；v_{i0} 是气候、地理位置、土壤类型、机器绩效等外部事件影响的结果。

(1) 正态-半正态分布的随机前沿模型估计

Weinstein(1964)推出 ε 的概率密度函数，具体推导见 Kumbhakar，Wang 和 Horncastle (2015)[第 319－321 页]：

$$f(\varepsilon)=\frac{2}{\sigma}f^*\left(\frac{\varepsilon}{\sigma}\right)\left[1-F^*\left(\frac{\varepsilon}{\sigma}\lambda\right)\right]$$

也可以改写为：

$$\frac{2}{\sigma}\phi\left(\frac{\varepsilon}{\sigma}\right)\Phi\left[-\frac{\varepsilon}{\sigma}\lambda\right] \tag{2-82}$$

$$\sigma=\sqrt{\sigma_u^2+\sigma_v^2} \tag{2-83}$$

$$\lambda=\frac{\sigma_u}{\sigma_v} \tag{2-84}$$

$f^*(\cdot)$ 和 $F^*(\cdot)$ 表示标准正态概率密度和分布函数。

$$E(\varepsilon)=E(u)=-\frac{\sqrt{2}}{\sqrt{\pi}}\sigma_u \tag{2-85}$$

$$V(\varepsilon)=V(u)+V(v)=\left(\frac{\pi-2}{\pi}\right)\sigma_u^2+\sigma_v^2 \tag{2-86}$$

(2) 对数似然函数（N 个观测值）

$$\ln L(y\mid\beta,\lambda,\sigma^2)=N\ln\frac{\sqrt{2}}{\sqrt{\pi}}+N\ln\sigma^{-1}+\sum_{i=1}^{N}\ln\left[1-F^*\left(\lambda\frac{\varepsilon_i}{\sigma}\right)\right]-\frac{1}{2\sigma^2}\sum_{i=1}^{n}\varepsilon_i^2 \tag{2-87}$$

求一阶偏导得出：

$$\frac{\partial\ln L}{\partial\sigma^2}=-\frac{N}{2\sigma^2}+\frac{1}{2\sigma^4}\sum_{i=1}^{N}(y_i-\beta' x_i)^2+\frac{\lambda}{2\sigma^3}\sum_{i=1}^{N}\frac{f_i^*}{(1-F_i^*)}(y_i-\beta' x_i) \tag{2-88}$$

$$\frac{\partial\ln L}{\partial\lambda}=\frac{1}{\sigma}\sum_{i=1}^{N}\frac{f_i^*}{(1-F_i^*)}(y_i-\beta' x_i) \tag{2-89}$$

$$\frac{\partial\ln L}{\partial\beta}=\frac{1}{\sigma^2}\sum_{i=1}^{N}(y_i-\beta' x_i)x_i+\frac{\lambda}{\sigma}\sum_{i=1}^{N}\frac{f_i^*}{(1-F_i^*)}x_i \tag{2-90}$$

将(2-89) 式代入(2-88) 式，则

$$\widehat{\sigma^2}=\frac{1}{N}\sum_{i=1}^{N}(y_i-\beta' x_i)^2 \tag{2-91}$$

β' 左乘(2-90) 式，则

$$\frac{1}{\sigma^2}\sum_{i=1}^{N}(y_i-\beta' x_i)\beta' x_i+\frac{\lambda}{\sigma}\sum_{i=1}^{N}\frac{f_i^*}{(1-F_i^*)}\beta' x_i=0 \tag{2-92}$$

$-\lambda$ 左乘(2-89) 式，并令其等于零，则

$$-\frac{\lambda}{\sigma}\sum_{i=1}^{N}\frac{f_i^*}{(1-F_i^*)}(y_i-\beta' x_i)=0 \tag{2-93}$$

(2-92) 式 + (2-93) 式，则

$$\frac{1}{\sigma^2}\sum_{i=1}^{N}(y_i-\beta' x_i)\beta' x_i+\frac{\lambda}{\sigma}\sum_{i=1}^{N}\frac{f_i^*}{(1-F_i^*)}y_i=0 \tag{2-94}$$

(2-94)式连同(2-90)式一起组成 $K+1$ 个方程组，与 Tobit 模型一阶条件方程相似。

(3) 正态-指数分布的随机前沿模型估计

$$f(u)=\frac{1}{\zeta}\exp(u/\zeta),u\leqslant 0,\zeta\geqslant 0,\text{是}-u_i\text{ 的均值，方差为}\zeta^2$$

$$f(\varepsilon)=\frac{1}{\zeta}\left[1-F*\left(\frac{\varepsilon}{\sigma_v}+\frac{\sigma_v}{\zeta}\right)\right]\exp\left[\frac{\varepsilon}{\zeta}+\frac{\sigma_v^2}{2\zeta^2}\right] \tag{2-95}$$

2. MvB1977 模型

Meeusen 和 Van Den Broeck(1977)认为随机扰动项由真实误差(即设定和测量误差)和效率测度误差(无效率项)两部分构成，并通过乘积形式进入产量函数。

$$y_t=\phi(x_t)k_tu_t,t=1,\cdots,T \tag{2-96}$$

$k_t\in(0,1)$为效率测度；$u_t\in(0,\infty)$为真实误差；k_t,u_t 相互独立。使用 Cobb-Douglas 产量函数模型，并设定 $k_t=\exp(-z_t),u_t=\exp(-v_t)$，则：

$$y_t=A\prod_J x_{tj}^{\beta_j}\mathrm{e}^{-z_t}\mathrm{e}^{-v_t} \tag{2-97}$$

$$v_t\sim\text{iid. }N(0,\sigma^2)$$

$$z_t\sim\exp(\lambda),z>0$$

3. JLMS1982 模型

Jondrow，Lovell，Materov，Schmidt(1982)模型公式如下：

$$y_i=f(x_i;\beta)+\varepsilon_i \tag{2-98}$$

其中，$\varepsilon_i=v_i-u_i$。

(1) 半正态分布条件

$$v_i\sim N(0,\sigma_v^2);u_i\sim|N(0,\sigma_u^2)|$$

$$\sigma^2=\sigma_u^2+\sigma_v^2,u_*=-\sigma_u^2\varepsilon/\sigma^2,\sigma_*^2=\sigma_u^2\sigma_v^2/\sigma^2 \tag{2-99}$$

定理 1　在正态-半正态分布，给定 ε 的条件下，u 的分布遵循 $N(u_*,\sigma_*^2)$的随机变量大于零的截断分布。

$$E(u|\varepsilon)=u_*+\sigma_*\frac{f(-u_*/\sigma_*)}{1-F(-u_*/\sigma_*)},-u_*/\sigma_*=\varepsilon\lambda/\sigma,\lambda=\sigma_u/\sigma_v \tag{2-100}$$

$$E(u|\varepsilon)=u_*+\sigma_*\frac{f(-u_*/\sigma_*)}{1-F(-u_*/\sigma_*)}=\sigma_*\left[\frac{f(\varepsilon\lambda/\sigma)}{1-F(\varepsilon\lambda/\sigma)}-\left(\frac{\varepsilon\lambda}{\sigma}\right)\right] \tag{2-101}$$

$$M(u|\varepsilon)=-\varepsilon\left(\frac{\sigma_u^2}{\sigma^2}\right) \tag{2-102}$$

$\varepsilon \leqslant 0=0, \varepsilon>0$ 众数是非常有吸引力的估计量。

(2) 指数分布条件

$$f(u)=\exp(-u/\sigma_u)/\sigma_u \tag{2-103}$$

定义：$A=\varepsilon/\sigma_v+\sigma_v/\sigma_u$。

定理 2 在正态-指数分布的条件下，$f(u|\varepsilon) \sim N(-\sigma_v A, \sigma_v^2)$变量在 0 上截断。

$$E(u|\varepsilon)=\sigma_v\left[\frac{f(A)}{1-F(A)}-A\right] \tag{2-104}$$

$$M(u|\varepsilon)=-\varepsilon-\frac{\sigma_v^2}{\sigma_u}, \varepsilon \leqslant -\frac{\sigma_v^2}{\sigma_u}=0, \varepsilon>\frac{\sigma_v^2}{\sigma_u} \tag{2-105}$$

4. BC1988 模型

Battese 和 Coelli(1988)假定随机干扰项不变，构建了非时变截面随机前沿产量模型。模型具体为：

$$Y_{it}=x_{it}\beta+E_{it} \tag{2-106}$$

$$E_{it}=V_{it}-U_i \tag{2-107}$$

$$V_{it} \sim \text{iid. } N(0, \sigma_V^2)$$

$$U_i \sim \text{iid. } N^+(\mu, \sigma^2)$$

其中，V_{it}，U_i 相互独立同分布，与 x 不相关。

$$f_{U_i}(u)=\frac{\exp\left[-\frac{1}{2}(u-\mu)^2/\sigma^2\right]}{(2\pi)^{1/2}\sigma\left[1-\Phi(-\mu/\sigma)\right]}, u>0 \tag{2-108}$$

其中，$\Phi(\cdot)$表示随机变量服从标准正态分布。

单个公司的技术效率(为某公司具有公司效应的平均产量与无公司效应时的平均产量的比率)公式：

$$TE_i=\frac{E(Y_{it}^*|U_i, x_{it}, t=1,2,\cdots)}{E(Y_{it}^*|U_i=0, x_{it}, t=1,2,\cdots)}$$

Y_{it}^* 为 i 公司 t 时间的产量值。

$$TE_i=(\bar{x}_i\beta-U_i)(\bar{x}_i\beta)^{-1}$$

$\bar{x}_i$ 表示 i 公司投入水平的平均值。

整个公司的技术效率为：

$$TE=1-\left\{\mu+\frac{\sigma\phi(-\mu/\sigma)}{1-\Phi(-\mu/\sigma)}\right\}(\bar{x}\beta)^{-1} \tag{2-109}$$

其中，$\phi(\cdot)$表示随机变量标准正态密度函数；$\Phi(\cdot)$表示随机变量标准正态分布函数；$\bar{x}$表示所有公司投入水平的均值。

前沿函数采用对数化，则单个公司和公司总体技术效率变为：

$$TE_i = \exp(-U_i) \tag{2-110}$$

$$TE = 1 - \left\{\mu + \frac{\sigma\phi(-\mu/\sigma)}{1-\Phi(-\mu/\sigma)}\right\}\exp\left(-\mu + \frac{1}{2}\sigma^2\right) \tag{2-111}$$

定理 1　在给定随机前沿生产函数和样本随机向量的条件下，非效率项目的条件分布遵循：

$$u_i^* \equiv (-\sigma^2\ \bar{e}_i + T^{-1}\mu\sigma_V^2)(\sigma_i^2 + T^{-1}\sigma_V^2) \tag{2-112}$$

$$\sigma_*^2 \equiv \sigma^2\sigma_V^2(\sigma_V^2 + T\sigma^2) \tag{2-113}$$

$$\bar{\mathrm{e}}_i = T^{-1}\sum_{t=1}^{T}\mathrm{e}_{it} \tag{2-114}$$

条件期望：

$$E(U_i \mid E_i = e_i) = \mu_i^* + \sigma_*\{\phi(-\mu_i^*/\sigma_*)[1-\Phi(-\mu_i^*/\sigma_*)]^{-1}\} \tag{2-115}$$

$$E(\exp(-U_i) \mid E_i = e_i) = \left\{\frac{1-\Phi[\sigma_* - (\mu_i^*/\sigma_*)]}{1-\Phi(-\mu_i^*/\sigma_*)}\right\}\exp\left(-\mu_i^* + \frac{1}{2}\sigma_*^2\right) \tag{2-116}$$

随机前沿产量函数的参数已知：

$$\hat{U}_i = M_i^* + \sigma_*\{\phi(-M_i^*/\sigma_*)[1-\Phi(-M_i^*/\sigma_*)]^{-1} \tag{2-117}$$

$$M_i^* \equiv (-\sigma^2\ \bar{e}_i + T^{-1}\mu\sigma_V^2)(\sigma^2{}_i + T^{-1}\sigma_V^2),\ \bar{E}_i = T^{-1}\sum_{t=1}^{T}E_{it} \tag{2-118}$$

$$\widehat{TE}_i = \left\{\frac{1-\Phi[\sigma_* - (M_{ite}^*/\sigma_*)]}{1-\Phi(-M_i^*/\sigma_*)}\right\}\exp\left(-M_i^* + \frac{1}{2}\sigma_*^2\right) \tag{2-119}$$

5. KPZ2018 模型

Kumbhakar，Parameter，Zelenyuk（2018）［第 7 页］认为 u_i 为捕捉非效率、既定产量技术下与最大产出的差距；v_i 表示随机冲击。

模型基本假设为：

（1）u，v 独立于 x，即 $\forall x$，$u_i \perp x$ 和 $v_i \perp x$；

（2）u，v 相互独立。

具体的模型为：

$$y_i = m(x_i;\beta) - \mu_u - (u_i - \mu_u) + v_i = m^*(x_i;\beta) + \varepsilon_i^* \tag{2-120}$$

$$\varepsilon_i^* = v_i - (u_i - \mu_u);\ m^*(x_i;\beta) = m(x_i;\beta) - \mu_u$$

$$E[\varepsilon_i^* \mid x] = 0$$

使用 OLS 方法进行推断。

2.2.4 面板数据的单方程随机前沿模型

1. PL1981 模型

Pitt 和 Lee(1981)提出的模型为：

$$y_{it}=f(x_{it};\beta)+\varepsilon_{it} \tag{2-121}$$

$$\varepsilon_{it}=v_{it}-u_i$$

$$v_{it}\sim N(0,\sigma_v^2)$$

$$u_i\sim N^+(0,\sigma_u^2)$$

对数似然函数(Pitt et al.,1981;Kumbhakar et al.,2000,第 103 页)为：

$$\ln L_i=c+\ln\Phi\left(\frac{\mu_{i*}}{\sigma_*}\right)+\frac{1}{2}\ln(\sigma_*^2)-\frac{1}{2}\left\{\frac{\sum_t\varepsilon_{it}^2}{\sigma_v^2}+\left(\frac{\mu}{\sigma_u}\right)^2-\left(\frac{\mu_{i*}}{\sigma_*}\right)^2\right\}-T\ln(\sigma_v)$$

$$-\ln(\sigma_u)-\ln\left(\frac{\mu}{\sigma_u}\right) \tag{2-122}$$

$$u_{i*}=\frac{\mu\sigma_v^2-\sigma_u^2\sum_t\varepsilon_{it}}{\sigma_v^2+T\sigma_u^2} \tag{2-123}$$

$$\sigma_*^2=\frac{\sigma_v^2\sigma_u^2}{\sigma_v^2+T\sigma_u^2} \tag{2-124}$$

公司 i 的非效率项可以通过求均值(Kumbhakar et al.,2000)或者众数(Kumbhakar,1987)得出。

$$E(u_i|\varepsilon_i)=\mu_{i*}+\sigma_*\left[\frac{\phi(-\mu_{i*}/\sigma_*)}{1-\Phi(-\mu_{i*}/\sigma_*)}\right] \tag{2-125}$$

$$M(u_i|\varepsilon_i)=\begin{cases}\mu_{i*},\mu_{i*}\geqslant 0\\ 0,\mu_{i*}\geqslant 0\end{cases} \tag{2-126}$$

2. SS1984 模型

Schmidt 和 Sickles(1984)提出非时变的随机前沿模型，具体如下：

$$y_{it}=\beta_0+x'_{it}\beta+\varepsilon_{it} \tag{2-127}$$

$$\varepsilon_{it}=v_{it}-u_i,u_i\geqslant 0,i=1,2,\cdots,N;t=1,2,\cdots,T$$

则

$$y_{it}=(\beta_0-u_{it})+x'_{it}\beta+v_{it}=\alpha_i+x'_{it}\beta+v_{it} \tag{2-128}$$

(1) 固定效应模型(α_i 固定，与回归子相关)

α_i 为固定的未被观测到的个体效应，当 $T\to\infty$时，个别公司的技术无效率估计是满足一致性估计要求的，即

$$\hat{\alpha}=\max(\hat{\alpha}_i)\text{时},\hat{u}_i=\hat{\alpha}-\hat{\alpha}_i \tag{2-129}$$

使用标准的 FE 估计方法可以得到 $\hat{\beta}$ 的一致性估计量，但 $\hat{\alpha}_i$ 的估计量有偏（$u_i \geqslant 0$）；可以使用一阶差分和组内转换方法克服 LSDV 方法带来的运算困难。

$$\hat{u}_i=\max_i(\alpha_i{}')-\alpha_i{}' \geqslant 0, i=1,\cdots,N \tag{2-130}$$

$$\widehat{TE}_i=\exp(-\hat{u}_i), i=1,\cdots,N \tag{2-131}$$

（2）随机效应模型（α_i 随机，与回归子不相关）

假设 u_i 是随机变量，$E(u_i)=\mu, \mu_i^*=u_i-\mu$，则模型改写为：

$$y_{it}=\beta_0+x'_{it}\beta+v_{it}-u_i=(\beta_0-u)+x'_{it}\beta+v_{it}-u_i^*=\alpha^*+x'_{it}\beta+v_{it}-u_i^* \tag{2-132}$$

$$\beta_0-u=\alpha^* \tag{2-133}$$

定义 $\hat{\varepsilon}_{it}=y_{it}-x'_{it}\hat{\beta}$，通过计算$\hat{\alpha}_i=\dfrac{1}{T}\sum_{i=1}^{T}(\hat{\varepsilon}_{it}-\hat{\alpha}^*), i=1,\cdots,N$，推出 $\alpha_i=\beta_0-u_i$。

$$\hat{u}_i=\max_i(\alpha_i{}')-\alpha_i{}' \geqslant 0, i=1,\cdots,N \tag{2-134}$$

$$\widehat{TE}_i=\exp(-\hat{u}_i), i=1,\cdots,N \tag{2-135}$$

运用贝叶斯方法估计和 BLUP（best linear unbiased predictor）方法估计 u_i^*：

$$u_i^*=-\left\{\frac{\hat{\sigma}_u^2}{\hat{\sigma}_v^2+T\hat{\sigma}_u^2}\right\}\sum_t \hat{\varepsilon}_{it}, i=1,\cdots,N \tag{2-136}$$

则 $\hat{u}_i=\max_i(\hat{u}_i^*)-\hat{u}_i^* \geqslant 0, i=1,\cdots,N$。

3. CSS1990 时变模型

Cornwell，Schmidt 和 Sickles（1990）[第 191—193 页]提出时变随机前沿模型。

模型为：

$$y_{it}=\alpha_{0i}+x_{it}{}'\beta+v_{it}{}' \tag{2-137}$$

$$v_{it}{}'=v_{it}+\alpha_{1i}t+\alpha_{2i}t^2 \tag{2-138}$$

模型估计：

（1）估计参数 $\hat{\beta}$；

（2）估计模型残差 $\hat{\varepsilon}_{it}=y_{it}-x_{it}{}'\hat{\beta}$，残差对常数、时间趋势（一次，二次）求回归；

（3）求出 $\hat{u}_{it}$，即 $\hat{u}_{it}=\hat{\alpha}_t-\hat{\alpha}_{it}, \hat{\alpha}_t=\max_j(\hat{\alpha}_{it})$。

模型缺点就是不能把非效率从技术进步中分离出来，非效率参数设定过于参数化。

4. LS1993 时变模型

u_i 时变代表作包括 Kumbhakar（1990），Battese 和 Coelli（1992），Kumbhakar 和 Wang（2005），Lee 和 Schmidt（1993）。这里以 Lee 和 Schmidt（1993）的著作进行介绍。

Lee 和 Schmidt（1993）提出的时变形式为：

$$u_{it}=u_i\lambda_t \tag{2-139}$$

其中，$\lambda_t, t=1,\cdots,T$。

$$\widehat{u}_{it}=\max_i\{\widehat{u}_i\widehat{\lambda}_t\}-\{\widehat{u}_i\widehat{\lambda}_t\} \tag{2-140}$$

u_i 是指公司虚拟变量的系数；λ_t 为时间虚拟变量的系数。该时变形式的缺点就是所有公司的非效率时间模式相同且 λ_t 参数太多，可能不适合 T 比较大的场合。

5. Wang and Ho (2010)模型

Wang 和 Ho(2010)提出的模型如下：

$$y_{it}=\alpha_i+x'_{it}\beta+\varepsilon_{it} \tag{2-141}$$

$$\varepsilon_{it}=v_{it}-u_{it} \tag{2-142}$$

$$v_{it}\sim N(0,\sigma_v^2)$$

$$u_{it}=h_{it}u_i^* \tag{2-143}$$

$$h_{it}=f(z'_{it}\delta) \tag{2-144}$$

$$u_i^*\sim N^+(0,\sigma_u^2)$$

$$i=1,\cdots,N, t=1,\cdots,T$$

一阶差分 $\Delta w_{it}=w_{it}-w_{it-1}$，则 $\Delta\widetilde{w}_i=(\Delta\widetilde{w}_{i2},\Delta\widetilde{w}_{i3},\cdots,\Delta\widetilde{w}_{iT})'$。

第 i 个截面的对数似然函数为：

$$\ln L_i^D=-\frac{1}{2}(T-1)\ln(2\pi)-\frac{1}{2}\ln(T)-\frac{1}{2}(T-1)\ln(\sigma_v^2)-\frac{1}{2}\Delta\tilde{\varepsilon}'\Sigma^{-1}\Delta\tilde{\varepsilon}_i$$
$$+\frac{1}{2}\left(\frac{\mu_*^2}{\sigma_*^2}-\frac{\mu^2}{\sigma_u^2}\right)+\ln\left[\sigma_*\Phi\left(\frac{\mu_*}{\sigma_*}\right)\right]-\ln\left(\sigma_u\Phi\left(\frac{\mu}{\sigma_u}\right)\right) \tag{2-145}$$

$$u_{i*}=\frac{\mu\sigma_u^2-\Delta\tilde{\varepsilon}'\Sigma^{-1}\Delta\tilde{h}_i}{\Delta\tilde{h}'_i\Sigma^{-1}\Delta\tilde{h}_i+1/\sigma_u^2},\sigma_{i*}^2=\frac{1}{\Delta\tilde{h}'_i\Sigma^{-1}\Delta\tilde{h}_i+1/\sigma_u^2},\Delta\tilde{\varepsilon}_i=\Delta\tilde{y}-\Delta\tilde{x}_i\beta \tag{2-146}$$

$(T-1)(T-1)$ 的 $\Delta\widetilde{w}_i=(\Delta\widetilde{w}_{i2},\Delta\widetilde{w}_{i3},\cdots,\Delta\widetilde{w}_{iT})'$ 方差-协方差矩阵 Σ：

$$\Sigma=\begin{bmatrix}2\sigma_v^2 & -\sigma_v^2 & 0 & \cdots & 0\\ -\sigma_v^2 & 2\sigma_v^2 & -\sigma_v^2 & \cdots & 0\\ 0 & \ddots & \ddots & \ddots & \vdots\\ \vdots & \ddots & \ddots & \ddots & -\sigma_v^2\\ 0 & 0 & \cdots & -\sigma_v^2 & 2\sigma_v^2\end{bmatrix} \tag{2-147}$$

当 $\Delta\tilde{\varepsilon}_i=\Delta\hat{\tilde{\varepsilon}}_i$ 时，无效率指标为：

$$E(u_{it}\mid\Delta\tilde{\varepsilon}_i)=h_{it}\left[\mu_{*i}+\sigma_{*i}\left\{\frac{\phi(\mu_{*i}/\sigma_{*i})}{\Phi(\mu_{*i}/\sigma_{*i})}\right\}\right] \tag{2-148}$$

6. KWH2015 时变模型

Kumbhakar，Wang 和 Horncastle(2015)[第 254—255 页]提出一个统一的时变模型

框架。

(1) 具体模型为：

$$y_{it}=f(x_{it};\beta)+\varepsilon_{it} \tag{2-149}$$

$$\varepsilon_{it}=v_{it}-u_{it} \tag{2-150}$$

$u_{it}=G(t)u_i$，其中 $G(t)>0$，是 t 的函数。

$$v_{it}\sim N(0,\sigma_v^2)$$

$$u_i\sim N^+(0,\sigma_u^2)$$

非效率项 $u_{it}=G(t)u_i$ 随时间和截面变化，由 $G(t)$ 非随机时间部分（时变部分，所有截面具有的同一变化趋势），u_i 随机截面部分（充分利用面板数据结构信息，为截面效应）。

(2) 第 i 个截面的对数似然函数（Kumbhakar et al.，2000）[第 111 页]：

$$\ln L_i = c+\ln\Phi\left(\frac{\mu_{i*}}{\sigma_*}\right)+\frac{1}{2}\ln(\sigma_*^2)-\frac{1}{2}\left\{\frac{\sum_t\varepsilon_{it}^2}{\sigma_v^2}+\left(\frac{\mu}{\sigma_u}\right)^2-\left(\frac{\mu_{i*}}{\sigma_*}\right)^2\right\}-T\ln(\sigma_v)$$
$$-\ln(\sigma_u)-\ln\left(\frac{\mu}{\sigma_u}\right) \tag{2-151}$$

$$u_{i*} = \frac{\mu\sigma_v^2-\sigma_u^2\sum_t G(t)\varepsilon_{it}}{\sigma_v^2+\sigma_u^2\sum_t G(t)^2} \tag{2-152}$$

$$\sigma_*^2 = \frac{\sigma_v^2\sigma_u^2}{\sigma_v^2+\sigma_u^2\sum_t G(t)^2} \tag{2-153}$$

(3) 非效率项的均值或众数

$$E(u_i|\varepsilon_i)=u_{i*}+\sigma_*\left[\frac{\phi(-\mu_{i*}/\sigma_*)}{1-\Phi(-\mu_{i*}/\sigma_*)}\right] \tag{2-154}$$

$$M(u_i|\varepsilon_i)=\begin{Bmatrix}\mu_{i*},\mu_{i*}\geqslant 0\\ 0,\mu_{i*}\geqslant 0\end{Bmatrix} \tag{2-155}$$

2.2.5　空间截面与面板数据的单方程随机前沿模型

1. ABT(2012)模型

Areal，Balcombe 和 Tiffin(2012)在复合误差项中的无效率部分引入空间自回归设定来分析技术效率，建立空间随机前沿模型。

具体模型如下：

$$y=x\beta+\varepsilon-(z\otimes 1_T)$$

$$z=\rho Wz+\tilde{z}$$

$$y=x\beta+\varepsilon-((1-\rho W)^{-1}\tilde{z})\otimes 1_T \tag{2-156}$$

2. Pavlyuk(2013)模型

Pavlyuk(2013)开发了 SSFA-R 语言应用包，涉及了 SARSF 模型、SARARSF 模型等截面数据空间随机前沿模型。

(1) 空间截面随机前沿模型

① 空间截面随机前沿一般模型

$$Y=\rho W_1 Y+X\beta+\gamma W_2 X+\varepsilon \tag{2-157}$$

$$\varepsilon=v-u$$

$$v=\xi W_3 v+\tilde{v}$$

$$u=\eta W_4+\tilde{u}, u\geqslant 0$$

② SFA-SLG 模型(SARSF 模型)

$$Y=\rho W_1 Y+X\beta+\varepsilon \tag{2-158}$$

$$\varepsilon=v-u$$

$$v=\tilde{v}$$

$$u=\tilde{u}, u\geqslant 0$$

③ SFA-SAR-SAR 模型(SARARSF 模型)

$$Y=\rho W_1 Y+X\beta+\varepsilon \tag{2-159}$$

$$\varepsilon=v-u$$

$$v=\xi W_3 v+\tilde{v}$$

$$u=\tilde{u}, u\geqslant 0$$

(2) 模型估计

① 在正态-半正态分布假设条件下估计 SARSF 模型

$$f(y)=f(\varepsilon)\det\left(\frac{\partial\varepsilon}{\partial y}\right) \tag{2-160}$$

$$\frac{\partial\varepsilon}{\partial y}=\frac{\partial[(I-\rho W_1)y+X\beta]}{\partial y}=I-\rho W_1 \tag{2-161}$$

$$f(y)=f(\varepsilon)\det\left(\frac{\partial\varepsilon}{\partial y}\right)=\frac{2}{\sigma}\phi\left(\frac{\varepsilon}{\sigma}\right)\Phi\left(\frac{-\varepsilon\lambda}{\sigma}\right)\det(I-\rho W_1) \tag{2-162}$$

对数似然函数为：

$$ll(\rho,\beta,\sigma,X,W_1;y)=C-n\ln(\sigma)-\frac{\varepsilon'\varepsilon}{2\sigma^2}+\sum_{i=1}^{n}\ln\left(\Phi\left(\frac{-\varepsilon\lambda}{\sigma}\right)\right)+\ln(\det(I-\rho W_1))$$

② 在正态 - 半正态分布假设条件下估计 SARARSF 模型，则

$$v=(I-\xi W_2)^{-1}\tilde{v}, v\sim N(0,\Sigma), \Sigma=\sigma_{\tilde{v}}^2\tilde{\Sigma}\ ((I-\xi W_2)^{-1})'(I-\xi W_2)^{-1} \tag{2-163}$$

误差项服从多元正态分布，则密度函数为

$$f(v)=\left(\frac{1}{\sqrt{2\pi}}\right)^{n}(\det(\Sigma))^{-\frac{1}{2}}\exp\left\{-\frac{1}{2}v^{\mathrm{T}}\Sigma^{-1}v\right\} \tag{2-164}$$

半正态分布密度函数为

$$f(u)=\begin{cases}\left(\dfrac{2}{\sqrt{2\pi}\sigma_{h}}\right)^{n}(\det(\Sigma))^{-\frac{1}{2}}\exp\left\{-\dfrac{1}{2}v^{\mathrm{T}}\Sigma^{-1}v\right\}, u\geqslant 0\\ 0, u<0\end{cases} \tag{2-165}$$

v,u 相互独立,服从正态 - 半正态分布,则联合分布函数为

$$\begin{aligned}f(u,v)&=f(u)f(v)\\&=\left(\frac{1}{\sqrt{2\pi}}\right)^{n}(\det(\Sigma))^{-\frac{1}{2}}\exp\left\{-\frac{1}{2}v^{\mathrm{T}}\Sigma^{-1}v\right\}\left(\frac{2}{\sqrt{2\pi}\sigma_{h}}\right)^{n}\exp\left\{-\frac{u'u}{2\sigma_{h}^{2}}\right\}\\&=\left(\frac{1}{\pi\sigma_{h}}\right)^{n}(\det(\Sigma))^{-\frac{1}{2}}\exp\left\{-\frac{1}{2}\left(\frac{u'u}{2\sigma_{h}^{2}}+v^{\mathrm{T}}\Sigma^{-1}v\right)\right\}\end{aligned} \tag{2-166}$$

因为 $\varepsilon=v-u$,则

$$\begin{aligned}f(u,\varepsilon)&=\left(\frac{1}{\pi\sigma_{h}}\right)^{n}(\det(\Sigma))^{-\frac{1}{2}}\exp\left\{-\frac{1}{2}\left(\frac{u'u}{2\sigma_{h}^{2}}+(\varepsilon+u)^{\mathrm{T}}\Sigma^{-1}(\varepsilon+u)\right)\right\}\\&=\left(\frac{1}{\pi\sigma_{h}}\right)^{n}(\det(\Sigma))^{-\frac{1}{2}}\exp\left\{-\frac{1}{2}\left(u'(\sigma_{h}^{-2}I+\Sigma^{-1})u+\varepsilon'\Sigma^{-1}u\right.\right.\\&\qquad\left.\left.+u'\Sigma^{-1}\varepsilon+\varepsilon'\Sigma^{-1}\varepsilon\right)\right\}\end{aligned} \tag{2-167}$$

密度函数的简化形式为：

$$f(u,\varepsilon)=\left(\frac{1}{\pi\sigma_{h}}\right)^{n}(\det(\Sigma))^{-\frac{1}{2}}\exp\left\{-\frac{1}{2}(u-\mu\varepsilon)'\Omega^{-1}(u-\mu\varepsilon)\right\}\exp\left\{-\frac{1}{2}(\varepsilon'\theta^{-1})\varepsilon\right\} \tag{2-168}$$

$$\theta=\sigma_{h}^{-2}I+\Sigma^{-1}, \Omega=\sigma_{h}^{-2}\Sigma\theta^{-1}, \mu=-\Omega\Sigma^{-1}$$

ε 的边际密度函数为：

$$\begin{aligned}f_{\varepsilon}(\varepsilon)&=\int_{0}^{\infty}f(u,\varepsilon)\mathrm{d}u\\&=\int_{0}^{\infty}\left(\frac{1}{\pi\sigma_{h}}\right)^{n}(\det(\Sigma))^{-\frac{1}{2}}\exp\left\{-\frac{1}{2}(u-\mu\varepsilon)'\Omega^{-1}(u-\mu\varepsilon)\right\}\exp\left\{-\frac{1}{2}(\varepsilon'\theta^{-1})\varepsilon\right\}\mathrm{d}u\\&=\left(\frac{2}{\sigma_{h}}\right)^{n}(\det(\Sigma))^{-\frac{1}{2}}(\det(\Omega))^{\frac{1}{2}}\int_{0}^{\infty}\left(\frac{1}{\sqrt{2\pi}}\right)^{n}(\det(\Omega))^{-\frac{1}{2}}\exp\left\{-\frac{1}{2}(u\right.\\&\qquad\left.-\mu\varepsilon)'\Omega^{-1}(u-\mu\varepsilon)\right\}\exp\left\{-\frac{1}{2}(\varepsilon'\theta^{-1})\varepsilon\right\}\mathrm{d}u\\&=2^{n}\Phi(\Omega^{-\frac{1}{2}}\mu\varepsilon)\phi(\theta^{-\frac{1}{2}}\varepsilon)\end{aligned} \tag{2-169}$$

$\phi(\cdot)$,$\Phi(\cdot)$ 为多变量密度函数和累积分布函数,所以最终得到：

$$f(\varepsilon)=2^{n}[\Phi(0,\mu\varepsilon,\Omega)]\phi(\varepsilon,0,\theta) \tag{2-170}$$

对数似然函数如下：

$$ll(\beta,\sigma_v,\sigma_u,\rho;y)=C+\ln(\Phi(0,\mu\varepsilon,\Omega))+\ln(\phi(\varepsilon,0,\theta))+\ln(\det(I-\rho W_1))\Sigma$$

$$=\sigma_v^2\tilde{\Sigma},\theta$$

$$=\sigma_u^2 I+\sigma_v^2\tilde{\Sigma},\Omega$$

$$=\sigma_u^{-2}\sigma_v^2\tilde{\Sigma}\theta^{-1}$$

$$\mu=-\sigma_v^{-2}\tilde{\Sigma}\Omega\,\tilde{\Sigma}^{-1} \tag{2-171}$$

3. FV2013 模型

Fusco 和 Vidoli(2013)在经典的随机前沿模型(Stochastic Frontier Analysis,SFA)基础上首次提出原创的空间随机前沿分析(Spatial Stochastic Frontier Analysis,SSFA)方法,把非效率项分解为三部分:与空间之后相关的部分、与决策单位相关的部分和误差部分。公司 i 的无效率依赖紧邻决策单位(公司 j)的绩效,故此建立截面数据 SSFA 模型:

$$\log(y_i)=\log(f(x_i;y_i))+v_i-u_i=\log(f(x_i;y_i))+v_i-(I-\rho\Sigma_i w_{i.})^{-1}\tilde{u}_i \tag{2-172}$$

(1)$v_i\sim$ i. i. d. $N(0,\sigma_v^2)$;

(2)$u_i\sim$ i. i. d. $N^+(0,(I-\rho\sum_{i=1}w_{i.})^{-2}\sigma_u^2)$;

(3)v_i,u_i 同分布相互独立,并且独立于自变量,即$\tilde{u}_i\sim$ i. i. d. $N(0,\sigma_u^2)$。

4. TM2016 模型

Tsionas 和 Michaelides (2016)在经典 SFA 中引入空间计量方法,把无效率项分解为异质性和空间溢出两部分,使用贝叶斯推荐方法,得出精确后验分布参数、吉布斯抽样模拟推断和效率测度。Tsionas 和 Michaelides(2016)把非效率项分解为空间溢出项和异质性项两部分进行计量建模:

$$y=x\beta+v-u\otimes 1_T \tag{2-173}$$

$$v\sim N(0,\ \sigma_v^2 I_{Tn})$$

$$u=\rho Wu+\varepsilon,u\geqslant 0 \tag{2-174}$$

$$\varepsilon\sim N(0,\sigma_\varepsilon^2 I_n)$$

$y=[y_{1.}',\cdots,y_{n.}']'$,$y_{i.}=[y_{i1},\cdots,y_{iT}]'$。$y$ 为 $Tn\times 1$ 矩阵;X 为 $Tn\times k$ 矩阵;v 为 $Tn\times 1$ 噪音项;u 为 $n\times 1$ 单边误差项向量;$X=[X_{.1}\quad\cdots\quad X_{.k}]$;$X_{.j}=[X_{1,j},\cdots,X_{Tn,j}]'$,$j=1,\cdots,k$。

5. GKS2016 模型

Glass,Kenjegalieva 和 Sickles(2016)融合了随机前沿模型与空间自回归模型,构建了一个空间自回归随机前沿面板模型,设定效率可随时间和研究截面变化,在考虑内生的 SAR 变量的情况下,利用最大似然方法估计 SAR 边界,并对欧洲国家的总产量边界进行测算,发现国家之间的效率溢出是非对称的。截面数据与面板数据模型因遗漏变量问题而导致估计偏误与效率值偏误，不考虑空间交互作用会产生无效、有偏的估计和误导的推断。

6. VCFC2016 模型

Vidoli 等(2016)认为忽略残差空间相关性导致严重的统计推断问题，降低估计效率和一致性，降低检验程序的有效性和模型预测能力，为克服此局限性，建构空间效率模型如下：

N 种投入： $x=(x_1,\cdots,x_N)$

M 种产出： $y=(y_1,\cdots,y_M)$

$$\log(y)=\log(f(x;y))+v-u=\log(f(x;y))+v-(I-\rho W)^{-1}\tilde{u} \tag{2-175}$$

$$v\sim \text{i. i. d. } N(0,\sigma_v^2 I)$$

$$u\sim \text{i. i. d. } N^+(0,[(I-\rho W)^{-1}(I-\rho W')^{-1}]\sigma_{\tilde{u}}^2)$$

v,u 同分布相互独立，并且独立于自变量，即 $\tilde{u}\sim i.i.d.\,N(0,\sigma_{\tilde{u}}^2 I)$。

7. RH2017 模型

Ramajo 和 Hewings(2017)构建了平衡面板数据空间随机前沿理论和计量模型。

(1) 随机前沿模型

$$y_{it}=\rho w'_i y_t+x'_{it}\beta+w'_i x_t\gamma+v_{it}-u_{it} \tag{2-176}$$

$$v_{it}\sim N(0,\sigma_v^2)$$

$$u_{it}=\exp(-\eta(t-T))u_i,u_i\sim N^+(\mu,\sigma_u^2) \tag{2-177}$$

y_{it} 是 $N\times 1$ 的对数化产出向量；x_t 为 $N\times K$ 的对数化投入矩阵；w_i 为 $N\times 1$ 的空间权重向量；v_{it} 为异质性误差部分，对称正态分布；u_{it} 为技术无效率部分，遵循非负截断正态分布。

(2) 随机前沿面板计量模型

$$Y_{it}=F(K_{it},L_{it})e^{g(t)}e^{v_{it}}e^{-u_{it}} \tag{2-178}$$

Y 为产出指标；K 为物理资本存量；L 为劳动力数量；$F(\cdot)$为产量函数；$g(\cdot)$为技术进步函数；$i=1,2,\cdots,N$，为指截面指标，第 i 个截面；$t=1,2,\cdots,T$，为时间指标，第 t 年。

采用扩展的 CD 函数形式自然对数化：

$$g(t)=\delta_1 t+\delta_2 t^2,\frac{\partial \log Y}{\partial t}=\delta_1+2\delta_2 t$$

$$y_{it}=\alpha+\rho\sum_{j=1}^{N}w_{ij}y_{jt}+\beta_1 k_{it}+\beta_2 l_{it}+\gamma_1\sum_{j=1}^{N}w_{ij}k_{jt}+\gamma_2\sum_{j=1}^{N}w_{ij}l_{jt}+\delta_1 t+\delta_2 t^2+v_{it}-u_{it} \tag{2-179}$$

$$v_{it}\sim \text{i. i. d. } N(0,\sigma_v^2)$$

$$u_{it}=\exp(-\eta(t-T))u_i$$

$$u_i\sim \text{i. i. d. } N^+(\mu,\sigma_u^2)$$

y_{it},k_{it},l_{it} 表示对数化后的产量、资本、劳动;t 为时间趋势;v_{it} 为异质性误差部分,服从独立同正态分布,可以影响产量前沿;u_{it} 为技术无效率部分,u_i 服从独立同非负截断正态分布。

设定区域虚拟变量,则 $\alpha = \alpha_0 + h'_i\alpha_C$,$h_i$ 为 $C\times 1$ 的区域向量,这些虚拟变量捕捉区域不能观测非时变与特定区域情景相关的异质性。

区域 j 在时间 t 下的每一个变量的空间滞后项:$\sum_{j=1}^{N} w_{ij} z_{jt}$。

w_{ij} 表示区域间的空间连接结构和紧密度,满足:$w_{ij} \geqslant 0$,$w_{ii} = 0$,$\sum_{j=1}^{N} w_{ij} = 1$。

权重矩阵 $c_{ij} = (1/d_{ij}^{\phi})$;$d_{ij}$ 为区域 i 和区域 j 的物理距离;ϕ 为距离衰减参数。

(3) 区域 i 在时间 t 上的技术效率的点估计,$TE_{i,t}$。

$$E[\exp(-u_{it}) \mid \varepsilon_{it}] = \left\{\frac{1-\Phi(\exp(-\eta(t-T))\sigma_* - \mu_i^*/\sigma_*)}{1-\Phi\left(-\frac{\mu_i^*}{\sigma_*}\right)}\right\} \times \exp\left[-\exp(-\eta(t-T))\mu_* + \frac{1}{2}\exp(-\eta(t-T))^2\sigma_*^2\right] \tag{2-180}$$

$$\mu_i^* = \frac{(\mu\sigma_v^2 - \sigma_u^2\sum_t \exp(-\eta(t-T))\varepsilon_{it}}{\sigma_v^2 + \sigma_u^2\sum_t \exp(-\eta(t-T))^2} \tag{2-181}$$

$$\sigma_*^2 = \frac{\sigma_v^2\sigma_u^2}{\sigma_v^2 + \sigma_u^2\sum_t \exp(-\eta(t-T))^2} \tag{2-182}$$

8. Tsukamoto 2018 模型

Tsukamoto(2018) 把 BC1995(Battese et al.,1995) 模型和 SAR 结合,糅合了许多空间-非空间随机前沿模型,构建了空间随机前沿面板理论和计量模型。

(1) 理论模型

$$y_{it} = x'_{it}\beta + \sum_{j=1}^{N} w_{ij}^t y_{jt} + v_{it} - u_{it}, i = 1,\cdots,N, t = 1,\cdots,T \tag{2-183}$$

$$v_{it} \sim \text{i.i.d. } N(0,\sigma_v^2)$$

$$u_{it} \sim \text{i.i.d. } N^+(\mu_{it},\sigma_u^2)$$

$$\mu_{it} = z'_{it}\delta$$

y_{it} 为个体 i 在 t 时间的规模产出;

x_{it} 为个体 i 在 t 时间的要素投入矩阵,为 $T\times k$ 要素投入矩阵;

z_{it} 为与具体个体特征和环境要素相关的影响技术无效率的决定因素向量,为 $m\times 1$ 解释技术无效率的外生变量向量;

w_{ij}^t 为空间权重 W 的要素 ij 在 t 时间的数值,$W = \{W^1, W^2, \cdots, W^{T_i}\}$ 为块对角矩阵;$W_t = \{w_{ij}^t\}$;W 表示个体间空间相关性的强度,为数值非负的非随机矩阵;

ρ 为空间自回归项的待估参数；

W 行标准化的条件下 Wy 表示解释变量平均权重；

δ 为 $m \times 1$ 待估参数向量；

β 为边际效应平均值 —— 直接效应。

基于 Battese 和 Coelli(1995) 模型，重写参数化：

$$\sigma^2 := \sigma_v^2 + \sigma_u^2 \tag{2-184}$$

$$\gamma := \frac{\sigma_u^2}{\sigma_v^2 + \sigma_u^2} \tag{2-185}$$

(2) 技术效率估计

基于 Battese 和 Coelli(1988)，技术效率估计公式如下：

$$TE_{it} := E(\exp(-u_{it}) \mid \varepsilon_{it}) = \exp\left[-\mu_{it}^* + \frac{1}{2}(\sigma^*)^2\right]\left\{\frac{\phi\left(\frac{\mu_{it}^*}{\sigma^*} - \sigma^*\right)}{\Phi\left(\frac{\mu_{it}^*}{\sigma^*}\right)}\right\} \tag{2-186}$$

$$\varepsilon_{it} = v_{it} - u_{it} \tag{2-187}$$

本章小结

本部分简要回顾了城市化效率研究进展及常用的参数化方法。城市化效率界定为投入产出关系的一种经济效率；参数化方法之随机前沿方法成果丰富，具有较好的应用前景，适合城市化效率研究；参数化方法之投入产出法是另一种研究思路，强调具体的生产函数形式，也具有较强的应用价值。

第3章　空间面板杜宾随机前沿模型构建与推导

城市化效率界定为一种投入产出关系的经济效率，测度经济效率的方法较多，常用的有索洛余值(1957)法、C-D产量函数法、Olley-Pakes(1996)法、Levinsohn-Petrin(2003)法和Ackerberg，Caves和Frazer(2015)法。这些方法都是建立在空间不相关的基础上的，然而空间相关性是种普遍性现象，为此需要在一定的函数形式上考虑空间相关性，空间随机前沿方法可以为此提供更为一般性的分析视角。

3.1　常用的区域城市化效率计算方法

大量文献基于柯布-道格拉斯生产函数测算全要素生产率，具体如下：

$$y_{it}=a+x_{it}\beta+s_{it}\gamma+\omega_{it}+\varepsilon_{it} \tag{3-1}$$

y_{it}表示对研究对象i在时期t对数化处理后的产出变量；x_{it}(1行，J列)表示对数化处理后的自由变量；s_{it}(1行，K列)表示对数化处理后的状态变量；ω_{it}表示技术效率(没有观测到的生产率)；ε_{it}表示随机扰动项，白噪声。

目前主要有固定效应法(Pavcnik，2002)、工具变量法(Wooldridge，2009)和控制函数法(Olley et al.，1996；Levinsohn et al.，2003；Ackerberg et al.，2015)。三大估计方法估计产出效率(Mollisi et al.，2017)，这里简要回顾核心文献的产出效率估计方法。

3.1.1　索洛余值(1957)法

Solow(1957)在中性技术进步假设的基础上结合产出欧拉方程推导了全要素生产率($\dot{A}/A$)，具体公式如下：

$$\frac{\dot{A}}{A}=\frac{\dot{q}}{q}-w_K\frac{\dot{k}}{k} \tag{3-2}$$

A 表示技术进步指标；$\dot{A}$ 表示技术进步指标对时间的一阶导数；$\dot{A}/A$ 表示全要素生产率；$q(=Q/L)$表示人均产出，$\dot{q}$ 表示劳动人均产出对时间的一阶导数；$k(=K/L)$表示人均资本指标；$\dot{k}$ 表示人均资本对时间的一阶导数；$w_K\left(=\frac{\partial Q}{\partial L}\cdot\frac{L}{Q}\right)$表示劳动工资。

3.1.2　Olley-Pakes(1996)法

Olley 和 Pakes(1996)假定全要素生产率遵循一阶马尔科夫链变化规律，投资水平作为自由变量的代理变量，使用两阶段估计方法估计(3-1)式。第一阶段使用展开 n 阶多项式方法或局部线性回归法估计 $\widehat{\beta}$：

$$\begin{cases}y_{it}=x_{it}\beta+\Phi(i_{it}+s_{it})+\varepsilon_{it}\\ \Phi(i_{it}+s_{it})=s_{it}+f^{-1}(i_{it}+s_{it})=s_{it}\gamma+\omega_{it}\end{cases}\tag{3-3}$$

第二阶段，重写(3-1)式，估计 $\widehat{\gamma}$，以残差作为广义矩进行矩估计或者使用非线性最小二乘法进行估计。

$$y_{it}-x_{it}\widehat{\beta}=a_0-(s_{it}-s_{it-1})\gamma+\widehat{\Phi}_{it-1}+e_{it}\tag{3-4}$$

或

$$y_{it}-x_{it}\widehat{\beta}=a_0+s_{it}\gamma+g(\widehat{\Phi}_{it-1}-s_{it-1},\widehat{Pr}_{it-1})+e_{it}\tag{3-5}$$

最后通过 $\omega_{it}=f^{-1}(i_{it},s_{it})=h(i_{it},s_{it})$计算全要素生产率。

3.1.3　Levinsohn-Petrin(2003)法

Levinsohn 和 Petrin(2003)在 Olley 和 Pakes(1996)的基础上进行改进，在四个基本假定的基础上，同样使用两阶段估计法进行估计和测算。第一阶段使用多项式 n 阶展开近似或局部线性回归法估计 $\widehat{\beta}$；

$$\begin{cases}y_{it}=x_{it}\beta+\Phi(m_{it}+s_{it})+e_{it}\\ \Phi(m_{it}+s_{it})=s_{it}\gamma+\delta m_{it}+h(m_{it}+s_{it})\\ e_{it}=\varepsilon_{it}+\xi_{it}\end{cases}\tag{3-6}$$

第二阶段，重写(3-6)，运用广义矩方法估计 $\widehat{\gamma}$,$\widehat{\delta}$；

$$\begin{cases}(\gamma^*,\delta^*)=\operatorname{argmax}\left\{\sum_k\left(\sum_i\sum_t e_{it}z_{it}^k\right)\right\},z_{it}=[s_{it},m_{it-1}]\\ e_{it}=y_{it}-x_{it}\widehat{\beta}-s_{it}\gamma^*-g(\widehat{\Phi}_{it-1}(\delta^*)-s_{it-1}\gamma)\end{cases}\tag{3-7}$$

最后，使用 $\omega_{it}=h(m_{it},s_{it})$ 测算全要素生产率。

3.1.4 Ackerberg, Caves 和 Frazer(2015)法

Ackerberg, Caves 和 Frazer(2015)认为自由变量劳动是生产率 ω_{it} 和状态变量 s_{it} 共同决定的，即 $l_{it}=l[h(m_{it},s_{it}),s_{it}]$，因此估计存在共线性问题，为进行有效估计，重新构建三个基本假定(Mollisi et al.,2017; Ackerberg et al.,2015)，使用两阶段估计策略进行估计。第一阶段，得到复合项的估计值 $\widehat{\Phi}(p_{it},s_{it},x_{it},l_{it})$(Manjón et al.,2016)

$$\begin{aligned} y_{it} &= s_{it}\gamma + x_{it}\beta + \mu l_{it} + h(p_{it},s_{it},x_{it},l_{it}) + \varepsilon_{it} \\ &= \Phi(p_{it},s_{it},x_{it},l_{it}) + \varepsilon_{it} \end{aligned} \tag{3-8}$$

第二阶段，使用 $\widehat{\Phi}(p_{it},s_{it},x_{it},l_{it})$ 值，结合马尔科夫链假定，运用广义矩方法估计待估参数：

$$\begin{cases} y_{it} = s_{it}\gamma + x_{it}\beta + \mu l_{it} + \widetilde{g}(\widehat{\Phi}_{t-1} - s_{it-1}\gamma - x_{it-1}\beta - \mu l_{it}) + \xi_{it} \\ (\gamma^*,\beta^*,\mu^*) = \operatorname{argmax}\left\{ \sum_k \left(\sum_i \sum_t \xi_{it} z_{it}^k \right) \right\}, z_{it} = [s_{it}, m_{it-1}, l_{it-1}] \end{cases} \tag{3-9}$$

最后，使用 $\widehat{\omega_{it}} = \widehat{\Phi}_t - s_{it}\gamma^* - x_{it}\beta^* - l_{it}\mu^*$ 计算全要素生产率。

3.2 空间面板杜宾随机前沿法

根据经典随机前沿模型设定(Kumbhakar et al.,2018)，全要素生产率测算就可理解为技术效率测算问题，具体的计算依据为：

$$\begin{cases} y_{it} = m(x_{it};\beta) - u_{it} + v_{it} \\ E(e^{-u_{it}} \mid \varepsilon_{it}) = e(-\mu_{it}^* + 0.5 \cdot \sigma_*^2) \dfrac{\Phi\left(\dfrac{\mu_{it}^*}{\sigma_*} - \sigma_*\right)}{\Phi\left(\dfrac{\mu_{it}^*}{\sigma_*}\right)} \end{cases} \tag{3-10}$$

y_{it} 表示对研究对象 i 在时期 t 对数化处理后的产出变量；x_{it}(1 行，J 列)表示对数化处理后的投入要素；u_{it} 表示研究对象 i 在时期 t 对数化处理后的技术无效率项，服从正态分布；v_{it} 表示随机扰动项，白噪声；$\Phi(\cdot)$表示分布密度函数；u_{it}^*，σ_* 表示特定条件下的均值和标准差。

测算产出效率的文献非常多，归纳总结为参数估计法和非参数法两大类。非参数法主要集中使用数据包络分析(DEA)进行产出效率研究；参数法沿着传统路线(Solow,1957; Olley et al.,1996; Levinsohn et al.,2003; Ackerberg et al.,2015)和随机前沿分析(Kumbhakar et al.,2018)两条脉络发展。每种研究方法都有特定的应用场景，考虑到生产函数中投入与产出的关系和空间计量技术发展的进步，大量文献研究发现生产要素投入、全要素生

产率还存在空间相关关系，结合陈辉民(2019)前期研究基础，在传统随机前沿分析技术基础式(3-10)上，引入空间杜宾分析技术，使用技术效率替代全要素生产率进行主题分析。

3.2.1　理论模型形式

空间杜宾随机前沿效率模型由两部分组成，一部分为空间杜宾随机前沿模型，另外一部分为技术效率决定模型，具体如下：

$$y_{it} = \rho\sum_{j=1}^{N} w_{ij} y_{jt} + \alpha + x_{it}\beta + \lambda\sum_{j=1}^{N} w_{ij} x_{jt} + \Gamma\tau + v_{it} - u_{it} \tag{3-11}$$

$$v_{it} \sim \text{i. i. d. } N(0, \sigma_v^2) \tag{3-12}$$

$$u_{it} \sim \text{i. i. d. } N^+(\mu_{it}, \sigma_u^2) \tag{3-13}$$

$$\mu_{it} = z_{it}\delta \tag{3-14}$$

$$i = 1, 2, \cdots, N; t = 1.2, \cdots, T \tag{3-15}$$

i 表示 N 个区域中的第 i 个区域，t 表示总时期数为 T 的第 t 个时期，NT 个观测值，属平衡面板；

y_{it} 表示产出数量($NT \times 1$ 个观测值)，即 i 地区在 t 时期的产出值；

x_{it} 表示投入数量($NT \times K$ 个观测值)，即 i 地区在 t 时期的投入数量；

Γ 表示时间趋势项，包括一次(t)，二次项(t^2)；

v_{it} 表示随机扰动项，服从均值为零，方差为常数 σ_v^2 的独立同正态分布；u_{it} 表示技术无效率项，服从均值为 μ_{it}，方差为常数 σ_u^2 的独立同截断正态分布，v_{it}，u_{it} 相互独立；

z_{it} 为($m \times 1$) 个外生变量，决定技术无效率；

w_{ij} 为 $t(t = 1, 2, \cdots, T)$ 期间的($N \times N$) 外生决定的空间权重矩阵；

$\alpha, \beta, \rho, \lambda, \tau, \delta$ 为待估计的参数，且 $\omega_{\min}^{-1}, \omega_{\max}^{-1}$ 为 $W = (w_{ij}^1, w_{ij}^2, \cdots, w_{ij}^T)$ 的最小和最大特征值，一般取值为 $\omega_{\min}^{-1}$。

3.2.2　内嵌的理论模型

模型设定内嵌了非空间和空间随机前沿模型。在带有技术无效率截距项(δ_0 存在) 的情况下：(1) 当 $\lambda = 0$ 时，约束模型与 Tsukamoto(2018) 模型相同。(2) 当 $\rho = 0, \lambda = 0$ 时，约束模型与 Battese 和 Coelli(1993) 相同。(3) 当 $\lambda = 0, \delta = 0$ 时，约束模型与 Glass 等(2016) 模型相同。(4) 当 $\lambda = 0, \delta = 0, \gamma = 0$ 时(不存在技术无效率)，约束模型为普通空间滞后(SAR) 模型。(5) 当 $\rho = 0, \lambda = 0, \delta = 0$ 时，约束模型与 Aigner 等(1977) 模型等价。(6) 当 $\rho = 0, \lambda = 0, \delta = 0, \gamma = 0$ 时，约束模型与普通最小二乘估计模型等价。

3.2.3　最大似然函数

采用 Battese 和 Coelli(1993)，以及 Tsukamoto(2018) 方法，结合正态分布位置和形状参

数特征，重新构建新的参数，并引入正态密度函数记法符号 $\phi(\cdot)$，正态分布函数的记法符号 $\Phi(\cdot)$。

$$\sigma^2 = \sigma_v^2 + \sigma_u^2 \tag{3-16}$$

$$\gamma = \frac{\sigma_u^2}{\sigma_v^2 + \sigma_u^2} \tag{3-17}$$

在公式(3-12)、(3-13)、(3-14)、(3-15)的基础，使用公式(3-16)、(3-17)变形公式 $\sigma_u = \sqrt{\gamma}\sigma$ 和 $\sigma_u = \sqrt{1-\gamma}\sigma$，推导出模型对数最大似然函数：

$$\begin{aligned} & ll(\alpha,\beta,\lambda,\tau,\delta,\rho,\sigma^2;y) \\ &= \log(\det(I-\rho W)) - \frac{1}{2}\sum_{i=1}^{N}\sum_{t=1}^{T}[\log(2\pi)+\log(\sigma^2)] \\ &\quad - \frac{1}{2}\sum_{i=1}^{N}\sum_{t=1}^{T}\left[\frac{z_{it}\delta+(y_{it}-\rho\sum_{j=1}^{N}w_{ij}y_{jt}-\alpha-x_{it}\beta-\lambda\sum_{j=1}^{N}w_{ij}x_{jt}-\Gamma\tau)}{\sigma}\right]^2 \\ &\quad - \sum_{i=1}^{N}\sum_{t=1}^{T}\log\left[\Phi\left(\frac{z_{it}\delta}{\sigma\sqrt{\gamma}}\right)\right] \\ &\quad + \sum_{i=1}^{N}\sum_{t=1}^{T}\log\left[\Phi\left(\frac{(1-\gamma)\cdot z_{it}\delta-\gamma\cdot(y_{it}-\rho\sum_{j=1}^{N}w_{ij}y_{jt}-\alpha-x_{it}\beta-\lambda\sum_{j=1}^{N}w_{ij}x_{jt}-\Gamma\tau)}{\sigma\sqrt{\gamma(1-\gamma)}}\right)\right] \end{aligned} \tag{3-18}$$

为简便分析，引入新的中间变量形式：

$$u_{it}^* = (1-\gamma)\cdot z_{it}\delta-\gamma\cdot(y_{it}-\rho\sum_{j=1}^{N}w_{ij}y_{jt}-\alpha-x_{it}\beta-\lambda\sum_{j=1}^{N}w_{ij}x_{jt}-\Gamma\tau) \tag{3-19}$$

$$\sigma^* = \sigma\sqrt{\gamma(1-\gamma)} \tag{3-20}$$

$$d_{it}^* = u_{it}^*/\sigma^* \tag{3-21}$$

$$d_{it} = \frac{z_{it}\delta}{\sigma\sqrt{\gamma}} \tag{3-22}$$

使用(3-21)式、(3-22)式改写(3-18)式为：

$$\begin{aligned} & ll(\alpha,\beta,\lambda,\tau,\delta,\rho,\sigma^2;y) \\ &= \log(\det(I-\rho W)) - \frac{1}{2}\sum_{i=1}^{N}\sum_{t=1}^{T}[\log(2\pi)+\log(\sigma^2)] \\ &\quad - \frac{1}{2}\sum_{i=1}^{N}\sum_{t=1}^{T}\left[\frac{z_{it}\delta+(y_{it}-\rho\sum_{j=1}^{N}w_{ij}y_{jt}-\alpha-x_{it}\beta-\lambda\sum_{j=1}^{N}w_{ij}x_{jt}-\Gamma\tau)}{\sigma}\right]^2 \\ &\quad - \sum_{i=1}^{N}\sum_{t=1}^{T}\log[\Phi(d_{it})]+\sum_{i=1}^{N}\sum_{t=1}^{T}\log[\Phi(d_{it}^*)] \end{aligned} \tag{3-23}$$

$\log(\det(I-\rho W))$ 是引入 y_{it} 空间滞后项，并从 $\varepsilon_{it} = v_{it} - u_{it}$ 分布函数到 y_{it} 的总体分布函数的转换矩阵行列式值，(3-23)式的详细推导见附录。对(3-23)式进行一阶偏导求解，即可得到最大似然函数法估计参数的一阶条件。设定一阶条件等于零，就可以求得待估计参数的最大似然估计值。具体的一阶条件如下(具体推导见 3.3)。

$$\frac{\partial ll}{\partial \beta}=\sum_{i=1}^{N}\sum_{t=1}^{T}\left(\frac{z_{it}\delta+(y_{it}-\rho\sum_{j=1}^{N}w_{ij}y_{jt}-\alpha-x_{it}\beta-\lambda\sum_{j=1}^{N}w_{ij}x_{jt}-\Gamma\tau)}{\sigma^{2}}\right)\cdot x'_{it}$$
$$+\sum_{i=1}^{N}\sum_{t=1}^{T}\frac{\phi(d_{it}^{*})}{\Phi(d_{it}^{*})}\cdot\frac{\gamma}{\sigma^{*}}\cdot x'_{it} \tag{3-24}$$

$$\frac{\partial ll}{\partial \delta}=\sum_{i=1}^{N}\sum_{t=1}^{T}\left(\frac{z_{it}\delta+(y_{it}-\rho\sum_{j=1}^{N}w_{ij}y_{jt}-\alpha-x_{it}\beta-\lambda\sum_{j=1}^{N}w_{ij}x_{jt}-\Gamma\tau)}{\sigma^{2}}\right)\cdot z'_{it}$$
$$-\sum_{i=1}^{N}\sum_{t=1}^{T}\frac{\phi(d_{it})}{\Phi(d_{it})}\cdot\frac{1}{\sigma\sqrt{\gamma}}\cdot z'_{it}+\sum_{i=1}^{N}\sum_{t=1}^{T}\frac{\phi(d_{it}^{*})}{\Phi(d_{it}^{*})}\cdot\frac{1-\gamma}{\sigma^{*}}\cdot z'_{it} \tag{3-25}$$

$$\frac{\partial ll}{\partial \sigma^{2}}=-\frac{1}{2\sigma^{2}}\left\{\begin{aligned}&NT-\sum_{i=1}^{N}\sum_{t=1}^{T}\left[\frac{z_{it}\delta+(y_{it}-\rho\sum_{j=1}^{N}w_{ij}y_{jt}-\alpha-x_{it}\beta-\lambda\sum_{j=1}^{N}w_{ij}x_{jt}-\Gamma\tau)}{\sigma}\right]^{2}\\&\qquad-\sum_{i=1}^{N}\sum_{t=1}^{T}\frac{\phi(d_{it})}{\Phi(d_{it})}\cdot d_{it}+\sum_{i=1}^{N}\sum_{t=1}^{T}\frac{\phi(d_{it}^{*})}{\Phi(d_{it}^{*})}\cdot d_{it}^{*}\end{aligned}\right\} \tag{3-26}$$

$$\frac{\partial ll}{\partial \gamma}=\sum_{i=1}^{N}\sum_{t=1}^{T}\frac{\phi(d_{it})}{\Phi(d_{it})}\frac{d_{it}}{2\gamma}-\sum_{i=1}^{N}\sum_{t=1}^{T}\frac{\phi(d_{it}^{*})}{\Phi(d_{it}^{*})}$$
$$\times\left[\frac{z_{it}\delta+(y_{it}-\rho\sum_{j=1}^{N}w_{ij}y_{jt}-\alpha-x_{it}\beta-\lambda\sum_{j=1}^{N}w_{ij}x_{jt}-\Gamma\tau)}{\sigma^{*}}+\frac{(1-2\gamma)}{2\gamma(1-\gamma)}d_{it}^{*}\right] \tag{3-27}$$

$$\frac{\partial ll}{\partial \rho}=-\operatorname{tr}[(I_{NT}-\rho W)^{-1}W]$$
$$+\sum_{i=1}^{N}\sum_{t=1}^{T}\sum_{j=1}^{N}(w_{ij}y_{jt})'\cdot\left\{\frac{z_{it}\delta+(y_{it}-\rho\sum_{j=1}^{N}w_{ij}y_{jt}-\alpha-x_{it}\beta-\lambda\sum_{j=1}^{N}w_{ij}x_{jt}-\Gamma\tau)}{\sigma^{2}}\right\}$$
$$+\sum_{i=1}^{N}\sum_{t=1}^{T}\sum_{j=1}^{N}(w_{ij}y_{jt})'\cdot\frac{\phi(d_{it}^{*})}{\Phi(d_{it}^{*})}\cdot\frac{\gamma}{\sigma^{*}} \tag{3-28}$$

$$\frac{\partial ll}{\partial \alpha}=\sum_{i=1}^{N}\sum_{t=1}^{T}\left[\frac{z_{it}\delta+\left(y_{it}-\rho\sum_{j=1}^{N}w_{ij}y_{jt}-\alpha-x_{it}\beta-\lambda\sum_{j=1}^{N}w_{ij}x_{jt}-\Gamma\tau\right)}{\sigma^{2}}\right]$$
$$+\sum_{i=1}^{N}\sum_{t=1}^{T}\frac{\phi(d_{it}^{*})}{\Phi(d_{it}^{*})}\frac{\gamma}{\sigma^{*}} \tag{3-29}$$

$$\frac{\partial ll}{\partial \lambda}=\sum_{i=1}^{N}\sum_{t=1}^{T}\sum_{j=1}^{N}w_{ij}x_{jt}\left\{\frac{z_{it}\delta+(y_{it}-\rho\sum_{j=1}^{N}w_{ij}y_{jt}-\alpha-x_{it}\beta-\lambda\sum_{j=1}^{N}w_{ij}x_{jt}-\Gamma\tau)}{\sigma^{2}}\right\}$$

$$+\sum_{i=1}^{N}\sum_{t=1}^{T}\sum_{j=1}^{N}w_{ij}x_{jt}\frac{\phi(d_{it}^{*})}{\Phi(d_{it}^{*})}\frac{\gamma}{\sigma^{*}} \tag{3-30}$$

$$\frac{\partial ll}{\partial\tau}=\sum_{i=1}^{N}\sum_{t=1}^{T}\left[\frac{z_{it}\delta+(y_{it}-\rho\sum_{j=1}^{N}w_{ij}y_{jt}-\alpha-x_{it}\beta-\lambda\sum_{j=1}^{N}w_{ij}x_{jt}-\Gamma\tau)}{\sigma}\right]\cdot\Gamma'$$

$$+\sum_{i=1}^{N}\sum_{t=1}^{T}\frac{\phi(d_{it}^{*})}{\Phi(d_{it}^{*})}\cdot\frac{\gamma}{\sigma^{*}}\cdot\Gamma' \tag{3-31}$$

3.2.4 技术效率

参照Battese和Coelli(1988)文献计算技术效率的思想(首先通过最大似然法估计参数，然后通过条件期望方法计算个体效率)推导出技术效率公式的思想，推演出本文的技术效率公式。

$$TE_{it}=\exp\left\{-[(1-\gamma)\cdot z_{it}\delta-\gamma\cdot\varepsilon_{it}]+\frac{\gamma(1-\gamma)\sigma^{2}}{2}\right\}\times\Phi\left[\frac{(1-\gamma)\cdot z_{it}\delta-\gamma\cdot\varepsilon_{it}}{\sqrt{\gamma(1-\gamma)}\sigma}\right.$$

$$\left.-\sqrt{\gamma(1-\gamma)}\sigma\right]\times\left\{\Phi\left[\frac{(1-\gamma)\cdot z_{it}\delta-\gamma\cdot\varepsilon_{it}}{\sqrt{\gamma(1-\gamma)}\sigma}\right]\right\}^{-1} \tag{3-32}$$

3.3 空间杜宾随机前沿效率模型推导过程

3.3.1 模型构建

空间杜宾随机前沿效率模型由两部分组成，一部分为空间杜宾随机前沿模型，另外一部分为技术效率决定模型。具体如下：

$$y_{it}=\rho\sum_{j=1}^{N}w_{ij}y_{jt}+\alpha+x_{it}\beta+\lambda\sum_{j=1}^{N}w_{ij}x_{jt}+\Gamma\tau+v_{it}-u_{it} \quad [P.1]$$

$$v_{it}\sim \text{i.i.d.}\ N(0,\sigma_{v}^{2}) \quad [P.2]$$

$$u_{it}\sim \text{i.i.d.}\ N^{+}(\mu_{it},\sigma_{u}^{2}) \quad [P.3]$$

$$\mu_{it}=z_{it}\delta \quad [P.4]$$

$$i=1,2,\cdots,N;t=1,2,\cdots,T \quad [P.5]$$

i表示N个区域中的第i个区域，t表示总时期数为T的第t个时期，NT个观测值，属平衡面板；

y_{it}表示产出数量($NT\times 1$个观测值)，即i地区在t时期的产出值；

x_{it}表示投入数量($NT\times K$个观测值)，即i地区在t时期的投入数量；

Γ表示时间趋势项，包括一次，二次项等；

v_{it} 表示随机扰动项，服从均值为零，方差为常数 σ_v^2 的独立同正态分布；u_{it} 表示技术无效率项，服从均值为 μ_{it}，方差为常数 σ_u^2 的独立同截断正态分布；v_{it}、u_{it} 相互独立；

z_{it} 为$(m\times 1)$个外生变量，决定技术无效率；

w 为$(NT\times NT)$外生决定的空间权重矩阵；

$\alpha,\beta,\rho,\lambda,\tau,\delta$ 为待估计的参数。

参考 LeSage 和 Pace(2008) 第 46 页理论介绍，重新安排变量，可以把公式[P.1]空间杜宾模型(SDM)改写为空间滞后模型(SAR)。

3.3.2　模型推导

① $v_{it}\sim$ i.i.d. $N(0,\sigma_v^2)$，则 v_{it} 的正态分布的概率密度函数为：

$$f_v(v_{it})=\frac{\exp(-v_{it}^2/2\sigma_v^2)}{\sqrt{2\pi}\sigma_v} \qquad [P.6]$$

② $u_{it}\sim$ i.i.d. $N^+(\mu_{it},\sigma_u^2)$，且 $\mu_{it}=z_{it}\delta$，则参考 Kumbhakar 和 Lovell(2003)[第 83 页]公式(3.2.43)或者 Battese 和 Coelli(1993)附录中公式(A.4)，或者 Moss(2014)[第 61 页]定义 3.20，可以直接写出 u_{it} 截断正态分布的概率密度函数，其中 $\Phi(\cdot)$ 表示标准正态分布函数：

$$f_u(u_{it})=\frac{\exp(-(u_{it}-z_{it}\delta)^2/2\sigma_u^2)}{\sqrt{2\pi}\sigma_u\Phi(z_{it}\delta/\sigma_u)},u_{it}\geqslant 0 \qquad [P.7]$$

③ 根据设定条件，v_{it}，u_{it} 相互独立且同分布，则 v_{it}，u_{it} 的联合正态分布密度函数为：

$$f_{u,v}(u_{it},v_{it})=f_u(u_{it})f_v(v_{it})=\frac{\exp(-v_{it}^2/2\sigma_v^2)}{\sqrt{2\pi}\sigma_v}\frac{\exp(-(u_{it}-z_{it}\delta)^2/2\sigma_u^2)}{\sqrt{2\pi}\sigma_u\Phi(z_{it}\delta/\sigma_u)}$$

$$=\frac{\exp(-v_{it}^2/2\sigma_v^2-(u_{it}-z_{it}\delta)^2/2\sigma_u^2)}{2\pi\sigma_v\sigma_u\Phi(z_{it}\delta/\sigma_u)} \qquad [P.8]$$

④ 设置模型残差变量为 ε_{it}：$\varepsilon_{it}=v_{it}-u_{it}$，则模型残差 ε_{it} 与 u_{it} 的联合密度函数通过采用 $\varepsilon_{it}+u_{it}$ 替换[P.8]中的 v_{it}，得到

$$f_{\varepsilon,u}(\varepsilon_{it},u_{it})=\frac{\exp(-(\varepsilon_{it}+u_{it})^2/2\sigma_v^2-(u_{it}-z_{it}\delta)^2/2\sigma_u^2)}{2\pi\sigma_v\sigma_u\Phi(z_{it}\delta/\sigma_u)} \qquad [P.9]$$

对[P.9]的分子部分按照标准正态分布形式进行化简：

$$-(\varepsilon_{it}+u_{it})^2/2\sigma_v^2-(u_{it}-z_{it}\delta)^2/2\sigma_u^2$$

$$=-\frac{1}{2}\cdot\left[\frac{\varepsilon_{it}^2+2\cdot\varepsilon_{it}\cdot u_{it}+u_{it}^2}{\sigma_v^2}+\frac{u_{it}^2-2\cdot z_{it}\delta\cdot u_{it}+(z_{it}\delta)^2}{\sigma_u^2}\right]$$

$$=-\frac{1}{2}\cdot\left[u_{it}^2\left(\frac{1}{\sigma_v^2}+\frac{1}{\sigma_u^2}\right)-2\cdot u_{it}\left(\frac{z_{it}\delta}{\sigma_u^2}-\frac{\varepsilon_{it}}{\sigma_v^2}\right)+\left(\frac{\varepsilon_{it}^2}{\sigma_v^2}+\frac{(z_{it}\delta)^2}{\sigma_u^2}\right)\right]$$

$$=-\frac{1}{2}\cdot\left\{\frac{\sigma_u^2+\sigma_v^2}{\sigma_u^2\sigma_v^2}\left[u_{it}^2-2\cdot u_{it}\left(\frac{z_{it}\delta\cdot\sigma_v^2-\varepsilon_{it}\cdot\sigma_u^2}{\sigma_u^2+\sigma_v^2}\right)\right]+\left(\frac{\varepsilon_{it}^2}{\sigma_v^2}+\frac{(z_{it}\delta)^2}{\sigma_u^2}\right)\right\}$$

$$=-\frac{1}{2}\cdot\left\{\begin{array}{l}\frac{1}{[\sigma_u^2\sigma_v^2/(\sigma_u^2+\sigma_v^2)]}\left[u_{it}^2-\left(\frac{z_{it}\delta\cdot\sigma_v^2-\varepsilon_{it}\cdot\sigma_u^2}{\sigma_u^2+\sigma_v^2}\right)\right]^2\\-\frac{\sigma_u^2+\sigma_v^2}{\sigma_u^2\sigma_v^2}\times\left(\frac{z_{it}\delta\cdot\sigma_v^2-\varepsilon_{it}\cdot\sigma_u^2}{\sigma_u^2+\sigma_v^2}\right)^2+\left(\frac{\varepsilon_{it}^2}{\sigma_v^2}+\frac{(z_{it}\delta)^2}{\sigma_u^2}\right)\end{array}\right\} \quad [P.10]$$

⑤ 根据两变量边际概率公式 $f_\varepsilon(\varepsilon_{it})=\int_0^\infty f_{\varepsilon,u}(\varepsilon_{it},u_{it})\mathrm{d}u_{it}$，解析出 ε_{it} 的密度函数。

根据正态分布函数形式进行整理(可以参考 Moss(2014)[第 63 页] 定理 3.22 直接写出)：

$$f_\varepsilon(\varepsilon_{it})=f_{\varepsilon|u}(\varepsilon_{it}\mid u_{it})=\int_0^\infty\frac{\exp(-(\varepsilon_{it}+u_{it})^2\cdot 2\sigma_v^2-(u_{it}-z_{it}\delta)^2/2\sigma_u^2)}{2\pi\sigma_v\sigma_u\Phi(z_{it}\delta/\sigma_u)}\mathrm{d}u_{it}$$

$$=\int_0^\infty\frac{1}{\sqrt{2\pi}\cdot(\sigma_v\sigma_u/\sqrt{\sigma_v^2+\sigma_u^2})}\cdot\exp\left(-\frac{1}{2}\cdot\frac{\left(u_{it}-\frac{\sigma_v^2\cdot z_{it}\delta-\sigma_u^2\cdot\varepsilon_{it}}{\sigma_v^2+\sigma_u^2}\right)^2}{\left(\sigma_v\sigma_u/\sqrt{\sigma_v^2+\sigma_u^2}\right)^2}\right)\mathrm{d}u_{it}$$

$$\times\frac{1}{\sqrt{2\pi}\cdot\sqrt{\sigma_v^2+\sigma_u^2}}\cdot\exp\left(-\frac{1}{2}\cdot\frac{(\varepsilon_{it}+z_{it}\delta)^2}{\left(\sqrt{\sigma_v^2+\sigma_u^2}\right)^2}\right)\times\left[\Phi\left[\frac{z_{it}\delta}{\sigma_u}\right]\right]^{-1} \quad [P.11]$$

再次根据正态分布形式，设定：

$$\sigma^2=\sigma_v^2+\sigma_u^2 \quad [P.12]$$

$$\gamma=\frac{\sigma_u^2}{\sigma_v^2+\sigma_u^2} \quad [P.13]$$

使用[P.12]和[P.13]的变形公式 $\sigma_u=\sqrt{\gamma}\sigma$ 和 $\sigma_u=\sqrt{1-\gamma}\sigma$ 改写[P.11]，则得到新的参数化后的联合分布：

$$f(u_{it},\varepsilon_{it})=\frac{1}{\sqrt{2\pi}(\sqrt{\gamma(1-\gamma)}\sigma)}\exp\left(-\frac{1}{2}\frac{(u_{it}-[(1-\gamma)\cdot z_{it}\delta-\gamma\cdot\varepsilon_{it}])^2}{(\sqrt{\gamma(1-\gamma)}\sigma)^2}\right)$$

$$\times\frac{1}{\sqrt{2\pi}\sigma}\cdot\exp\left(-\frac{(\varepsilon_{it}+z_{it}\delta)^2}{2\sigma^2}\right)\times[\Phi(z_{it}\delta/\sqrt{\gamma}\sigma)]^{-1} \quad [P.14]$$

ε_{it} 的密度函数为：

$$f_\varepsilon(\varepsilon_{it})=\int f(\varepsilon_{it},u_{it})\mathrm{d}u_{it}$$

$$=\int\frac{1}{\sqrt{2\pi}\cdot(\sqrt{\gamma(1-\gamma)}\sigma)}\exp\left(-\frac{1}{2}\cdot\frac{(u_{it}-[(1-\gamma)\cdot z_{it}\delta-\gamma\cdot\varepsilon_{it}])^2}{(\sqrt{\gamma(1-\gamma)}\sigma)^2}\right)\mathrm{d}u_{it}$$

$$\times\frac{1}{\sqrt{2\pi}\cdot\sigma}\cdot\exp\left(-\frac{(\varepsilon_{it}+z_{it}\delta)^2}{2\sigma^2}\right)\times[\Phi(z_{it}\delta/\sqrt{\gamma}\sigma)]^{-1}$$

$$=\Phi\left[\frac{(1-\gamma)\cdot z_{it}\delta-\gamma\cdot\varepsilon_{it}}{\sigma\sqrt{\gamma(1-\gamma)}}\right]\cdot\frac{1}{\sigma}\phi\left[\frac{\varepsilon_{it}+z_{it}\delta}{\sigma}\right]\cdot\left(\Phi\left[\frac{z_{it}\delta}{\sigma\sqrt{\gamma}}\right]\right)^{-1} \quad [P.15]$$

⑥ 参考 Battese 和 Coelli(1992)，以及 Pitt 和 Lee(1981) 两篇论文附录部分推导过程，并结合公式[P.2] 和[P.3]。假设时期相互独立、个体相互独立，使用概率密度卷积公式，平衡

面板数据条件下，模型残差

$$\varepsilon = \{\varepsilon_{11},\varepsilon_{12}\cdots,\varepsilon_{1T},\varepsilon_{21},\varepsilon_{22}\cdots,\varepsilon_{2T},\cdots\varepsilon_{i1},\varepsilon_{i2}\cdots,\varepsilon_{iT},\cdots\varepsilon_{N1},\varepsilon_{N2}\cdots,\varepsilon_{NT}\}$$

总体联合密度函数为：

$$f_\varepsilon(\varepsilon) = \prod_{i=1}^{N}\prod_{t=1}^{T}\frac{1}{\sqrt{2\pi}\sigma}\cdot\exp\left(-\frac{(\varepsilon_{it}+z_{it}\delta)^2}{2\sigma^2}\right)\times\Phi\left[\frac{(1-\gamma)\cdot z_{it}\delta-\gamma\cdot\varepsilon_{it}}{\sigma\sqrt{\gamma(1-\gamma)}}\right]\times\left(\Phi\left[\frac{z_{it}\delta}{\sigma\sqrt{\gamma}}\right]\right)^{-1}$$

[P. 16]

⑦ 改写公式[P. 1]，重新组合研究变量，并引入新变量：$X=(1,X,WX,\Gamma)$，$\zeta=[\alpha,\beta,\lambda,\tau]'$，$I=I_{NT\times NT}$ 的单位矩阵，则得到

$$y=\rho Wy+X\zeta+v_{it}-u_{it} \qquad [P. 17]$$

因为前面已经设定：$\varepsilon_{it}=v_{it}-u_{it}$，所以

$$y=\rho Wy+X\zeta+v_{it}-u_{it}$$

$$y=\rho Wy+X\zeta+\varepsilon$$

$$\varepsilon=y-\rho Wy-X\zeta$$

$$\varepsilon=(I-\rho W)y-X\zeta \qquad [P. 18]$$

[P. 18]对 y 求偏导，得到 y 在 $f_\varepsilon(\varepsilon)$ 总体分布函数的边际密度函数，这种思路也是 Pavlyuk(2012) 采用的：

$$\frac{\partial\varepsilon}{\partial y}=\frac{\partial[(I-\rho W)y-X\zeta]}{\partial y}=(I-\rho W) \qquad [P. 19]$$

⑧ 分析 y 的总体分布密度。分析[P. 16]和[P. 18]，发现 $f_\varepsilon(\varepsilon)$ 是 y，ε 的联合密度函数，根据两变量边际密度函数定义，可以直接写出 y 的密度函数：$f_y(y)=f_{y|\varepsilon}(y\mid\varepsilon)=\frac{\partial F(\varepsilon)}{\partial y}\int f(\varepsilon)\mathrm{d}\varepsilon$，此表达式中的 $F(\varepsilon)$ 是指[P. 18]式中的 $\varepsilon=(I-\rho W)y-X\zeta$，$\frac{\partial F(\varepsilon)}{\partial y}$ 是指[P. 18]式中的 $\frac{\partial\varepsilon}{\partial y}=(I-\rho W)$。故此得出变量 y 的密度函数 $f_y(y)$(det 表示矩阵行列式值)：

$$f_y(y)=\prod_{i=1}^{N}\prod_{t=1}^{T}\frac{1}{\sqrt{2\pi}\sigma}\cdot\exp\left(-\frac{(\varepsilon_{it}+z_{it}\delta)^2}{2\sigma^2}\right)\times\Phi\left[\frac{(1-\gamma)\cdot z_{it}\delta-\gamma\cdot\varepsilon_{it}}{\sigma\sqrt{\gamma(1-\gamma)}}\right]$$
$$\times\left(\Phi\left[\frac{z_{it}\delta}{\sigma\sqrt{\gamma}}\right]\right)^{-1}\times\det(I-\rho W) \qquad [P. 20]$$

⑨ 最大似然函数。从[P. 19]式直接得出 $LL(\alpha,\beta,\lambda,\tau,\delta,\rho,\sigma^2;y)$。

$LL(y;\alpha,\beta,\lambda,\tau,\delta,\rho,\sigma^2)$

$=f_y(y)=\det(I-\rho W)$

$$\times \prod_{i=1}^{N}\prod_{t=1}^{T}\left\{\begin{array}{l}\dfrac{1}{\sqrt{2\pi}\sigma}\cdot\exp\left(-\dfrac{\left(z_{it}\delta+(y_{it}-\rho\sum_{j=1}^{N}w_{ij}y_{jt}-\alpha-x_{it}\beta-\lambda\sum_{j=1}^{N}w_{ij}x_{jt}-\Gamma\tau)\right)^2}{2\sigma^2}\right)\\ \times\Phi\left[\dfrac{(1-\gamma)\cdot z_{it}\delta-\gamma\cdot(y_{it}-\rho\sum_{j=1}^{N}w_{ij}y_{jt}-\alpha-x_{it}\beta-\lambda\sum_{j=1}^{N}w_{ij}x_{jt}-\Gamma\tau)}{\sigma\sqrt{\gamma(1-\gamma)}}\right]\\ \times\left(\Phi\left[\dfrac{z_{it}\delta}{\sigma\sqrt{\gamma}}\right]\right)^{-1}\end{array}\right\}$$

[P. 21]

对数似然函数，通过对[P. 21]式取对数得出，用 $ll(\cdot)$ 符号表示，具体形式见下：

$$\begin{aligned}&ll(\alpha,\beta,\lambda,\tau,\delta,\rho,\sigma^2;y)\\ &=\log(LL(\alpha,\beta,\lambda,\tau,\delta,\rho,\sigma^2;y))\\ &=\log(\det(I-\rho W))-\frac{1}{2}\sum_{i=1}^{N}\sum_{t=1}^{T}[\log(2\pi)+\log(\sigma^2)]\\ &\quad-\frac{1}{2}\sum_{i=1}^{N}\sum_{t=1}^{T}\left[\frac{z_{it}\delta+(y_{it}-\rho\sum_{j=1}^{N}w_{ij}y_{jt}-\alpha-x_{it}\beta-\lambda\sum_{j=1}^{N}w_{ij}x_{jt}-\Gamma\tau)}{\sigma}\right]^2\\ &\quad-\sum_{i=1}^{N}\sum_{t=1}^{T}\log\left[\Phi\left(\frac{z_{it}\delta}{\sigma\sqrt{\gamma}}\right)\right]\\ &\quad+\sum_{i=1}^{N}\sum_{t=1}^{T}\log\left[\Phi\left(\frac{(1-\gamma)\cdot z_{it}\delta-\gamma\cdot(y_{it}-\rho\sum_{j=1}^{N}w_{ij}y_{jt}-\alpha-x_{it}\beta-\lambda\sum_{j=1}^{N}w_{ij}x_{jt}-\Gamma\tau)}{\sigma\sqrt{\gamma(1-\gamma)}}\right)\right]\end{aligned}$$

[P. 22]

采取 Battese 和 Coelli(1993)，Tsukamoto(2018) 相似简化方法，重新参数化，则得到：

$$u_{it}^{*}=(1-\gamma)\cdot z_{it}\delta-\gamma\cdot(y_{it}-\rho\sum_{j=1}^{N}w_{ij}y_{jt}-\alpha-x_{it}\beta-\lambda\sum_{j=1}^{N}w_{ij}x_{jt}-\Gamma\tau)\quad[P. 23]$$

$$\sigma^{*}=\sigma\sqrt{\gamma(1-\gamma)}\quad[P. 24]$$

$$d_{it}^{*}=u_{it}^{*}/\sigma^{*}\quad[P. 25]$$

$$d_{it}=\frac{z_{it}\delta}{\sigma\sqrt{\gamma}}\quad[P. 26]$$

使用[P. 25]、[P. 26] 改写[P. 22] 为：

$$\begin{aligned}&ll(\alpha,\beta,\lambda,\tau,\delta,\rho,\sigma^2;y)\\ &=\log(\det(I-\rho W))\\ &\quad-\frac{1}{2}\sum_{i=1}^{N}\sum_{t=1}^{T}[\log(2\pi)+\log(\sigma^2)]\end{aligned}$$

$$-\frac{1}{2}\sum_{i=1}^{N}\sum_{t=1}^{T}\left[\frac{z_{it}\delta+(y_{it}-\rho\sum_{j=1}^{N}w_{ij}y_{jt}-\alpha-x_{it}\beta-\lambda\sum_{j=1}^{N}w_{ij}x_{jt}-\Gamma\tau)}{\sigma}\right]^{2}$$

$$-\sum_{i=1}^{N}\sum_{t=1}^{T}\log[\Phi(d_{it})]+\sum_{i=1}^{N}\sum_{t=1}^{T}\log[\Phi(d_{it}^{*})] \qquad [P.27]$$

通过[P. 27]式对待估计的参数求一阶偏导数：

$$\frac{\partial ll}{\partial\beta}=\sum_{i=1}^{N}\sum_{t=1}^{T}\left(\frac{z_{it}\delta+(y_{it}-\rho\sum_{j=1}^{N}w_{ij}y_{jt}-\alpha-x_{it}\beta-\lambda\sum_{j=1}^{N}w_{ij}x_{jt}-\Gamma\tau)}{\sigma^{2}}\right)\cdot x'_{it}$$

$$+\sum_{i=1}^{N}\sum_{t=1}^{T}\frac{\phi(d_{it}^{*})}{\Phi(d_{it}^{*})}\cdot\frac{\gamma}{\sigma^{*}}\cdot x'_{it} \qquad [P.28]$$

$$\frac{\partial ll}{\partial\delta}=\sum_{i=1}^{N}\sum_{t=1}^{T}\left(\frac{z_{it}\delta+(y_{it}-\rho\sum_{j=1}^{N}w_{ij}y_{jt}-\alpha-x_{it}\beta-\lambda\sum_{j=1}^{N}w_{ij}x_{jt}-\Gamma\tau)}{\sigma^{2}}\right)\cdot z'_{it}$$

$$-\sum_{i=1}^{N}\sum_{t=1}^{T}\frac{\phi(d_{it})}{\Phi(d_{it})}\cdot\frac{1}{\sigma\sqrt{\gamma}}\cdot z'_{it}+\sum_{i=1}^{N}\sum_{t=1}^{T}\frac{\phi(d_{it}^{*})}{\Phi(d_{it}^{*})}\cdot\frac{1-\gamma}{\sigma^{*}}\cdot z'_{it} \qquad [P.29]$$

$$\frac{\partial ll}{\partial\sigma^{2}}=-\frac{1}{2\sigma^{2}}\left\{\begin{array}{l}NT-\sum_{i=1}^{N}\sum_{t=1}^{T}\left[\frac{z_{it}\delta+(y_{it}-\rho\sum_{j=1}^{N}w_{ij}y_{jt}-\alpha-x_{it}\beta-\lambda\sum_{j=1}^{N}w_{ij}x_{jt}-\Gamma\tau)}{\sigma}\right]^{2}\\ -\sum_{i=1}^{N}\sum_{t=1}^{T}\frac{\phi(d_{it})}{\Phi(d_{it})}\cdot d_{it}+\sum_{i=1}^{N}\sum_{t=1}^{T}\frac{\phi(d_{it}^{*})}{\Phi(d_{it}^{*})}\cdot d_{it}^{*}\end{array}\right\}$$

$$[P.30]$$

$$\frac{\partial ll}{\partial\gamma}=\sum_{i=1}^{N}\sum_{t=1}^{T}\frac{\phi(d_{it})}{\Phi(d_{it})}\frac{d_{it}}{2\gamma}-\sum_{i=1}^{N}\sum_{t=1}^{T}\frac{\phi(d_{it}^{*})}{\Phi(d_{it}^{*})}$$

$$\times\left[\frac{z_{it}\delta+(y_{it}-\rho\sum_{j=1}^{N}w_{ij}y_{jt}-\alpha-x_{it}\beta-\lambda\sum_{j=1}^{N}w_{ij}x_{jt}-\Gamma\tau)}{\sigma^{*}}+\frac{(1-2\gamma)}{2\gamma(1-\gamma)}d_{it}^{*}\right]$$

$$[P.31]$$

$$\frac{\partial ll}{\partial\rho}=-\operatorname{tr}[(I_{NT}-\rho W)^{-1}W]$$

$$+\sum_{i=1}^{N}\sum_{t=1}^{T}\sum_{j=1}^{N}(w_{ij}y_{jt})'\left\{\frac{z_{it}\delta+(y_{it}-\rho\sum_{j=1}^{N}w_{ij}y_{jt}-\alpha-x_{it}\beta-\lambda\sum_{j=1}^{N}w_{ij}x_{jt}-\Gamma\tau)}{\sigma^{2}}\right\}$$

$$+\sum_{i=1}^{N}\sum_{t=1}^{T}\sum_{j=1}^{N}(w_{ij}y_{jt})'\cdot\frac{\phi(d_{it}^{*})}{\Phi(d_{it}^{*})}\cdot\frac{\gamma}{\sigma^{*}} \qquad [P.32]$$

注：$\log(\det(I-\rho W))$对ρ求一阶偏导公式参考 Peterson 和 Pedersen(2012)[第 2 页]公式(43)。

$$\frac{\partial ll}{\partial \alpha}=\sum_{i=1}^{N}\sum_{t=1}^{T}\left[\frac{z_{it}\delta+(y_{it}-\rho\sum_{j=1}^{N}w_{ij}y_{jt}-\alpha-x_{it}\beta-\lambda\sum_{j=1}^{N}w_{ij}x_{jt}-\Gamma\tau)}{\sigma^{2}}\right]$$
$$+\sum_{i=1}^{N}\sum_{t=1}^{T}\frac{\phi(d_{it}^{*})}{\Phi(d_{it}^{*})}\frac{\gamma}{\sigma^{*}} \qquad [P.33]$$

$$\frac{\partial ll}{\partial \lambda}=\sum_{i=1}^{N}\sum_{t=1}^{T}\sum_{j=1}^{N}w_{ij}x_{jt}\left\{\frac{z_{it}\delta+(y_{it}-\rho\sum_{j=1}^{N}w_{ij}y_{jt}-\alpha-x_{it}\beta-\lambda\sum_{j=1}^{N}w_{ij}x_{jt}-\Gamma\tau)}{\sigma^{2}}\right\}$$
$$+\sum_{i=1}^{N}\sum_{t=1}^{T}\sum_{j=1}^{N}w_{ij}x_{jt}\frac{\phi(d_{it}^{*})}{\Phi(d_{it}^{*})}\frac{\gamma}{\sigma^{*}} \qquad [P.34]$$

$$\frac{\partial ll}{\partial \tau}=\sum_{i=1}^{N}\sum_{t=1}^{T}\left[\frac{z_{it}\delta+(y_{it}-\rho\sum_{j=1}^{N}w_{ij}y_{jt}-\alpha-x_{it}\beta-\lambda\sum_{j=1}^{N}w_{ij}x_{jt}-\Gamma\tau)}{\sigma}\right]\cdot\Gamma'$$
$$+\sum_{i=1}^{N}\sum_{t=1}^{T}\frac{\phi(d_{it}^{*})}{\Phi(d_{it}^{*})}\cdot\frac{\gamma}{\sigma^{*}}\cdot\Gamma' \qquad [P.35]$$

3.3.3 技术效率的推导

参照 Battese 和 Coelli(1988),Jondrow,Loell,Materov 和 Schmidt(1982) 文献计算技术效率的思想(首先通过最大似然法估计参数,然后通过条件期望方法计算个体效率)推导出技术效率公式。本书采用 Battese 和 Coelli(1988) 的 $TE_{it}=E(\exp(-u_{it})\mid \varepsilon_{it}=v_{it}-u_{it})$ 计算公式进行研究。

$$f_{u|\varepsilon}(u_{it}\mid \varepsilon_{it})=\frac{f(\varepsilon_{it},u_{it})}{f(\varepsilon_{it})} \qquad [P.36]$$

通过[P.14]与[P.15]相除得出:

$$f_{u}(u)=\frac{\phi\left[\frac{(1-\gamma)\cdot z_{it}\delta-\gamma\cdot\varepsilon_{it}}{\sigma\sqrt{\gamma(1-\gamma)}}\right]}{\Phi\left[\frac{(1-\gamma)\cdot z_{it}\delta-\gamma\cdot\varepsilon_{it}}{\sigma\sqrt{\gamma(1-\gamma)}}\right]}$$
$$=\frac{\exp\left(-\frac{1}{2}\frac{(u_{it}-[(1-\gamma)\cdot z_{it}\delta-\gamma\cdot\varepsilon_{it}])^{2}}{(\sqrt{\gamma(1-\gamma)}\sigma)^{2}}\right)}{\sqrt{2\pi}(\sqrt{\gamma(1-\gamma)}\sigma)\cdot\Phi\left[\frac{(1-\gamma)\cdot z_{it}\delta-\gamma\cdot\varepsilon_{it}}{\sigma\sqrt{\gamma(1-\gamma)}}\right]} \qquad [P.37]$$

现在对于 $E(\exp(-u_{it})\mid\varepsilon_{it})$ 而言,则:

$$E[\exp(-u_{it})\mid\varepsilon_{it}]$$
$$=\int_{0}^{\infty}\exp(-u_{it})f(u_{it}\mid\varepsilon_{it})\mathrm{d}u_{it}$$

$$=\int_0^{\infty}\frac{\exp\left(-\frac{1}{2}\frac{(u_{it}-[(1-\gamma)\cdot z_{it}\delta-\gamma\cdot\varepsilon_{it}])^2}{(\sqrt{\gamma(1-\gamma)}\sigma)^2}-u_{it}\right)}{\sqrt{2\pi}(\sqrt{\gamma(1-\gamma)}\sigma)\cdot\Phi\left[\frac{(1-\gamma)\cdot z_{it}\delta-\gamma\cdot\varepsilon_{it}}{\sigma\sqrt{\gamma(1-\gamma)}}\right]}\mathrm{d}u_{it}$$

$$=\frac{1}{(\sqrt{\gamma(1-\gamma)}\sigma)\cdot\Phi\left[\frac{(1-\gamma)\cdot z_{it}\delta-\gamma\cdot\varepsilon_{it}}{\sigma\sqrt{\gamma(1-\gamma)}}\right]}$$

$$\times\int_0^{\infty}\frac{1}{\sqrt{2\pi}}\cdot\exp\left(-\frac{1}{2}\frac{(u_{it}-[(1-\gamma)\cdot z_{it}\delta-\gamma\cdot\varepsilon_{it}])^2}{(\sqrt{\gamma(1-\gamma)}\sigma)^2}-u_{it}\right)\mathrm{d}u_{it} \qquad [P.38]$$

重新参数化：

$$\sigma_{s*}=\sqrt{\gamma(1-\gamma)}\sigma \qquad [P.39]$$

$$m_{it*}=(1-\gamma)\cdot z_{it}\delta-\gamma\cdot\varepsilon_{it} \qquad [P.40]$$

则[P.38]改写为：

$$E[\exp(-u_{it})\mid\varepsilon_{it}]$$

$$=\int_0^{\infty}\exp(-u_{it})f(u_{it}\mid\varepsilon_{it})\mathrm{d}u_{it}$$

$$=\frac{1}{\sigma_{s*}\cdot\Phi\left(\frac{m_{it*}}{\sigma_{s*}}\right)}\times\int_0^{\infty}\frac{1}{\sqrt{2\pi}}\cdot\exp\left(-\frac{1}{2}\frac{(u_{it}-m_{it*})^2}{\sigma_{s*}^2}-u_{it}\right)\mathrm{d}u_{it}$$

$$=\frac{1}{\sigma_{s*}\cdot\Phi\left(\frac{m_{it*}}{\sigma_{s*}}\right)}\times\int_0^{\infty}\frac{1}{\sqrt{2\pi}}\cdot\exp\left(\frac{u_{it}^2-2(m_{it*}-\sigma_{s*}^2)u_{it}+m_{it*}^2}{-2\sigma_{s*}^2}\right)\mathrm{d}u_{it}$$

$$=\frac{1}{\sigma_{s*}\cdot\Phi\left(\frac{m_{it*}}{\sigma_{s*}}\right)}\times\int_0^{\infty}\frac{1}{\sqrt{2\pi}}\cdot\exp\left(\frac{[u_{it}-(m_{it*}-\sigma_{s*}^2)]^2+\sigma_{s*}^2(2m_{it*}-\sigma_{s*}^2)}{2\sigma_{s*}^2}\right)\mathrm{d}u_{it}$$

$$=\frac{1}{\sigma_{s*}\cdot\Phi\left(\frac{m_{it*}}{\sigma_{s*}}\right)}\times\int_0^{\infty}\frac{1}{\sqrt{2\pi}}\cdot\exp\left(-\frac{[u_{it}-(m_{it*}-\sigma_{s*}^2)]^2}{2\sigma_{s*}^2}-\left(m_{it*}-\frac{\sigma_{s*}^2}{2}\right)\right)\mathrm{d}u_{it}$$

$$=\frac{\exp\left(-\left(m_{it*}-\frac{\sigma_{s*}^2}{2}\right)\right)}{\sigma_{s*}\cdot\Phi\left(\frac{m_{it*}}{\sigma_{s*}}\right)}\times\int_0^{\infty}\frac{1}{\sqrt{2\pi}}\cdot\exp\left(-\frac{[u_{it}-(m_{it*}-\sigma_{s*}^2)]^2}{2\sigma_{s*}^2}\right)\mathrm{d}u_{it} \qquad [P.41]$$

令 $z_{it}=\frac{u_{it}-(m_{it*}-\sigma_{s*}^2)}{\sigma_{s*}}$，则 $z_{it}\in-\frac{m_{it*}}{\sigma_{s*}}+\sigma_{s*},\infty\Big)$，$\mathrm{d}z_{it}=\mathrm{d}u_{it}/\sigma_{s*}$。

$$E[\exp(-u_{it})\mid\varepsilon_{it}]$$

$$=\frac{\exp\left[-\left(m_{it*}-\frac{\sigma_{s*}^2}{2}\right)\right]}{\sigma_{s*}\cdot\Phi(m_{it*}/\sigma_{s*})}\times\int_{-\frac{m_{it*}}{\sigma_{s*}}+\sigma_{s*}}^{\infty}\frac{1}{\sqrt{2\pi}}\cdot\sigma_{s*}\cdot\exp\left(-\frac{z_{it}^2}{2}\right)\mathrm{d}z_{it}$$

$$= \exp\left(-m_{it*} + \frac{\sigma_{s*}^2}{2}\right) \times \frac{1}{\Phi(m_{it*}/\sigma_{s*})} \times \left[\Phi(\infty) - \Phi(-\frac{m_{it*}}{\sigma_{s*}} + \sigma_{s*})\right]$$

$$= \exp\left(-m_{it*} + \frac{\sigma_{s*}^2}{2}\right) \times \left[\Phi\left(\frac{m_{it*}}{\sigma_{s*}}\right)\right]^{-1} \times \left[1 - \Phi(-\frac{m_{it*}}{\sigma_{s*}} + \sigma_{s*})\right]$$

$$= \exp\left(-m_{it*} + \frac{\sigma_{s*}^2}{2}\right) \times \left[\Phi\left(\frac{m_{it*}}{\sigma_{s*}}\right)\right]^{-1} \times \Phi\left[\frac{m_{it*}}{\sigma_{s*}} - \sigma_{s*}\right] \quad [P.42]$$

重新把[P.39]和[P.40]代入[P.42]，则得出研究所需的技术效率公式：

$$TE_{it} = \exp\left\{-[(1-\gamma)\cdot z_{it}\delta - \gamma\cdot\varepsilon_{it}] + \frac{\gamma(1-\gamma)\sigma^2}{2}\right\}$$
$$\times \Phi\left[\frac{(1-\gamma)\cdot z_{it}\delta - \gamma\cdot\varepsilon_{it}}{\sqrt{\gamma(1-\gamma)}\sigma} - \sqrt{\gamma(1-\gamma)}\sigma\right] \times \left\{\Phi\left[\frac{(1-\gamma)\cdot z_{it}\delta - \gamma\cdot\varepsilon_{it}}{\sqrt{\gamma(1-\gamma)}\sigma}\right]\right\}^{-1} \quad [P.43]$$

本章小结

本章简要回顾了城市化效率的经济效率分析方法，考虑空间相关性，构建了平衡面板空间杜宾随机前沿模型，并给出了详细的推导过程。

第 4 章　基于空间面板杜宾随机前沿模型的区域城市化效率测度分析

本部分使用构建的平衡面板数据空间杜宾随机前沿模型测度中国 31 省(市、自治区)城市化效率,并分析结果的稳定性。

4.1　引　言

习近平总书记在 2017 年 10 月 18 日党的十九大上指出,中国已经进入中国特色社会主义新时代,人民美好生活需要和不平衡不充分发展的矛盾已经成为目前社会的主要矛盾。为贯彻发展新理念,政府提出从供给侧改革、乡村振兴、区域协调战略等方面入手解决不平衡不充分的区域发展问题,坚持深化改革,坚持执行原有发展战略并进行创新。国务院总理李克强在 2019 年 3 月 5 日政府工作报告强调,政府持续通过乡村振兴战略和新型城镇化等改革新举措推动生产要素流动及持续推进西部大开发、东北振兴、中部崛起、东部率先发展战略,推动区域经济均衡发展。从三大区域(东、中、西部)经济总量比重趋势图(图 4.1)看,2018 年东部经济总量约 50.6 万亿元(占比 55.4%)、中部经济总量约 22.4 万亿元(占比 24.5%)、西部经济总量约 18.4 万亿元(占比 20.1%);2000 年东部经济总量约 5.7 万亿元(占比 58.2%)、中部经济总量约 2.4 万亿元(占比 24.3%)、西部经济总量约 1.7 万亿元(占比 17.5%);近 20 年内,东、中、西部经济总量都扩大约 10 倍,但经济总量占比基本维持不变(仅仅增长了约 1%)。实现区域经济平衡发展,是一个迫切需要解决的现实问题,也是一个值得更深入研究的理论问题。

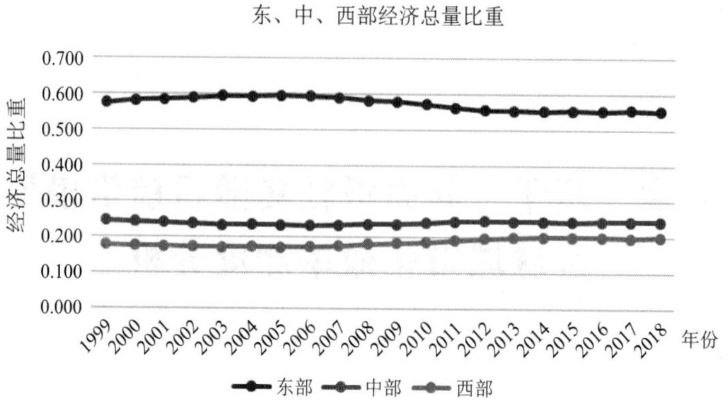

图 4.1　三大区域带经济总量比重趋势

数据来源：中国统计局网页 http://data.stats.gov.cn/easyquery.htm?cn=E0103 查询地区生产总值[2019-08-25]，汇总计算所得。

4.2　文献综述

1986 年 Baumol 开创性地运用 Maddison's 1870—1979 年数据分析得出发展中国家人均产出快速向工业发达国家收敛的结论后，大量文献基于国家层面对 Baumol(1986)得出的结论进行验证和重新解释(Kumar et al.,2002；林毅夫 等,2003)。核心文献认同区域经济增长与区域效率增长趋势相一致，基于投入产出关系的角度，区域效率被理解为城市化效率，测算城市化效率的计算方法主要有两类：一类是数据包络分析法(Charnes et al.,1978；Fang et al.,2018；Jia et al.,2017)；另一类为随机前沿参数化方法(Battese et al.,1993；戴永安,2010；Fusco et al.,2013；Tsionas et al.,2016；Ramajo et al.,2018)。数据包络分析方法利用线性规划方法对评价单元进行有效性评价，很少考虑评价单元溢出效应；随机前沿参数法是运用计量方法分析最优产出与实际产出的差来反映综合效率，可以引入空间溢出效应机制进行研究。总结引入空间溢出机制的随机前沿效率决定文献成果，发现存在两个研究方向：一个是效率内生决定方向——引入空间滞后项(Glass et al.,2016)，另一个为效率外生决定方向——技术无效率外生决定(Tsukamoto,2018)。较少文献同时引入空间溢出机制和外生变量空间滞后项研究区域效率表现，虽然(Glass et al., 2016)和(Tsukamoto, 2018)文献提到各自研究成果可以扩展到同时考虑空间溢出机制和外生变量的空间滞后项，但这两篇核心文献并没有公式推导和计量检验；Ramajo 和 Hewings(2018)基于 Battese 和 Coelli(1992)模型，同时考虑内生、外生变量滞后项，但并未针对此模型展开技术推演。

因此，本章利用 Battese 和 Coelli(1993)，以及 Tsukamoto(2018)研究成果，基于区域效率分析的基本事实(区域经济增长趋同且存在空间溢出效应、要素投入同样也具有空间溢出效应)引入内生、外生变量的空间滞后项和希克斯中性技术进步一般性设定，结合区域效率外生决定的假定，研究中国区域城市化效率。本文可以认为是空间杜宾模型在随机前沿模型的扩展，属于空间面板杜宾随机前沿效率模型，与 Battese 和 Coelli(1993)、Ramajo 和 Hewings(2018)、Tsukamoto(2018)同属技术效率外生决定大类模型(包括非空间和空间情形)。但本文是 Battese 和 Coelli(1993)模型的扩展，在 Battese 和 Coelli(1993)模型基础上引入了内生、外生变量的空间滞后项；也是 Tsukamoto(2018)模型的扩展，在 Tsukamoto(2018)基础上引入外生变量的空间滞后项；与 Ramajo 和 Hewings(2018)模型相似，都引入了内生、外生变量的空间滞后项和技术效率外生决定，但 Ramajo 和 Hewings(2018)采用 Battese 和 Coelli(1992)模型设定技术效率方法，而本文则基于 Battese 和 Coelli(1993)模型分析方法。

本章剩余的部分安排如下。4.3 节为空间杜宾随机前沿效率理论模型，利用现有空间计量模型理论和随机前沿效率外生决定理论推导最大似然函数、技术效率、效率对称与非对称溢出公式，并给出推断的方法。4.4 节至 4.7 节为空间面板杜宾随机前沿区域效率应用，以中国 31 省(市、自治区)1990—2018 年数据进行空间面板杜宾随机前沿效率模型的相关变量选择、数据来源、描述性统计和相关性分析。4.8 节为估计结果，主要针对核心变量的估计值进行解释，对七种模型估计结果呈现、模型选择判断、边际效应(直接效应、间接效应和总效应)进行分析；4.9 节为结论，总结模型估计结果并提出进一步研究的方向。

4.3　空间面板杜宾随机前沿模型

本部分在希克斯中性技术进步假设条件下，基于 Tsukamoto(2018)模型，采用 CD 生产函数，建立区域效率分析的应用计量模型：

$$\begin{aligned} y_{it} = {} & \alpha + \beta_1 \mathrm{lab}_{it} + \beta_2 \mathrm{cap} + \beta_3 t + \beta_4 t^2 + \rho \sum_{j=1}^{N} w_{ij} y_{jt} + \gamma_1 \sum_{j=1}^{N} w_{ij} \mathrm{lab}_{jt} \\ & + \gamma_2 \sum_{j=1}^{N} w_{ij} \mathrm{cap}_{jt} + v_{it} - u_{it} \end{aligned} \tag{4-1}$$

$$v_{it} \sim \mathrm{i.\,i.\,d.}\ N(0, \sigma_v^2) \tag{4-2}$$

$$u_{it} \sim \mathrm{i.\,i.\,d.}\ N^{+}(\mu_{it}, \sigma_u^2) \tag{4-3}$$

$$\mu_{it} = \delta_0 + \delta_1 \mathrm{agg} + \delta_2 \mathrm{scale} + \delta_3 \mathrm{wsn} + \delta_4 t \tag{4-4}$$

4.4 变量选择

根据研究需要，选取区域产出、劳动力、资本存量、人口密度、规模以上企业数量、卫生机构数量等变量进行研究，前三个是区域效率分析的核心变量，其余的是决定技术无效率的核心变量。选择原因和依据如下：

（1）区域产出（gdp）：使用31省（市、自治区）的国内名义产出作为此指标。选择原因：区域产出是个综合指标，使用支出法和收入法综合所得，已经综合了包含通胀等各种经济因素的综合影响，进行实际值转换会带来数据的波动误差，不利于效率测度和计量分析。代表性的研究区域效率的文献，直接使用增值法取得的名义产出值进行研究，如（Ramajo et al.，2018）以及（Tsukamoto，2018）。

（2）区域劳动力（lab）：劳动投入是区域产出的两大核心要素投入之一，对产出具有决定性作用。劳动力一方面是要素投入，另一方面是产品最终的消费者，在生产和再生产环节具有决定性作用。在劳动力指标选择中，有两类典型选择：一是选择15岁到65岁的人口数量，此指标是基于具有工作能力的考虑；二是选择经济活动人口（即就业人口数量），是基于实际工作能力的考虑，典型文献如（Ramajo et al.，2018；Tsukamoto，2018）。如果从区域效率进行思考，把一个区域看成一个企业，所有人口就是这个企业的劳动要素投入量，那前面两种典型选择就存在不足。基于三个考虑，本部分选择区域年末总人口作为劳动力指标。三个考虑如下：①区域产出法计算角度，15岁以下及65岁以上的人口都有大量的支出，如购置奶粉、辅导班、保健服务；②创造就业潜力角度，15岁以下及65岁以上的人口创造大量的服务就业数量；③隐形工作视角，大部分65岁以上人口承担大量家庭服务工作（带小孩、做饭、清洁等家务）。

（3）区域资本存量（cap）：全社会固定资产投资额是指以货币形式表现的在一定时期内全社会建造和购置固定资产活动的工作量以及与此有关的费用的总称。资本在这里是指生产性资本存量，包括生产性资本和服务性资本，这个资本范围与张军、吴桂英、张吉鹏（2004），单豪杰（2008），曾五一、赵昱焜（2019）文献相同。从《中国统计年鉴》《中国固定资产投资统计年鉴》两本国家级年鉴相关统计内容分析，固定资本投资是个常用统计指标，该指标属于增量物质资本范畴，同时该指标不包括土地折算成物质资本的数量。区域产出是基于所有的资本和人口投入，故此，为更好地服务研究，选取固定资本存量指标，因为官方并未提供存量固定资本的数据，这里采取单豪杰（2008）永续盘存法，折旧率统一使用10.96%，以1990年为基期进行计算，得出各区域的物质资本存量。大多典型文献使用资本存量展开效率研究，具体如（Ramajo et al.，2018）以及（Tsukamoto，2018）。

（4）区域人口密度（agg）：一般理论认为人口密度高，创新强，具有提升效率的功效，但人口过多导致拥挤，是集聚经济的一种离心力，带来成本上升的同时，也导致效率企业迁移，影响区域效率，降低技术效率，故人口密度是表征区域集聚经济的一个代理变量。该指标通过使用《2018 年中国人口和就业统计年鉴》的区域年末人口数量除以《2017 年中华人民共和国乡镇行政区划简册》的国土面积计算得出，单位为万人每平方公里。

(5) 区域规模以上企业数量(scale)：根据空间经济学理论，企业集聚，提升区域产出量和效率，也代表了区域规模经济。代表区域规模经济指标可以使用规模以上企业总就业人口占企业总就业人口的比例代替(Tsukamoto，2018)。分析《2017 年中国工业统计年鉴》统计数据情况，遵循数据可得性、完整性、代表性等原则，选取各地区规模以上企业数量作为规模经济的代理指标。

(6) 区域卫生机构数量(wsn)：劳动力的健康程度与技术效率正相关。一般而言，健康支出与健康水平负相关，是衡量技术无效率的一个理想指标，但分析 1991—2018 年的《中国卫生健康统计年鉴》和《中国统计年鉴》的健康支出数据，存在多年数据的缺失，为保持与前面 5 组数据的时间一致性，这里选择区域卫生机构数量作为健康水平的代理变量。

4.5　数据来源及说明

数据来源及出处见表 4.1。

表 4.1　数据说明

研究变量	符号	数据出处
区域产出	gdp	三个核心变量主体数据来源于：北京市、天津市、河北省、山西省、内蒙古自治区、辽宁省、吉林省、黑龙江省、上海市、江苏省、浙江省、安徽省、福建省、江西省、山东省、河南省、湖北省、湖南省、广东省、广西壮族自治区、海南省、重庆市、四川省、贵州省、云南省、西藏自治区、陕西省、甘肃省、青海省、宁夏回族自治区、新疆维吾尔自治区 1991—2018 年的统计年鉴； 三个核心变量部分数据来源于：《新中国六十年统计资料汇编(1949—2008)》《新河北 60 年(1949—2008 年)》《辉煌山西 60 年(1949—2009 年)》《内蒙古自治区 2018 年国民经济和社会发展统计公报》《辉煌的岁月—辽宁 60 年回眸》《中国人口和就业统计年鉴(2018 年)》《数据见证辉煌—江苏 60 年(1949—2009 年)》《改革开放中的浙江—改革开放 30 年浙江经济社会发展成就(1978—2007 年)》《强省之路—湖北改革开放 40 年》《湖北调查年鉴(2018 年)》《广西调查年鉴(2018 年)》《云南调查年鉴(2018 年)》《中国价格统计年鉴(2018 年)》《新中国五十年宁夏卷》
劳动投入	lab	
资本存量投入	cap	

续表

研究变量	符号	数据出处
人口密度	agg	人口密度、规模以上企业数量、卫生机构数量三个影响技术无效率的核心变量来源:(1)集聚经济代理变量。人口密度=年末人口总数/国土面积(人每平方公里)。年末人口数来源于《中国人口和就业统计年鉴(2018年)》;国土面积来源于《中华人民共和国乡镇行政区划简册·2017年》;用《重庆统计年鉴(2018年)》补全重庆人口1990—1996年的数据。(2)规模工业产值。数据来源《中国统计年鉴(1991—2000年)》《中国工业经济统计年鉴(2001—2004年、2006—2012年)》《中国工业统计年鉴(2013—2017年)》《中国区域经济统计年鉴(2005年)》。(3)卫生机构数量。卫生机构数量来源于《中国卫生健康统计年鉴(2008—2018年)》和31省(市、自治区)1991—2008年统计年鉴
规模以上工业企业数量	scale	
卫生机构数量	wsn	
空间权重矩阵	w	以31省(市、自治区)空间邻接关系作为空间权重矩阵,考虑到海南是孤岛,人为设定海南与广东空间邻接,并对空间权重矩阵进行标准化

4.6 变量描述性统计

使用R3.61开源软件对整理的数据进行对数化,然后进行描述性统计,得到表4.2结果,对比研究变量的均值和中位数分布,考虑数据变异程度(标准差体现),数据基本可以满足研究的需要。

表4.2 核心变量描述性统计特征

研究变量	观测数	均值	中位数	标准差	最大值	最小值
gdp	868	8.2311	8.2862	1.5068	11.4043	3.3214
lab	868	8.0353	8.2235	0.8861	9.344	5.4027
cap	868	8.0704	8.047	1.5703	11.3902	3.019
agg	868	5.2603	5.5792	1.4784	8.3387	0.6152
scale	868	8.7053	8.765	1.3161	11.0723	4.0254
wsn	868	9.2013	9.1546	0.9773	11.3072	6.1654

注:gdp表示对数化处理后的区域产出变量;lab表示对数化处理后的区域劳动力;cap表示对数化处理后的区域资本存量;agg表示对数化处理后的区域人口密度(集聚经济的代理变量);scale表示对数化处理后的区域规模以上企业数量(规模经济的代理变量);wsn表示对数化处理后的区域卫生机构数量。

4.7 变量相关性分析

对研究变量进行皮尔逊相关性分析,得到表4.3结果。分析表4.3发现产出与劳动和资本投入具有较强的正相关性,其他变量间的关系也正相关,符合效率分析的理论预期。

表 4.3　变量相关性系数矩阵

研究变量	gdp	lab	cap	agg	scale	wsn
gdp	1.0000	0.6125	0.9691	0.4855	0.4863	0.7834
lab		1.0000	0.5308	0.5549	0.7775	0.7242
cap			1.0000	0.4556	0.4130	0.7699
agg				1.0000	0.6897	0.3032
scale					1.0000	0.4798
wsn						1.0000

注：gdp 表示对数化处理后的区域产出变量；lab 表示对数化处理后的区域劳动力；cap 表示对数化处理后的区域资本存量；agg 表示对数化处理后的区域人口密度（集聚经济的代理变量）；scale 表示对数化处理后的区域规模以上企业数量（规模经济的代理变量）；wsn 表示对数化处理后的区域卫生机构数量。

数据间的相关性也可以通过变量散点矩阵图体现出来。从图 4.2 右上三角数字部

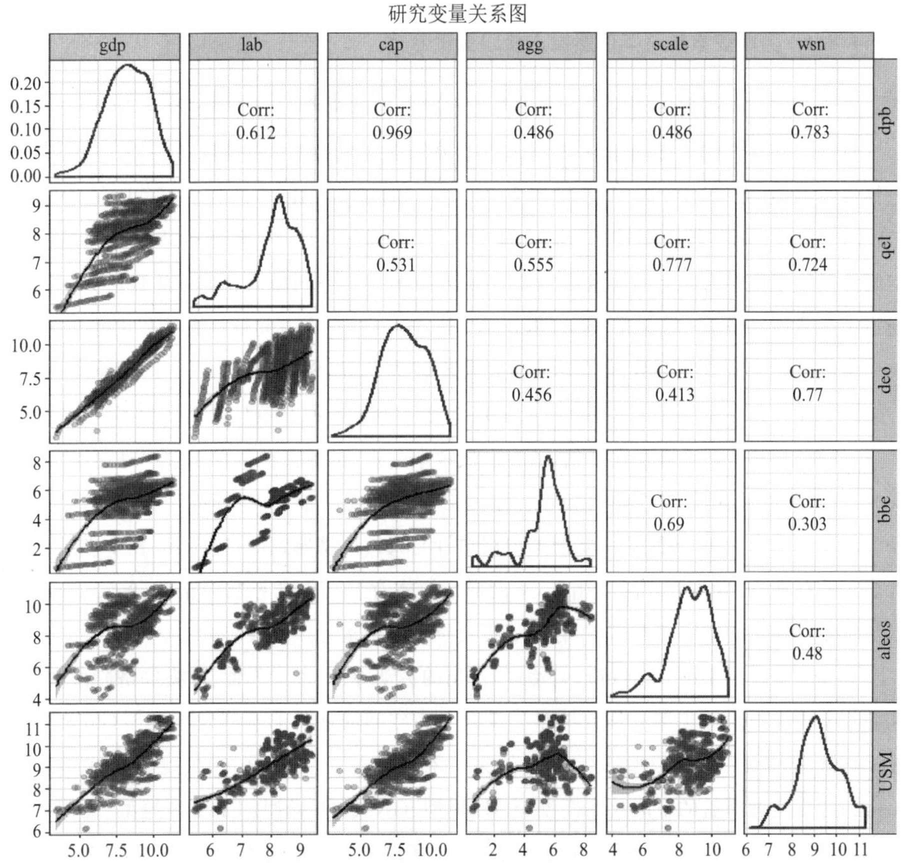

图 4.2　变量相关性分布图（Corr 表示相关性）

分反映出研究变量的线性相关关系，图 4.2 左下三角图形部分表征研究变量的散点分布情况和局部回归表现，对角线核密度曲线表征研究变量的分布情况。具体分析图 4.2，发现劳动力数据存在左偏倾向，区域产出、资本存量、人口密度、规模以上企业数量和卫生机构五个核心变量数据服从正态分布规律，任意两个变量存在不同程度的正相关关系。这表明数据质量适合进一步分析。

4.8 估计结果分析

参照 Glass，Kenjegalieva 和 Sickles(2016)，Elhorst(2014)，Lesage 和 Pace(2009)关于空间计量系数估计和检验方法，本部分估计和检验了 OLS、ALS1977、BC1995、SAR、GKS2016、TT2018、SPSDM 非空间和空间面板效率模型，得到表 4.4 和表 4.5 结果，运用 LR 检验法检验这七个嵌套模型，选择适合进一步研究的模型，得到表 4.6 结果。

4.8.1 劳动要素和资本存量投入核心变量分析

表 4.3 展示了模型估计的结果。不考虑空间滞后的模型 OLS、ALS1977、BC1995，其核心变量(劳动力、资本存量)前的系数都通过了显著性水平为 1%的检验，为引入空间滞后变量提供了理论支撑。考虑了空间滞后因素(空间滞后 GDP)的模型 SAR、GKS2016、TT2018、SPSDM，其核心变量(劳动力、资本存量)同样通过了 1%显著性水平的检验，表明空间计量效率模型与非空间计量效率模型相容，同时发现空间滞后项前 ρ 的数值为正，且都通过了显著性水平 1%的检验，这表明 31 省(市、自治区)存在空间依存关系和正的外部性影响。空间滞后变量前的系数因模型不同表现出较大差异：SAR-ρ 为 0.1501，GKS2016-ρ 为 0.3828，TT2018-ρ 为 0.671，SPSDM-ρ 为 0.1732。LeSage 和 Pace(2009)认为不考虑空间滞后(ρ)的模型，其待估系数存在高估，故在区域效率分析(包括存在技术无效率外生决定的情况)引入空间滞后变量，减少估计偏误。空间滞后劳动前的系数为负数(−0.4579)，表明劳动空间交互作用为负，导致这一状况的原因估计与人口拥挤导致的挤出效应发生作用、老龄社会现象存在、高素质人才流出相关；空间滞后资本存量前面的系数为正数(0.2262)，表明区域资本存在正向空间交互作用，存在邻近投资拉升周边地区的效应。

表 4.5 呈现了中国 31 省(市、自治区)产出的劳动弹性、资本弹性、规模经济阶段和年平均希克斯中性技术进步率的估计结果。没有考虑空间滞后的非空间效率模型(OLS 模型、ALS1977 模型、BC1995 模型)劳动弹性约为 0.315、资本弹性约为 0.753、规模经济程度约为 1.069；考虑空间滞后的空间效率模型(SAR 模型、GKS2016 模型、TT2018 模型、SPSDM 模型)的劳动弹性约为 0.392、资本弹性约为 0.68、规模经济程度约为 1.073。总体而言，考虑空间滞后因素空间效率模型相对于未考虑空间滞后的非空间效率模型，其劳动弹性稍高、资

表 4.4　估计结果

变量	OLS		ALS1977		BC1995		SAR		GKS2016		TT2018		SPSDM	
	系数	Z 值	系数	Z 值	系数	Z 值	系数	Z 值	系数	Z 值	系数	Z 值	系数	Z 值
A(常数)	−0.7474***	−7.36	−0.7137***	−6.43	−0.8064***	−7.96	−1.6239***	−2.62	−2.892***	−26.98	−0.5729***	−8.37	0.1712	0.98
β_{lab}	0.3163***	15.12	0.3154***	15.21	0.3142***	15.05	0.3474***	4.25	0.399***	18.25	0.3034***	21.23	0.4489***	17.41
β_{cap}	0.7465***	36.45	0.7546***	37.13	0.7587***	37.12	0.6928***	5.65	0.5905***	29.26	0.671***	55.35	0.6246***	24.12
β_t	0.0529***	8.92	0.0516***	8.09	0.051***	8.61	0.0348***	3.75	0.0098*	2.03	0.0439***	18.34	0.0104*	1.73
β_{t2}	−0.0012***	−6.59	−0.0012***	−5.61	−0.0012***	−6.56	−0.001***	−7.12	−0.0008***	−5.42	−0.0012***	−19.6	−0.0011***	−7.56
$(I_T \otimes w)y$							0.1501***	7.79	0.3828***	12.25	0.671***	9.55	0.1732***	9.98
$(I_T \otimes w)$lab													−0.4579***	−9.02
$(I_T \otimes w)$cap													0.2262***	5.14
效率方程														
δ_0(常数)					0.0685	0.65					−4.2837***	−27.89	0.0656	0.63
δ_1(agg)					−0.0291**	−2.91					−0.2688***	−18.49	−0.0432***	−4.40
δ_2(scale)					0.108***	7.71					0.1988***	9.78	0.1116***	8.13
δ_3(wsn)					−0.1066***	−6.34					−0.0071	−0.29	−0.1011***	−6.13
$\delta_4(t)$					0.0092***	5.06					−0.0695***	−26.25	−0.0089***	4.97
σ^2	0.0998***	20.65	0.1047***	13.29	0.0994***	5.7	0.1054***	19.42	0.1486***	20.83	0.0967***	228.30	0.0891***	1096.55
λ			0.3339**	2.28	0.3634***	7.65			0.3635***	11.19	0.3634***	30.04	0.6619***	83.53
AIC	−2.30		−2.25		−3.35		−0.83		−1.76		−4.12		−4.23	
ll	227.4		229.03		793.28		225.02		358.44		1164.24		9085.35	

注：***表示显著性水平为 0.01 下的检验，**表示显著性水平为 0.05 下的检验，*表示显著性水平为 0.1 下的检验。OLS 是指普通最小二乘法模型；ALS1977 是指 Aigner，Lovell 和 Schmidt(1977)发表的文章模型；BC1995 是指 Battese 和 Coelli(1993)发表的文章模型；SAR 是指空间滞后模型，见 Lesage 和 Pace(2009)著作《空间计量经济学导论》；GKS2016 是指 Glass，Kenjegalieva 和 Sickles(2016)发表的文章模型；TT2018 是指 Tsukamoto(2018)发表的文章模型；SPSDM 是指本文的空间面板杜宾随机前沿效率模型。

表 4.5　边际效应和技术进步率

	OLS	ALS1977	BC1995	SAR	GKS2016	TT2018	SPSDM
随机前沿模型	否	是	是	否	是	是	是
空间滞后	否	否	否	是	是	是	是
效率方程	否	否	是	否	否	是	是
劳动产出弹性							
最大值	0.3163	0.3154	0.3142	0.3474	0.4246	0.3816	0.4543
最小值	0.3163	0.3154	0.3142	0.3474	0.4086	0.3334	0.4509
均值	0.3163	0.3154	0.3142	0.3474	0.4151	0.3552	0.4522
资本产出弹性							
最大值	0.7465	0.7546	0.7587	0.6928	0.6283	0.8439	0.6321
最小值	0.7465	0.7546	0.7587	0.6928	0.6048	0.7374	0.6274
均值	0.7465	0.7546	0.7587	0.6928	0.6143	0.7856	0.6291
规模经济阶段							
最大值	1.0628	1.07	1.0729	1.0402	1.0529	1.2255	1.0863
最小值	1.0628	1.07	1.0729	1.0402	1.0134	1.0709	1.0782
均值	1.0628	1.07	1.0729	1.0402	1.0293	1.1408	1.0813
平均每年希克斯中性技术进步率							
最大值	0.0529	0.0516	0.0510	0.0348	0.0098	0.0439	0.0104
最小值	0.0119	0.0114	0.0006	0.0008	0.0002	0.0007	0.0016
均值	0.0274	0.0201	0.0258	0.0178	0.0050	0.0223	0.0060

注：OLS 是指普通最小二乘法模型；ALS1977 是指 Aigner，Lovell 和 Schmidt(1977)发表的文章模型；BC1995 是指 Battese 和 Coelli(1995)发表的文章模型；SAR 是指空间滞后模型，见 Lesage 和 Pace(2009)著作《空间计量经济学导论》；GKS2016 是指 Glass，Kenjegalieva 和 Sickles(2016)发表的文章模型；TT2018 是指 Tsukamoto(2018)发表的文章模型；SPSDM 是指本文的空间面板杜宾随机前沿效率模型。

本弹性稍低、规模经济程度稍高；平均七个模型核心变量（劳动要素、资本存量投入）前的系数得出劳动弹性约为 0.359、资本弹性约为 0.712、规模经济程度为 1.071，符合效率理论有关劳动弹性和资本弹性估计区间的要求。从规模经济程度分析，中国 31 省（市、自治区）基本上处于经济规模递增的阶段。

4.8.2　时间趋势(t,t^2)核心变量分析

分析表 4.4 中的七个模型的核心变量(t,t^2)之前的系数和 Z 值，发现时间一次方(t)之前的系数全部为正，且全部通过最低 10% 显著性水平的检验，非空间效率模型时间(t)之前的系数高于空间效率模型；时间二次方(t^2)之前的系数全部为负数，且全部通过至少 1% 显著性水平检验，这表明在研究期间区域生产前沿外扩，满足希克斯中性技术假设条件。分析表 4.5 中年平均希克斯中性技术进步率数据，可以看出非空间效率模型（OLS 模型、ALS1977 模型、BC1995 模型）的希克斯中性技术年进步率分别为 0.0274、0.0201、0.0258；带有空间滞后的空间效率模型（SAR 模型、GKS2016 模型、TT2018 模型、SPSDM 模型）的希克斯中性技术年进步率分别为 0.0178、0.0050、0.0223、0.0060。从平均角度分析，非空间效率模型的希克斯中性技术进步率为 0.024，高于空间效率模型的希克斯中性技术进步率 0.0128。

4.8.3　技术无效率外生决定变量分析

分析表 4.4 中 BC1995、TT2018、SPSDM 三个模型的效率方程部分：31 省（直辖市、自治区）人口密度（集聚经济的代理变量）前面的系数为负数（系数分别为－0.0291、－0.2688、－0.0432），且全部通过至少 5% 显著性水平的统计检验，表明人口密度具有提升技术效率的作用，集聚经济带来技术效率提升；31 省（直辖市、自治区）规模以上企业数量（规模经济的代理变量）前面的系数为正数（系数分别为 0.108、0.1988、0.1116），且全部通过至少 1% 显著性水平下的统计检验，与理论预期相悖（规模经济提升技术效率），这或许与规模以上企业统计口径变化有关系，抑或与 31 省（市、自治区）过于关注数量发展，忽视质量提升的区域发展政策相关；31 省（市、自治区）卫生机构数量之前的系数全部为负数，除了 TT2018 模型（系数为－0.0071）外，没有通过显著性水平检验，BC1995 和 SPSDM 模型（系数为－0.1066 和－0.1011）通过了至少 1% 显著性水平检验，表明卫生机构数量增多，可以改善人口健康水平，提升技术效率。时间(t)变量前的系数都通过了低于 1% 显著性水平的统计检验，负系数表明随着时间的推移，技术无效率在下降；系数为正数表明技术效率持续增加。

4.8.4　模型选择

OLS、ALS1977、BC1995 非空间效率模型和 SAR、GKS2016、TT2018 空间效率模型嵌套于空间杜宾效率模型（SPSDM）中，适合使用最大似然比（$LR=-2*$（受约束的对数似然

值一不受约束的对数似然值)与卡方分布临界值比较)进行检验。原假设就是空间杜宾效率模型(SPSDM)的约束条件,原假设在1%显著性条件下被拒绝。分析表4.5的六个内嵌空间面板杜宾随机前沿模型(SPSDM,本部分模型)的检验统计量和0.1%的显著性水平下的临界值的具体数值,发现检验统计量全部大于拒绝临界值(或者通过看 p 值的大小),所以拒绝原假设,说明本部分构建的空间面板杜宾随机前沿模型是合适的。分析表4.4最后两行结果,发现AIC数值都为负值,且空间面板杜宾随机前沿模型的AIC值−4.23为最小;对数似然值都为正数,且存在增加的趋势。结合赤池信息量准则,随着变量增加,数值变小及对数似然值增加的规律,基本上可以判断出空间面板杜宾随机前沿模型是合适的,这与表4.5的结论相一致。

4.8.5 技术效率值比较

计算ALS1977模型、BC1995模型、GKS2016模型、TT2018模型和SPSDM模型计算的技术效率的平均值,结果见表4.7,并绘出这五个模型技术效率的散点图和相关关系图,分别见图4.3和图4.4。分析图4.3,发现空间或非空间效率模型效率值基本呈现正态分布规律,从核密度曲线形状看,非空间效率BC1995模型的技术效率值非常接近正态分布,空间效率Tsukamoto2018模型也比较接近正态分布,本部分建议采用的空间杜宾效率SPSDM模型,效率值存在右偏倾向。图4.4呈现了ALS1977、BC1995、GKS2016、TT2018和SPSDM模型技术效率值相互关系,从局部线性趋势线和普通最小二乘法拟合线分析,五个模型效率存在一定的正相关关系,表明不同的模型计算的技术效率值是可信的。使用皮尔逊相关性检验法和最大秩序差比率(Tsukamoto,2018)检验ALS1977、BC1995、GKS2016、TT2018和SPSDM模型技术效率相关性,得到表4.8结果。分析表4.8结果发现:皮尔逊检验结果得出的空间效率模型相关性高于非空间效率模型之间及非空间效率模型与空间效率模型之间的相关性,如BC1995和ALS1977模型相关系数为0.8315,BC1995和SPSDM模型相关系数为0.7724,而SPSDM与GKS2016模型相关性系数达0.8874。分析表4.8最大秩序差比率检验结果发现:BC1995和ALS1977模型差异比为0.7005,而BC1995和SPSDM模型差异比为0.6774,这说明忽略空间滞后的交互影响会扩大技术效率计算的幅度。综合考量皮尔逊相关性检验和最大秩序差比率检验法的结果,引入空间滞后项,分析空间交互影响对模型选择和技术效率计算是有益的,故选择空间杜宾效率模型。

表 4.6　LR 检验结果

模型	原假设	约束数量	检验统计量	拒绝临界值	P 值	决策
OLS	$\rho=0,\lambda=0,\delta=0,\gamma=0$	9	17715.01	27.88	0.00	拒绝
ALS77	$\rho=0,\lambda=0,\delta=0$	8	17712.64	26.12	0.00	拒绝
BC95	$\rho=0,\lambda=0$	3	16584.15	16.27	0.00	拒绝
SAR	$\lambda=0,\delta=0$	8	17656.16	26.12	0.00	拒绝
GKS2016	$\lambda=0,\delta=0$	7	17453.82	24.32	0.00	拒绝
Tsukamoto2018	$\lambda=0$	2	15842.23	13.82	0.00	拒绝

注：拒绝临界值是指显著性水平为 0.0001 水平下的卡方分布值。

表 4.7　平均技术效率值

模型	ALS1977	BC1995	GKS2016	TT2018	SPSDM
平均 TE	0.8836	0.9687	0.9045	0.7261	0.6208

表 4.7 结果表示使用带外生决定技术效率的空间面板杜宾效率模型 SPSDM 的平均技术效率最小(0.6208)，非空间带外生决定技术效率的非空间效率模型 BC1995 最大(0.9687)，总体上平均技术效率超过 0.6。

表 4.8　技术效率相关性检验

皮尔逊相关性检验	BC1995	ALS1977	GKS2016	Tsukamoto2018	SPSDM
BC1995	1	0.8315	0.6142	0.5127	0.7724
ALS1977		1	0.7252	0.4212	0.8019
GKS2016			1	0.8675	0.8874
Tsukamoto2018				1	0.8048
SPSDM					1
最大秩序差比率检验	BC1995	ALS1977	GKS2016	Tsukamoto2018	SPSDM
BC1995	0	0.7005	0.7005	0.6671	0.6774
ALS1977		0	0.6659	0.6647	0.6452
GKS2016			0	0.6647	0.6452
Tsukamoto2018				0	0.9021
SPSDM					0

注：最大秩序差比率检验公式为：$MRR_{m1m2t}=\max\limits_{i}(\mathrm{abs}(TE_{it}^{m1}-TE_{it}^{m2}))/NT$，$NT$ 表观测数量；$m1$ 和 $m2$ 代表模型 1 和 2 分析得到的技术效率数据；t 表示第 t 期；i 表示第 i 个截面；R_{it}^{m1}，R_{it}^{m2} 表示同一截面相同时间在两个模型 1 和 2 得到的技术效率值。

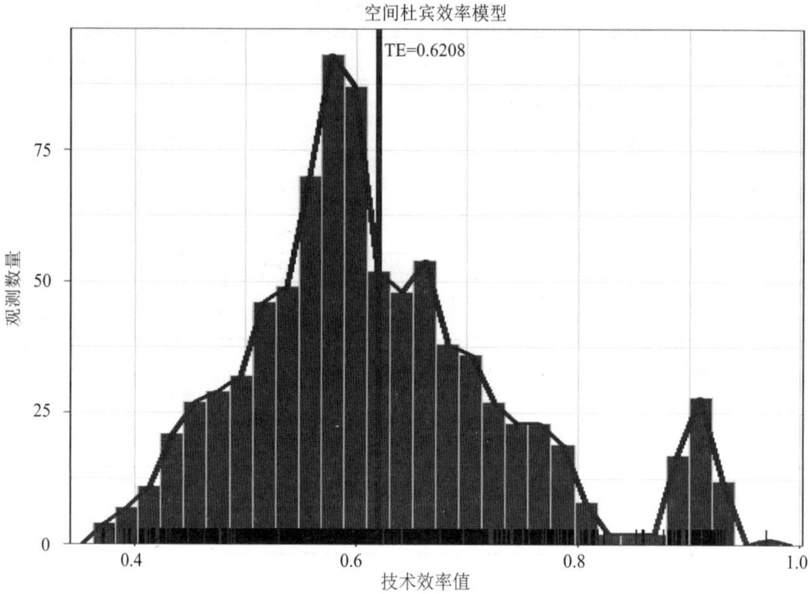
空间杜宾效率模型
TE=0.6208
观测数量
0
25
50
75
0.4
0.6
0.8
1.0
技术效率值

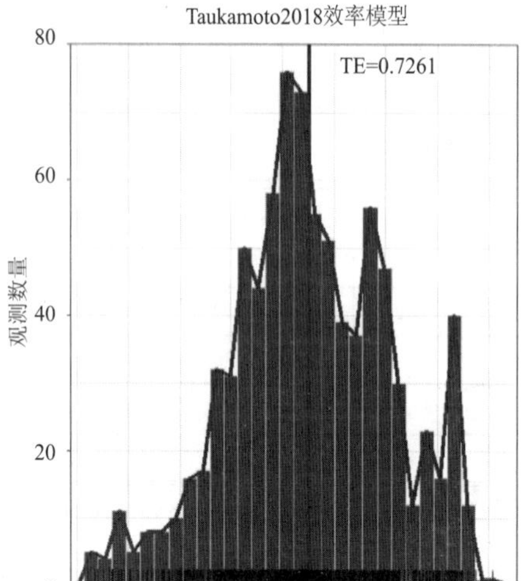
Taukamoto2018效率模型
TE=0.7261
观测数量
0
20
40
60
80
0.5
0.6
0.7
0.8
0.9
技术效率值

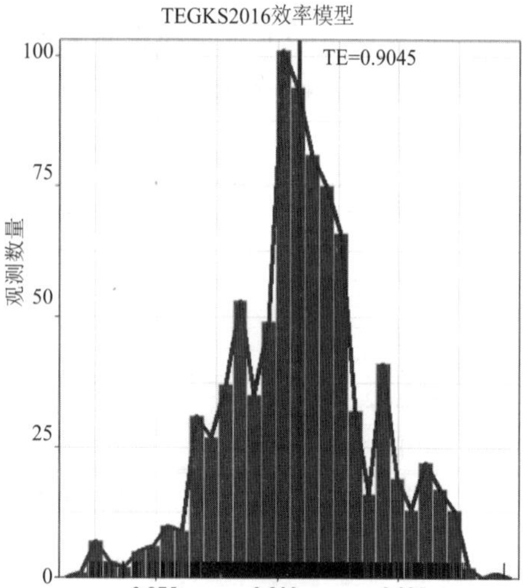
TEGKS2016效率模型
TE=0.9045
观测数量
0
25
50
75
100
0.875
0.900
0.925
技术效率值

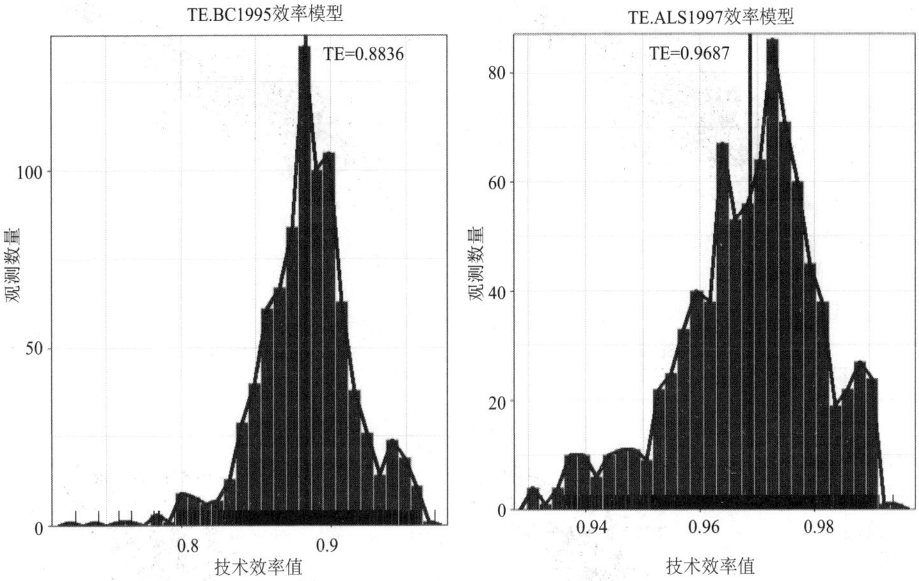
TE.BC1995效率模型
TE=0.8836
观测数量
100
50
0
0.8
0.9
技术效率值
TE.ALS1997效率模型
TE=0.9687
观测数量
80
60
40
20
0
0.94
0.96
0.98
技术效率值

图 4.3　技术效率分布图

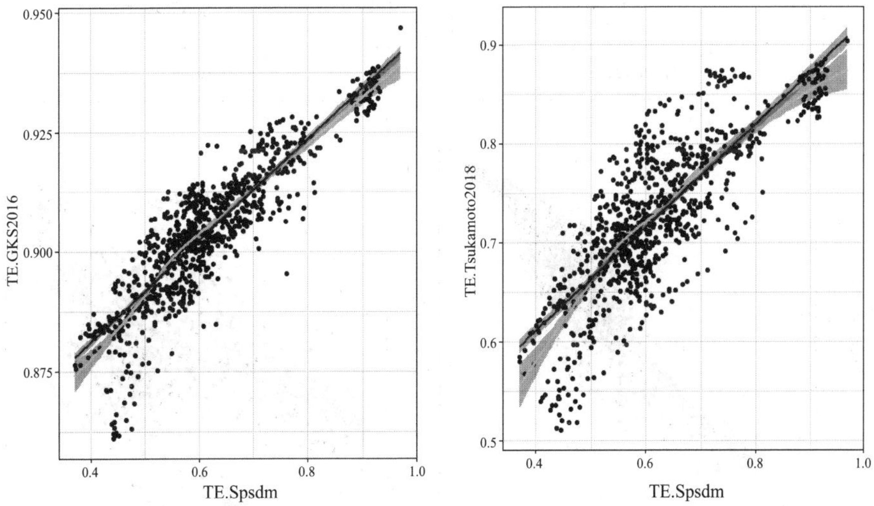
0.950
0.925
0.900
0.875
TE.GKS2016
0.4
0.6
0.8
1.0
TE.Spsdm
0.9
0.8
0.7
0.6
0.5
TE.Tsukamoto2018
0.4
0.6
0.8
1.0
TE.Spsdm

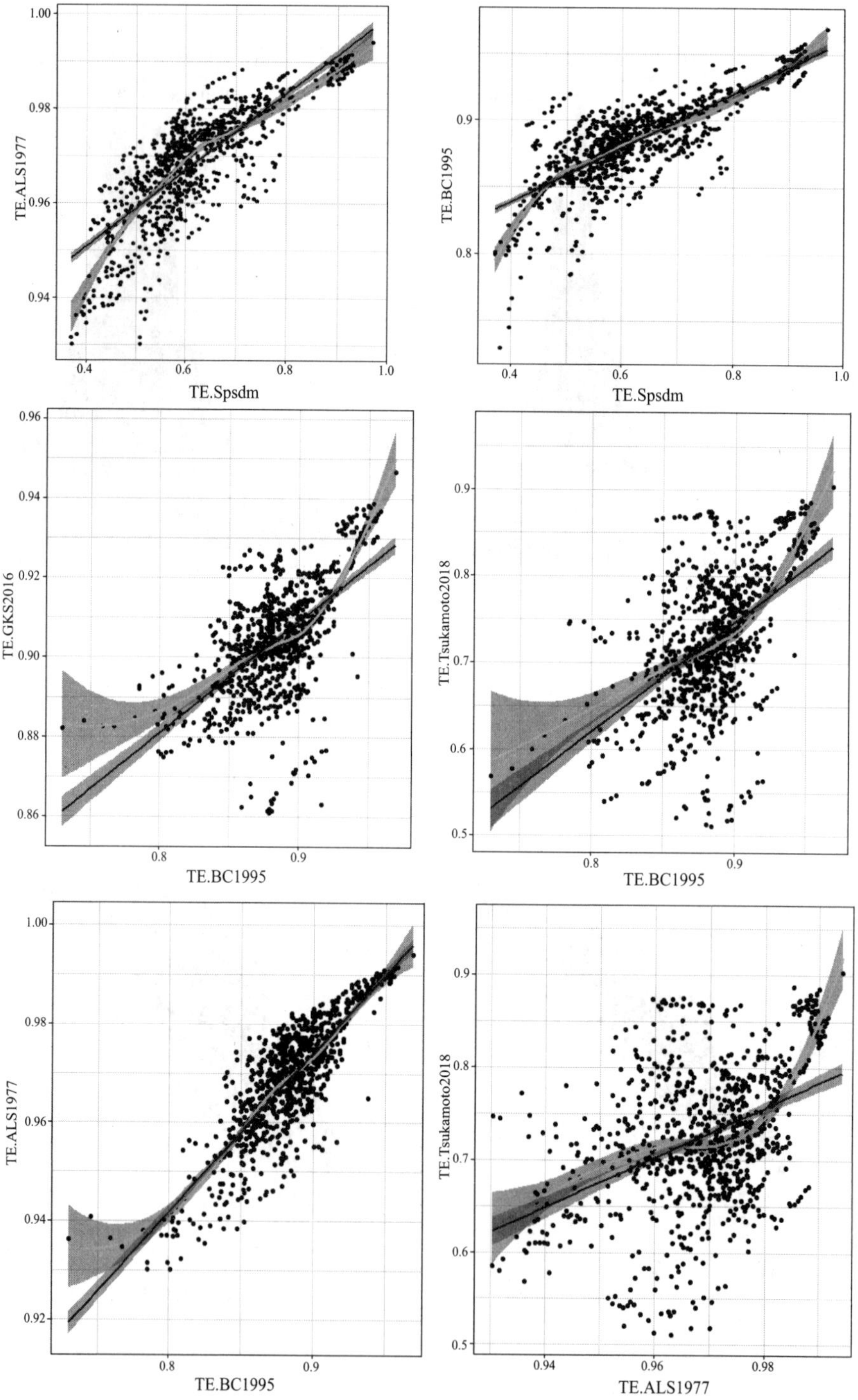
TE.ALS1977
TE.Spsdm
TE.BC1995
TE.Spsdm
TE.GKS2016
TE.BC1995
TE.Tsukamoto2018
TE.BC1995
TE.ALS1977
TE.BC1995
TE.Tsukamoto2018
TE.ALS1977

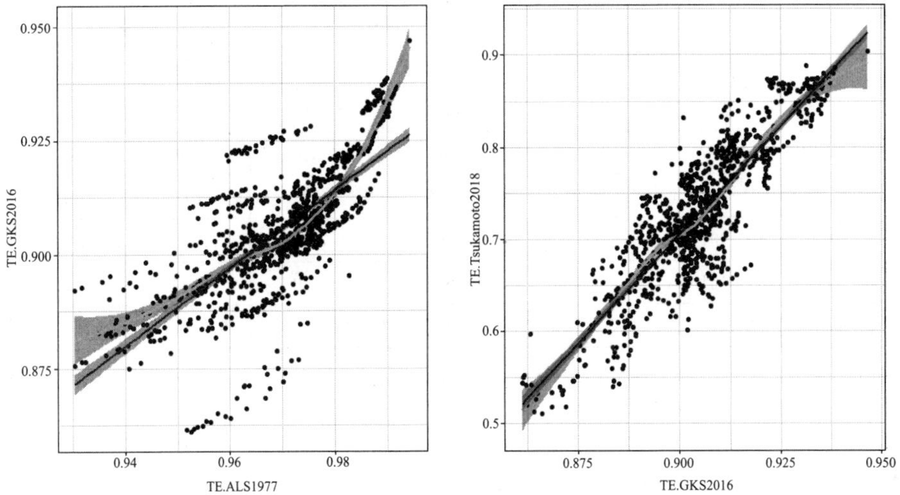

图 4.4　效率模型关系图

4.8.6　直接效应、间接效应和总效应分析

模型选择表明空间杜宾模型比较适合，因此，这里只研究这一种情况。为考察研究核心变量的空间交互作用及边际效应，运用 LeSage 和 Pace(2009)[第 34－40 页]和 Elhorst(2014)[中文翻译版，第 26－32 页]介绍的方法(1000 次模拟)得到核心变量的边际效应(直接效应、间接效应和总效应)的数值和 t 统计量，结果见表 4.9。从表 4.4SPSDM 模型看：劳动投入系数为 0.4489，资本投入系数为 0.6246。从表 4.9 看：劳动投入直接效应系数为 0.433，资本投入直接效应系数为 0.6387。除了劳动间接效应和总效应的符号与预期不一致，其他参数的符号都和理论预期相一致，并且所有边际效应都通过了显著性水平 10%及以下的统计检验。劳动要素投入和资本要素投入产出弹性约 1/3 和 2/3；劳动和资本投入要素的直接效应比同样约为 1/3 和 2/3。资本要素直接效应占总效应的 2/3，劳动要素直接效应为正，但总效应为负，这是通过劳动的空间交互负影响而导致的，劳动空间滞后项系数为负，因此，负的空间交互影响本地区劳动投入的总效应，这也与中国不平衡劳动力流动、产业结构调整和区域发展不平衡相关。

表 4.9 空间杜宾随机前沿效率边际效应

	直接效应		间接效应		总效应	
	数值	t 统计量	数值	t 统计量	数值	t 统计量
lab	0.433***	19.46	−0.4423***	−29.69	−0.0092	−0.25
cap	0.6387***	107.96	0.3908***	21.9	1.0296***	86.2
t	0.0105*	2.21	0.0024*	1.97	0.0129*	2.01
t_2	−0.0011***	−117.66	−0.0002***	−3.37	−0.0013***	−23.29
$w\otimes$lab	−0.4615***	−132.8	−0.0934***	−3.36	−0.5549***	−22.77
$w\otimes$cap	0.2281***	8.64	0.0446***	5.2	0.2728***	15.17

注：*** 表示 1%以下显著性水平的统计量显著性；** 表示 5%以下显著性水平的统计量显著性；* 表示 10%以下显著性水平的统计量显著性。

4.9 结 论

本部分基于 Battese 和 Coelli(1993)模型，以及 Tsukamoto(2018)模型，遵循面板随机前沿模型一般设定，即允许技术效率随时间和截面变化及设定技术效率按截断-正态分布规律，融合技术无效率外生决定和引入内生滞后项、外生滞后项构建了空间面板杜宾随机前沿效率模型。为估计模型参数，构建对数似然函数，运用最大似然法(LeSage et al.,2009;Elhorst,2014)进行推断。采用 LeSage 和 Pace(2009)，以及 Elhorst(2014)建议的方法对本部分的直接效应、间接效应和总效应进行估计和推断。基于 Glass，Kenjegalieva 和 Sickles(2016)以及 Kutlu(2018)的非对称和对称效率核心概念和分解方法，分别计算了 31 省(市、自治区)的非对称和对称效率溢出程度。

运用 1990—2017 年中国 31 省(市、自治区)面板数据，对本部分提出的空间面板杜宾随机前沿效率进行估计和推断，得出五个重要结论：(1)劳动投入和资本存量投入的产出弹性分别为 0.45 和 0.62，年中性希克斯技术进步率约为 0.006，区域经济处于微弱的规模递增阶段(1.0813)。(2)产出存在空间溢出效应，劳动对产出存在负的空间溢出效应(−0.457)，资本存量对产出存在正向空间溢出效应(0.226)。(3)集聚经济降低技术无效率、规模经济助长技术无效率、健康投入降低技术无效率。(4)核心变量的直接效应、间接效应和总效应基本符合理论预期。

本模型因聚合了 Battese 和 Coelli(1993)以及 Tsukamoto(2018)模型的优势，属于技术效率外生决定随机前沿模型在空间计量的进一步拓展，具有较强的兼容性。控制外生变量空间交互因素，本模型就转化为 Tsukamoto(2018)模型，进一步控制内生变量空间交互作用，就直接转换为 Battese 和 Coelli(1993)模型。同时控制外生变量空间交互影响和技术效率外生决定因素，本模型就可以转化为一般空间随机前沿模型，如 Glass，Kenjegalieva 和 Sickles(2016)，Kutlu(2018)，Pavlyuk(2016)模型；控制住所有内生和外生变量空间交互作用和技术外生决定因素，本模型就可以直接转换为经典面板随机前沿模型，如 Schmidt 和 Sickles(1984)模型、Battese 和 Coelli(1992)模型。

鉴于随机前沿研究的进展，本研究将来可以考虑从四个方面扩展：(1)采用贝叶斯统计先验方法确定数据的模拟真实分布规律(Fusco et al.，2013；Tsionas et al.，2016)，然后再进行推断，打破截断-正态分布的先前设定。(2)引入外生变量的内生性(Kutlu，2010；Amsler et al.，2016；Kutlu et al.，2019)。(3)使用半参数、非产出方法(Fan et al.，1996)。(4)尝试将本模型运用到公司层面，分析公司技术效率的非对称和对称溢出机制和程度。

本章小结

本部分使用平衡面板空间杜宾随机前沿模型的计量经济学模型测度中国 31 省(市、自治区)的城市化效率，测度结果基本符合理论预期，表明此模型可以用来进行城市化效率测度。

第5章 对外贸易影响城市化效率的计量分析

本部分梳理了对外贸易影响城市化效率的机理，并使用上一部分得到的测度数据，运用空间计量方法分析对外贸易对城市化效率的影响。

5.1 引 言

城市化通过集聚效应、分工和专业化等内部机制促进区域内经济发展，同时也通过空间溢出机制助推邻近区域经济发展，其作用日益重要。如何最大限度发挥城市化作用，解决城市发展瓶颈问题，提升城市居民生活水平，已然成为学者和政府实务人员关注的热点话题。大量文献集中研究城市化演进特征、城市化内驱动能、城市化的经济与社会功能；政府实务人士集中探讨改善城市规划、提升城市化效率和城市化质量的制度建设，以期基于城市化理论研究成果，实现城市发展转型和升级，探索中国特色的城市化战略，即从追求数量水平转向提升效率和质量。2014 年 3 月 16 日，国务院发布《国家新型城镇化规划（2014—2020年）》，强调有序推进农业转移人口市民化和提高城市可持续发展能力工作方向，提出制度和政策创新战略；2016 年 3 月国务院发布了《中华人民共和国国民经济和社会发展第十三个五年规划纲要》，强调继续推进新型城市化建设战略并进行制度创新；2017 年的政府工作报告强调扎实推进新型城镇化的工作思路；2018 年的政府工作报告强调推进区域协调发展战略和提高新型城镇化质量工作方向；2019 年的政府工作报告强调解决不平衡不充分问题，持续提高新型城镇化质量工作方针。

出口贸易和外商直接投资促进区域经济增长，是经济增长的“三驾马车”之一，已经成为学界和实务界的共识。大量理论文献集中研究出口贸易和外商直接投资对经济发展的影响，取得了丰富的成果，并指引着对外经济实践；实务界更是把出口贸易和外商投资作为工作的重点，工作重心从扩大贸易数量和吸收外商直接投资数量逐步转向提升贸易和外商直接投资引入质量，关注内涵建设，促进区域经济发展，提升区域国际影响力，从而打造区域城市国际新形象。如2016年3月国务院发布了《中华人民共和国国民经济和社会发展第十三个五年规划纲要》，强调双向开放，丰富对外开放内涵，培育国际竞争新优势的对外经济战略；2017年的政府工作报告强调推进“一带一路”，推进国际贸易和投资自由化便利化建设，提高对外开放水平；2018年的政府工作报告强调促进外商投资稳定增长，以高水平开放推动高质量发展的外内促进外贸工作方针；2019年的政府工作报告强调新的对外经济工作方向：政府通过共建“一带一路”引领沿线国家合作，通过降低关税水平、新设跨境电商综合试验区、压缩外资准入负面清单等稳定外贸政策，持续推进商品和要素流动型开放，注重制度型开放，全面提升对外开放的水平和质量（李克强，2019）。

城市化是个综合概念，研究城市化进程时，可以发现城市化呈现出水平特征、效率特征和质量特征等。同时，城市化发展进程也从量到质（效率和质量）实现跃进。大量文献集中研究城市化水平与经济社会的关系，相对较少的文献探索城市化效率和质量与经济社会的联系，而经济社会生活表明，城市化和更高水平的对外开放，仍是当前和下一阶段经济工作的重心，因此，探索出口贸易和外商直接投资与城市化的联系，特别是效率和质量的联系，是必要的和有重大现实意义的。探索外商直接投资和出口贸易与城市化效率和质量的关系，核心是如何界定城市化效率（本书只研究城市化效率），而关于城市化效率的内涵，尚未形成一致的定义。为便于研究，本部分基于投入产出的理论观点，把每一个区域抽象成同质的一个个企业综合体，把31省（市、自治区）抽象成同质的31个企业，把企业综合体的产出效率作为城市化效率的代理变量，并且基于城市化内源动能的研究成果，探索城市化外源动能（国际贸易和外商直接投资）的作用途径和模型表现特征。

5.2　文献综述

国际贸易和外商直接投资是拉动经济增长的外源动力（Bermejo et al.，2004；Sothan，2017；Frankel et al.，1999；Romer，1990；Orlic et al.，2018；Markusen et al.，1999；Mahmoodi et al.，2016；Balasubramanyam et al.，1999）。基于内生增长理论文献关于“生产率增长是经济持续增长的发动机”的论断（Kim，2006；Easterly et al.，2001；Li et al.，2019），国际贸易和外商直接投资一般通过全要素生产率途径影响区域经济发展，现有经典文献对此进行研究的核心观点如下。

5.2.1　国际贸易与产出效率

研究国际贸易与产出效率的文献主要集中在使用微观数据验证的阶段，经验结果表明国际贸易具有正向促进生产效率的作用，研究角度多元化。

(1) 从最终产品和中间产品角度分析。从最终产品贸易角度，如 Lewrick，Mohler 和 Weder(2018)使用瑞士 1997－2009 年制造业数据论证了国际贸易促进总量生产率提升，其中产业内异质性公司资源重新配置导致生产率提升的分量占总体提升的约 51%，产业间资源重新配置引致的生产率上升占总体提升的 27%，总体技术进步带来的生产率提升占总体的 22%(Lewrick et al.，2018)；从中间产品贸易角度，如 Fan 等(2019)从中间投入品贸易自由化角度，使用中国公司层面 2001－2006 年数据论证了出口贸易通过 Melitz 选择效应(Melitz，2003；Pavcnik，2002)提升存续公司的产出效率(Fan et al.，2019)。

(2) 从贸易政策角度。如降低关税，降低进口企业产出投入品价格，进而提升进口企业的产出效率正向促进效应(Amiti et al.，2007；Halpern et al.，2015；Kasahara et al.，2008)，Linarello(2018)使用智利 2002－2006 年数据进行 DID 分析得出“贸易对方下游企业关税下降 1.1%将提升出口方企业生产效率 1.5%，可以解释总生产率提升 22.5%的原因；出口产品关税下降 5.2%，提升出口企业生产率 1.2%”的结论(Linarello，2018)。

(3) 从规模经济、管理刺激、人口转变、竞争效应、资源重新配置和研发投入溢出渠道等角度分析(Hung et al.，2004；Chen，2019；Galor et al.，2006；Galor et al.，2008；Prettner et al.，2018)。Chen(2019)使用哥伦比亚的企业数据验证了贸易自由化与管理刺激交互作用对贸易引致的生产效率产生了非常大的影响，印证了贸易自由化通过进口竞争产生的自律效应和出口关税降低的市场进入效应影响公司管理人员的管理努力程度，进而影响公司生产率的论调(如提升供应国内市场的公司管理人员努力程度，提升公司生产率)。Hung，Salomon 和 Sowerby(2004)运用美国制造业 1996—2001 年数据进行面板和时间序列分析，研究发现国际贸易通过规模经济效应、竞争效应、重配置效应和溢出效应渠道提升国内公司生产率，且竞争效应和重新配置效应是最重要的两个渠道。Galor 和 Mountford(2006)建立理论模型论证了国际贸易促使人口转变、提升人力资本的作用渠道。Galor 和 Mountford(2008)建立了两区域-两部门贸易模型，论证了国际贸易引致提升发达国家的人力资本和发展中国家的人口出生率的观点，使用经合组织(OECD)和非经合组织 1985－1990 年数据进行经验分析印证了理论分析结论，即国际贸易提升经合组织国家(发达国家)的人力资本积累及降低人口出生率，国际贸易导致非经合组织国家的人力资本积累和人口出生率上升。Prettner 和 Strulik(2018)在 Galor 和 Mountford (2006，2008)模型的基础上进一步论证了国际贸易与人力资本、人口转变的关系，使用经合组织 1960－2010 年数据，得出 Galor 和 Mountford(2006，2008)相似的结论。

宏观数据层面研究表明，国际贸易对总生产率存在显著且稳健的因果决定作用(Alcalá et al.，2004)。Alcalá 和 Ciccone(2004)指出，由于存在巴拉萨-萨缪尔森效应，使用对外开放度(进出口总值/名义GDP)指标测度贸易时存在高估的问题，从而提出实际对外开放度(定义为以美元标价的进出口总值与以美元计值的通过购买力平价转换的国内生产总值)作为替代指标，研究发现国际贸易和人口数量是全要素生产率的决定因素，制度是资本产出比和劳动产出比的决定因素。

5.2.2　外商直接投资与产出效率

总量数据分析表明，外商直接投资主要通过两种方式影响产出效率。

(1) 直接作用，即外商直接投资作为先进生产要素直接进入生产领域，通过竞争效应、示范效应、学习效应等提升产业、企业生产效率(Herzer，2017；Doan et al.，2015；Laborda Castillo et al.，2014；Li et al.，2010)。如基于中国区域角度，Li和Chen(2010)使用中国珠江经济带、长江经济带和渤海经济带2001－2007年数据，研究发现城市当期FDI不影响技术无效率，而滞后FDI与技术无效率负相关的规律(Li et al.，2010)。部分文献研究表明外商直接投资对全要素生产率没有显著性影响(Bermejo Carbonell et al.，2004，2018)，如Bermejo Carbonell和Werner(2018)使用西班牙1984－2010年数据进行经验分析，结果显示外商直接投资对经济产出率不具备正向刺激作用；Demir和Yi(2018)使用108个东道国、240个母国1990年－2012年双边外商直接投资进行计量分析发现：双边外商直接投资对母国和东道国的总量生产率增长和生产率差距缩小没有显著性影响，对农业、工业、服务业生产率和生产差距同样没有显著性影响；对发展中国家之间的人力资本效率具有正向拉升的作用，对物质资本生产率无显著性影响(Demir et al.，2018)。

(2) 外商直接投资通过一些中间因素作用产出效率。一是外商直接投资通过良好的制度正向作用于经济增长(Slesman et al.，2015)；二是外商直接投资通过技术吸收能力正向作用于全要素生产率(de Mello，1999；Li et al.，2019)，影响宏观层面的技术吸收能力的要素主要包括金融发展(Ayhan Kose et al.，2009；Bekaert et al.，2011；Alfaro et al.，2009)、人力资本(Borensztein et al.，1998；Cooray et al.，2014；Lin et al.，2011)、制度质量(Slesman et al.，2015；Aziz，2018)、知识溢出(Zhang，2017)。如Li和Tanna(2019)使用51个发展中国家1984－2010年数据进行分析，发现外商直接投资通过技术吸收能力(人力资本和制度质量媒介)弱正向促进全要素生产率。De Mello(1999)研究成果表明外商直接投资是国内投资和技术进步的催化剂，通过知识转移、资本存量积累正向促进FDI接受国的经济增长。Bekaert，Harvey和Lundblad(2011)表明金融开放程度正向影响资本存量增长率和全要素生产率增长率，对后者的影响更大。Alfaro，Ozcan和Sayek(2009)使用62个国家1975－1995年的数据，研究发现外商直接投资正向促进全要素生产率的主要渠道是发展良好的金融市场，并非要素积累。Borensztein，Lee和De Gregorio(1998)使用工业发达国家与69个发展中国家 1970—1989 年数据进行计量分析发现,外商直接投资通过母国效率溢出作用东道国人力资本而提升其经济增长;外商直接投资与东道国人力资本存在较强的正向交互关系,一定程度上与东道国国内投资存在互补的关系。Lin, Lee 和 Yang(2011)使用中国 1997—2006 年省市面板数据研究发现,外商直接投资与全要素生产率存在正向相关性,外商直接投资通过人力资本作用吸收能力影响全要素生产率。Cooray, Mallick 和 Dutta(2014)使用南亚国家 1970—2008 年数据进行经验分析,发现男性人力资本与对外开放度交互正向影响经济增长,女性人力资本与对外开放度交互反向作用经济增长。Slesman 等(2015)使用 80 个国家 1975—2005 年数据验证了高质量制度与经济增长的正相关关系,外商直接投资通过制度刺激产出增长。Aziz(2018)使用 16 个阿拉伯国家 1984—2012 年数据验证了制度质量与外商直接投资存在正相关关系。

微观数据层面,经典文献主要研究外商直接投资通过影响产业或公司的技术吸收能力正向促进全要素生产率,影响微观层面的技术吸收能力的要素主要包括研发强度(Marcin, 2008)、更高质量的人力资本(Lin et al.,2011;Liu et al.,2016)。Marcin(2008)使用波兰企业 1996—2003 年面板数据分析表明,东道国企业产出效率与 FDI 存在正相关关系,东道国企业的吸收能力与吸收 FDI 的企业的溢出水平正相关。Liu,Agbola,Agbola 和 Dzator(2016)使用中国 29 个省的 1328 家电力企业 2003—2008 年数据进行研究发现,外商直接投资对企业产业效率存在正向促进作用,并且通过人力资本影响企业吸收能力而作用电力企业全要素生产率。

大部分宏微观数据层面的经验研究表明了国际贸易和外商直接投资对全要素生产率存在正向促进作用,竞争效应和资源重新配置效应是主要效应溢出影响机制,效应溢出主要通过制度质量、人力资本积累渠道发生作用。细致剖析全要素生产率的决定因素(Venturini, 2015;Syverson,2011),劳动要素、资本要素和技术进步三个变量仍然处于核心地位(Solow, 1957),国际贸易和外商直接投资作用全要素生产率的关键应该是通过影响劳动、资本和技术要素而发生作用的,梳理现有代表性文献,学者们前期的研究成果为本文展开奠定了坚实的理论基础和经验支持,但较少文献同时结合出口贸易和外商直接投资两大外源影响因素分析其对中国区域城市化效率的影响机理和程度。

5.3 出口贸易和外商直接投资作用区域城市化效率的理论分析

一般而言,出口贸易和外商直接投资虽具有各种溢出效应,影响全要素生产率,但最后还是通过劳动、资本和技术影响渠道而发生作用。

5.3.1　出口贸易作用区域城市化效率的机制

出口贸易通过研发投入效应溢出机制(Fracasso et al.,2015)提升人力资本、资本存量和技术进步率,进而促进城市化效率(Parameswaran,2009;Sharma et al.,2015)。具体分析如下:(1)最终消费品出口贸易,导致产品市场扩大,收益增加。一方面,出口部门或增加劳动和资本要素投入或增加研发投入,通过出口学习效应提升技术进步率,出口部门产出效率增加,即在供应国内市场的生产部门效率不提升的情况下,区域产出效率提升;另一方面,收益增加,利润增加,资本收益率上升,提升资本积累率,进一步促进产出(Slesman et al.,2015)。(2)中间投入资本品出口,市场扩大,收益扩大,出口部门为保持国际竞争力,研发投入资本,资本内化技术,提升出口部门的产出效率。(3)贸易对手降低进口关税,出口部门收益增加,为保持国际竞争力,使用新技术的设备和更熟练的技术人员,增加研发投入,资本内化于人力资本和技术,促生更高的工资,导致更高的区域产出效率(Linarello,2018)。(4)消减出口贸易壁垒,如放松配额,市场份额增加,出口部门利润增加,产出投入增加,提升人力资本质量、资本积累和改善产出水平,进而提升区域产出效率(De Loecker,2011)。

5.3.2　外商直接投资作用区域城市化效率的机制

贸易理论一般都假定进行跨国外商直接投资的企业具有高生产率、知识跨国技术转移的特定优势(Helpman et al.,2004),外商直接投资主体跨国投资通过产业内和产业间联系作用东道国的产出效率。一是产业内的非意愿生产技术知识溢出影响机制。(1)东道国外商直接投资产业非吸收 FDI(外商直接投资)产出部门通过模仿或对 FDI 投资主体的专门的生产技能和管理知识、市场实践进行逆向实践创新,提升人力资本质量和提高技术水平,提高产出效率(Orlic et al.,2018;Koizumi et al.,1977;Findlay,1978)。(2)高质量的人力资本从 FDI 产出部门流入非 FDI 产出部门,直接提升非 FDI 产出部门的人力资本水平和管理水平,进而促进产出效率(Markusen et al.,2009)。二是产业内的竞争效应作用产出效率机制。FDI 产业部门吸收非 FDI 产业部门高技术水平员工,削弱非 FDI 部门的人力资本水平,提升非 FDI 部门生产成本,直接迫使在位生产单位退出或者间接迫使在位生产单位提高研发投入,改善经营水平,提升人力资本水平,提高生产技术水平,提升产出效率(Aitken et al.,1999;Blomstrom et al.,1998)。三是产业间前向-后向溢出作用产出效率机制(Ni et al.,2017)。(1)FDI 产出部门通过后向溢出效应作用区域产出效率。FDI 产出部门对东道国中间投入品提高质量要求,直接通过意愿知识溢出方式和间接规模效应促使东道国供应商提升人力资本和生产技术水平,促进生产效率提升(Giroud,2012)。(2)FDI 产出部门通过前向溢出效应作用区域产出效率。FDI 产出部门为东道国市场提供最终产品和生产技术，通过产品市场竞争和意愿知识溢出效应，迫使产业吸收更合适的生产经营管理、采购和融资知识，提升人力资本水平和增加研发投入水平，提升生产技术水平，提升产出效率(Giroud，2012；Orlic et al.，2018)。

5.3.3 出口贸易和外商直接投资交互作用区域城市化效率的机制

贸易理论对出口贸易内涵的界定是基于产品属性的，外商直接投资属要素贸易范畴，因此，从广义的角度，出口贸易(商品+要素贸易)可以放置在同一框架进行分析。出口贸易与外商直接投资交互作用影响区域产出效率的机制主要体现在两个方面。一是出口贸易与外商直接投资存在互补关系(Ding et al.，2019)，加强的交互作用提升人力资本质量和技术水平，提升产出效率。如 Ding 等(2019)使用 48 个国家 2001—2016 年双边贸易与资本流动数据，运用网络分析法发现贸易与资本流动存在互补关系，长期看，贸易与资本流动存在一个均衡的状态(贸易盈余滞后产生一个净资本流入)。二是出口贸易与外商直接投资存在替代关系(de Mello，1999)，交互作用削弱二者单独加总效应，总体上促进人力资本质量和生产技术水平，提升产出效率。

总结出口贸易、外商直接投资及两者交互作用机制，预期外商直接投资对城市化效率具有正向促进作用；出口贸易对城市化效率的影响受国内各种吸收因素的影响，综合表现可能呈现为正(或负)向作用；预期制度因素和研发水平正向促进区域城市化效率。

5.4 实证分析及结果呈现

5.4.1 分析模型设定

本部分从中国 31 省(市、自治区)角度分析出口贸易和外商直接投资与区域城市化效率的关系。根据文献综述和理论机制分析，出口贸易和外商直接投资与城市化效率存在直接的相关关系，或通过人力资本、资本积累、研发投入等途径而发生作用。考虑到城市化效率数据是通过劳动和资本要素投入而计算出来的，这里选择制度这个代理变量替代人力资本、资本积累变量作为中间变量而引入。故此构建计量模型(1)。

$$\mathrm{uef}_{it} = a + \rho \cdot \sum_{j}^{N} w_{ij}\,\mathrm{uef}_{it} + x_{it}\beta + \sum_{j}^{N} (w_{ij}x_{it}) \cdot \theta + m_{it} \cdot \delta + u_{it} \qquad (5\text{-}1)$$

(5-1)式中，i 表示 31 个省(市、自治区)截面，$N=31$；t 表示研究时间(1990—2018 年)；uef 表示 31 省(市、自治区)城市化效率；x 代表核心解释变量，包括出口贸易和外商直接投资；m 表示控制变量，包括制度、研发、外商直接投资与对外交互项；w 代表空间权重矩阵；a，

β,δ,ρ,θ 代表待估计参数。

5.4.2　数据来源及说明

研究变量的符号、定义和数据来源归纳见表 5.1。

表 5.1　变量定义及数据来源

研究变量	符号	定义	数据出处
区域城市化效率	uef	考虑空间交互作用后计算的技术效率	第 4 章基于空间面板杜宾随机前沿模型的区域城市化效率测度分析
出口贸易	exp	出口占国内生产总值的比例	北京、天津、河北、山西、内蒙古、辽宁、吉林、黑龙江、上海、江苏、浙江、安徽、福建、江西、山东、河南、湖北、湖南、广东、广西、海南、重庆、四川、贵州、云南、西藏、陕西、甘肃、青海、宁夏、新疆 1991—2018 年统计年鉴中的对外经济贸易部门，部分数据通过《新中国六十年统计资料汇编(1949—2008)》进行调整
外商直接投资	fdi	地区外商直接投资占资本存量的比率；考虑 FDI 的作用机制，滞后一期用 fdi1 符号表示	
制度	ins	使用市场化指数作为制度的代理变量	中国分省份市场化指数报告(2011、2016、2018)
研发投入	rd	地区人均地区研究与试验发展(R&D)经费内部支出(万元/人)	中国科技统计年鉴 1991—2018，地区研究与试验发展(R&D)经费内部支出；1990—1996 年的重庆研发投入使用《重庆统计年鉴 1991—1997》的大中型工业企业技术活动经费支出替代
空间权重矩阵	con$W$	以 31 省(市、自治区)空间邻接关系作为空间权重矩阵，考虑到海南是孤岛，人为设定海南与广东空间邻接，并对空间权重矩阵进行标准化	自然资源部地图技术审查中心 http://bzdt.ch.mnr.gov.cn/基础地图
	dis$W$	以 31 省(市、自治区)的省会城市为中心，计算的反距离平方的欧式距离 $\text{dis}W=1/d_{ij}^2$	自然资源部地图技术审查中心 http://bzdt.ch.mnr.gov.cn/基础地图，使用 arcgis 确定中心点，使用 R 语言 distm 命令计算

5.4.3　变量描述性统计

使用 R3.61 开源软件及相应统计包对整理的数据进行对数化，然后进行描述性统计得到表 5.2 结果，对比研究变量的均值和中位数分布，考虑数据变异程度(标准差体现)，数据基本可以满足研究的需要。

表 5.2 描述性统计特征值

变量	观测值	最大值	最小值	中位数	均值	标准差
uef	620	0.9285	0.3716	0.58945	0.60787	0.11768
ins	620	11.71	0.07	5.465	5.62048	2.08868
prd	620	0.68319	0.00016	0.01455	0.04332	0.08296
fdi	620	0.55101	0.00028	0.03523	0.06494	0.07544
exp	620	0.89815	0.00695	0.06789	0.14642	0.17957

5.4.4 单位根检验

计量经济学理论表明对数化方法具有不破坏原有变量的协整关系，还有消除异方差的功效，为此，本部分对数据全部进行对数化处理，同时为进一步进行分析，这里先检验单位根数据的平稳性，检验结果见表 5.3。

表 5.3 面板数据单位根检验结果

检验变量	Levinlin 检验	IPS 检验	Madwu 检验	结论
uef	−1.7314** (0.0417)	−1.7995** (0.0359)	130.97*** (0.0000)	平稳
ins	−5.9173*** (0.0000)	−3.1933*** (0.0007)	103.1*** (0.0008)	平稳
prd	−9.0228 (0.0000)	−9.0806*** (0.0000)	242.49*** (0.0000)	平稳
fdi	−6.4178*** (0.0000)	−5.4754*** (0.0000)	240.09*** (0.0000)	平稳
exp	−3.3969*** (0.0003)	−2.8597*** (0.0021)	179.76*** (0.0000)	平稳

注：(1)括号内为该统计量的 *P* 值，*、**、*** 分别表示在 10%、5%、1%的显著性水平下拒绝原假设；(2)小写英文符号代表对数化处理后的研究变量数值；(3)使用 plm-R 包 purtest 命令检验。

5.4.5 经典面板数据分析结果

分析表 5.4，可得出以下 5 个结论：(1)外商直接投资对区域城市化效率具有正向促进作用。(2)出口贸易反向抑制城市化效率。(3)制度(ins)控制变量前的系数为负，研发投入(创新的代理变量 prd)控制变量前系数或正或负。(4)两个控制变量计量分析表明，要提高区域城市化效率，需要更强的制度保护和提高研发投入的质量。(5)模型拟合度表明出口贸易和外商直接投资是区域城市化效率变异的非主要因素。

表 5.4　面板数据模型估计结果

变量	混合 pool 模型	固定效应模型	随机效应模型
fdil	0.0307*** (4.29)	0.0148*** (2.85)	0.016*** (3.12)
exp	−0.0377*** (−3.91)	−0.0215*** (−2.97)	−0.0211*** (−2.95)
ins	−0.0339** (−2.08)	−0.0552*** (−4.83)	−0.0537*** (−4.72)
prd	0.0171*** (3.03)	−0.0176*** (−5.88)	−0.0169*** (−5.65)
常数项	−0.3767*** (−7.42)		−0.5002*** (−10.61)
观测量	620	620	620
R2	0.045	0.288	0.0078

注：(1)括号里的数字为 t 统计值；(2)***，**，* 表示显著性水平为1%，5%，10%。

5.4.6　经典空间面板计量分析

1.空间自相关性检验

(1) 基于截面数据的检验

对区域城市化效率、出口贸易和外商直接投资变量进行局部和全局莫兰检验，得到表5.5结果，依据2017年31省(市、自治区)局部莫兰值，得到局部莫兰散点分布图，如图5.1所示。局部莫兰结果表明区域城市化效率不存在空间溢出效应，而出口贸易和外商直接投资具有较强的空间溢出效应；基于局部莫兰检验，可建立核心变量空间面板滞后模型(SLX)、空间面板误差模型(SEM)和空间面板杜宾误差模型(SDEM)，进一步验证出口贸易和外商直接投资作用区域城市化效率的影响机制和程度。基于全局莫兰检验结果可以建立所有经典空间面板计量模型。

表 5.5 空间自相关截面莫兰检验结果

	uef			fdi			exp		
年份	I	z	p	I	z	p	I	z	p
1990	0.005	0.316	0.376	0.126	1.325	0.093	0.395	3.654	0.000
1995	−0.229	−1.663	0.952	0.165	1.665	0.048	0.210	2.060	0.020
2000	−0.103	−0.597	0.725	0.119	1.308	0.095	0.244	2.333	0.010
2005	−0.101	−0.576	0.718	0.272	2.578	0.005	0.234	2.248	0.012
2010	−0.145	−0.955	0.83	0.322	2.968	0.002	0.216	2.100	0.018
2011	−0.142	−0.924	0.822	0.309	2.955	0.002	0.173	1.733	0.042
2012	−0.157	−1.053	0.854	0.303	2.9	0.002	0.127	1.344	0.089
2013	−0.166	−1.129	0.871	0.308	2.926	0.002	0.099	1.116	0.132
2014	−0.174	−1.193	0.884	0.32	3.013	0.001	0.048	0.687	0.246
2015	−0.182	−1.267	0.897	0.333	3.150	0.001	0.419	3.771	0.000
2016	−0.167	−1.135	0.872	0.292	2.859	0.002	0.404	3.645	0.000
2017	−0.164	−1.110	0.867	0.310	2.995	0.001	0.376	3.444	0.000
全局莫兰检验	0.745	30.872	0.000	0.744	30.876	0.000	0.795	32.971	0.000

注:使用 R3.61 里面的 spdep 包命令 mat2listw 和 moran.test 命令实现。

(2) 基于面板数据的检验

使用 Pesaran(2004)和 Millo(2017)方法(Croissant et al.,2019)检验区域城市化效率及模型残差区域城市化效率空间相关性,使用同样的方法分析核心变量(出口贸易和外商直接投资)的空间相关性,得到表 5.6 结果。

表 5.6 面板空间相关性检验结果

检验变量	z 值	p 值	随机化 w 检验 p 值
城市化效率	19.377	0.000	0.032
城市化效率残差	3.825	0.000	0.002
外商直接投资	14.273	0.000	0.222
出口贸易	11.265	0.000	0.006

注:使用 R.3.61 软件 plm 包 pcdtest、pmg 命令和 splm 包 rwtest 命令得出。

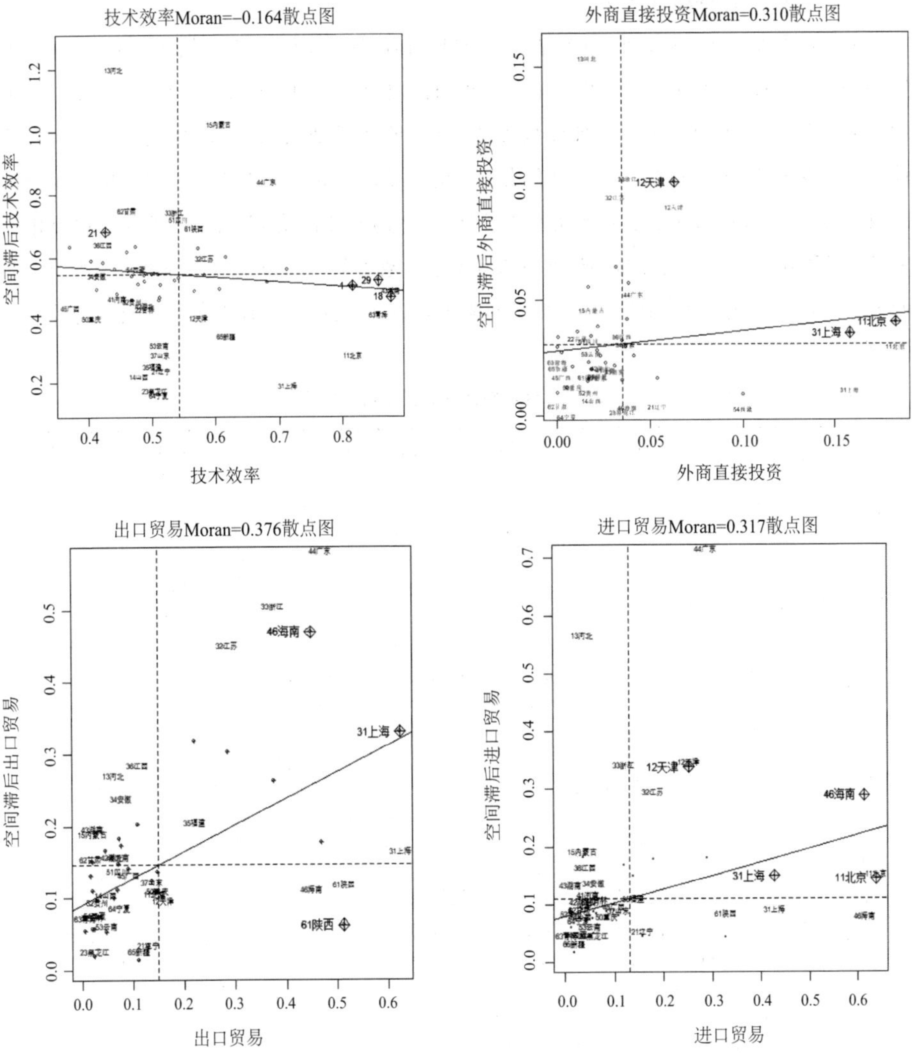

图 5.1　2017 年研究变量莫兰散点图

2. 空间面板模型估计结果

综合空间截面和空间面板空间相关性检验结果，本部分首先估计广义嵌套(GNS)、空间滞后带误差(SARAR，SAC)、空间杜宾(SDM)、空间杜宾误差(SDEM)、自变量空间滞后(SLX)、空间滞后(SAR)、空间误差(SEM)模型的个体固定效应(Elhorst(2014)建议使用固定效应分析全样本模型)，报告变量全部通过显著性检验的模型结果。其次，根据 LM(拉格朗日)和 LR(似然比)检验法对模型进行比较。最后，进行适用模型的边际效应分析。

(1) 经典空间面板数据模型估计

进行空间面板计量分析，得到表 5.7 的估计结果。分析表 5.7 结果，可以发现：①GNS、SDM、SAR 模型显示城市化效率存在正向溢出效应，数值在 0.5 左右，且通过了显著性水平至少 1%的统计检验。②外商直接投资变量前的系数大约为 0.01，且都通过了显著性水平至少 12%的统计检验，表明其具有正向促进城市化效率的作用。③出口贸易变量前系数约为−0.04，且都通过了显著性水平至少为 1%的统计检验，表明出口贸易对城市化效率具有延阻作用。④制度变量和研发投入变量前系数为负，且都通过了显著性水平低于 1%的统计检验，与理论预期相悖。不考虑空间溢出效应，研发投入具有正向促进城市化效率的作用。

表 5.7 经典空间计量模型估计结果

变量	GNS	SDM	SDEM	SARAR	SAR	SEM	SLX
w⊗uef	0.585*** (6.44)	0.498*** (12.41)		−0.162 (0.17)	0.475*** (11.62)		
w⊗resid	−0.148 (−1.01)		0.498*** (12.19)	0.615*** (8.24)		0.518*** (12.97)	
fdi1	0.012*** (2.75)	0.013*** (2.82)	0.012*** (2.65)	0.015*** (−3.59)	0.013*** (2.86)	0.016*** (3.56)	0.026*** (3.25)
exp	−0.038*** (−5.73)	−0.036*** (−5.58)	−0.033*** (−4.95)	−0.039*** (−6.15)	−0.026*** (−4.04)	−0.039*** (−5.93)	−0.044*** (−4.57)
ins	−0.032*** (−3.23)	−0.035*** (−3.47)	−0.035*** (−2.78)	−0.026* (−2.05)	−0.025** (−2.49)	−0.027** (−2.19)	−0.056*** (−3.00)
prd	−0.012*** (−3.15)	−0.014*** (−3.96)	−0.026*** (−5.23)	−0.023*** (−4.72)	−0.008** (−2.89)	−0.019*** (−5.11)	0.036*** (5.17)
w⊗fdi1	−0.015** (−2.03)	−0.015** (−1.90)	−0.013· (−1.37)				0.066*** (4.13)
w⊗exp	0.058*** (5.88)	0.056*** (5.46)	0.038*** (2.89)				−0.069*** (−4.69)
loglik	869.03	868.46	859.09	859.85	853.19	854.35	173.52
AIC	−1.53	0.47	−1.51	1.24	−3.49	−5.50	1.69

注：(1)***，**，*，· 表示 1%，5%，10%，12%以下显著性水平；(2)带括号的数字为 t 统计量；(3)使用 R 语言 splm 包的 spml 命令进行模型估计；(4)为使数据全部显示在同一张表内，通过使用简单四舍五入法，保留两位或三位数字；(5)uef 表示城市化效率，resid 表示城市化效率残差，fdi1 表示滞后一期的外商直接投资，exp 表示出口贸易，imp 表示进口贸易，ins 为制度变量，prd 表示人均研发投入，w 表示空间权重，

loglik 表示最大似然值，AIC 表示赤池信息准则，w⊗uef 表示城市化效率空间滞后项，其他类似的表示作相似解释，并且后面出现的符号意义相同。

(2) 模型结果比较

参考 Elhorst(2014)(中文，第 12 页)空间依赖模型关系，使用 LR 检验嵌套模型得到表 5.8 结果。

表 5.8　空间计量模型 LM-LR 检验结果

嵌套模型	LR	*P* 值	嵌套模型	LR	*P* 值
LM-SAR	112.23***	0.0000	sar-sdm	31.13***	0.0000
Robust LM-SAR	0.24	0.6270	slx-sdm	1381.66***	0.0000
LM-SEM	116.95***	0.0000	sem-sdm	19.83***	0.0005
Robust LM-SEM	4.96***	0.0260	sar-sarar	22.12**	0.0002
sarar-gns	18.36***	0.0001	sem-sarar	10.82**	0.0127
sdm-gns	9.35***	0.0022	slx-sdem	1372.07***	0.0000
sdem-gns	18.94***	0.0000	sem-sdem	10.24**	0.0166

注：***，**，* 表示 1%，5%，10%以下显著性水平；LM 检验使用 Elhorst 的 LMsarsem_panel 命令得出(https://spatial-panels.com/software/)；嵌套检验使用 R3.61 计算得出。

从表 5.8 可知：① 对空间滞后和空间误差模型普通和稳健的 LM(拉格朗日)检验表明，以外商直接投资和出口贸易为核心变量的模型属于空间误差形式模型类别(SDEM，SEM)，而以外商直接投资和进口贸易为核心变量的模型属于空间滞后形式模型类别(SDM，SAR)。②使用 LR(似然比)检验七种固定效应空间计量模型，分四种嵌套类型展开。(a)广义嵌套模型(GNS，SARAR，SDM，SDEM)，以外商直接投资和出口贸易为核心变量的模型 LR 统计量分别约为 18.36，9.35，18.94，且都通过了 1%以下的显著性检验；以外商直接投资和进口贸易为核心变量的模型 LR 统计量也都通过了 1%以下的显著性检验，说明不能拒绝 GNS 模型。(b)sdm 嵌套 sar、sem 和 slx 模型检验，以外商直接投资和出口贸易为核心变量的模型 LR 统计量分别约为 31.13、1381.66 和 19.83，且都通过了 1%以下的显著性检验；以外商直接投资和进口贸易为核心变量的模型 LR 统计量也都通过了 1%以下的显著性检验，说明不能拒绝 sdm 模型。(c)sarar 嵌套 sar 和 sem 模型检验，以外商直接投资和出口贸易为核心变量的模型 LR 统计量分别约为 22.12 和 10.82，且都通过了 5%以下的显著性检验；以外商直接投资和进口贸易为核心变量的模型 LR 统计量也都通过了 5%以下的显著性检验，说明不能拒绝 sarar 模型。(d)sdem 嵌套 sem 和 slx 模型检验，以外商直接投资和出口贸易为核心变量的模型 LR 统计量分别约为 1372.07 和 10.24，且都通过了 5%以下的显著性检验；以外商直接投资和进口贸易为核心变量的模型 LR 统计量也都通过了 5%以下的显著性检验,说明不能拒绝 sdm 模型。

模型比较结果显示,选用 GNS、SDEM 模型比较合适。

(3) 空间溢出效应比较

为清晰呈现模型的空间溢出效应,这里呈现 GNS、SDM、SDEM、SARAR、SAR 五种模型结果,见表 5.9。分析表 5.9 得到如下两个结论。

① 外商直接投资的直接效应约为 0.01,且都通过了显著性水平低于 1%的统计检验,说明区域内正向影响显著有效;其间接效应约为 0.01,也都通过了显著性水平低于 1%的统计检验,说明其区域间正向溢出效应显著;其总效应约为 0.03,都通过了 1%显著性水平统计检验,且高于单个模型估计系数,说明外商直接投资通过区域内、区域间正向促进城市化效率。

表 5.9　边际效应估计结果

边际效应	变量	GNS	SDM	SDEM	SARAR	SAR
直接效应	fdi1	0.014*** (2.69)	0.0132*** (2.73)	0.0122*** (2.65)	0.0208*** (3.76)	0.0138*** (2.91)
	exp	−0.0421*** (−5.15)	−0.0388*** (−5.33)	−0.033*** (−4.95)	−0.0517*** (−5.96)	−0.0268*** (−3.74)
间接效应	w⊗fdi1	0.0179** (1.61)	0.0114*** (2.49)	−0.0133· (−1.37)	0.0364** (2.30)	0.0112*** (2.66)
	w⊗exp	−0.0534*** (−1.95)	−0.0335*** (−3.89)	0.0379*** (2.89)	−0.0909*** (−2.59)	−0.0218*** (−3.24)
总效应	fdi1	0.032*** (2.07)	0.0247*** (2.66)	−0.0011*** (−2.01)	0.0571*** (2.84)	0.025*** (2.85)
	exp	−0.0955*** (−2.85)	−0.0723*** (−4.75)	0.0049*** (−3.92)	−0.1425*** (−3.45)	−0.0486*** (−3.63)

注:(1)***,**,*,· 表示 1%,5%,10%,12%以下显著性水平;(2)边际效用是使用 Elhorst(2014)direct_indirect_effects_estimates.m 函数计算得出的;(3)括号内的数值为 t 值。

② 出口贸易的直接效应分别约为−0.04,−0.03,−0.05,−0.02,间接效应分别约为−0.05,−0.03,−0.09,−0.02,且都通过了显著性水平低于 1%的统计检验,说明出口贸易区域内、区域间的反向延阻作用明显;其总效应约为−0.09,−0.07,−0.14,−0.05,超过单个模型估计的系数,并且都通过了 1%显著性水平统计检验,总体上说明了出口贸易通过区域内、区域间反向延阻城市化效率的提升。

3. 稳健性检验

根据模型比较结果,选择 GNS、SDM、SAR、SLX 模型缩小样本、改变空间权重矩阵、替换部分代理变量进行稳健性检验。

(1) 模型稳健性检验

① 缩小样本时间

截取 2006—2016 年数据进行稳健性检验，得到表 5.10 结果。分析表 5.10，可得到：(a)考虑城市化效率空间滞后因素的情况下，城市化效率滞后项的系数都稍微大于 1997—2016 年样本估计结果，并且全部通过显著性低于 1%的统计检验；外商直接投资变量前的系数约为 0.01，与研究期间的估计结果相差约 0.001，且通过显著性水平 1%的统计检验，说明外商直接投资变量对城市化效率具有正向促进作用的结果是稳健的；出口贸易变量、制度、研发投入变量前系数估计呈现不稳定的特征。(b)不考虑城市化效率空间滞后因素的情况下，外商直接投资变量前系数为正且通过统计检验，结果是稳健的；其他变量呈现不稳定的特征。

表 5.10　缩短样本时间的稳健性检验结果

变量	GNS	SDM	SAR	SDEM
w⊗uef	0.7706*** (13.75)	0.61*** (12.71)	0.601*** (12.47)	
w⊗resid	−0.3941*** (−2.89)			0.633*** (13.23)
fdi1	0.0099*** (1.75)	0.0124** (2.16)	0.0138*** (2.45)	0.0178*** (2.91)
exp	−0.0065 (−1.05)	−0.0063 (−1.03)	−0.004 (−0.70)	−0.0078 (−1.17)
w⊗fdi1	0.0053 (0.51)	0.0105 (0.93)		−0.0478*** (−2.75)
w⊗exp	0.0074 (0.81)	0.0071 (0.71)		−0.0205* (−1.58)
ins	0.0053 (0.51)	−0.0486*** (−3.67)	−0.0491*** (−3.77)	0.0229* (1.58)
prd	0.0074 (0.81)	−0.0089 (−1.09)	−0.0145** (−2.36)	−0.0013 (−0.09)
loglik	579.83	573.06	571.03	566.39
AIC	1.27	1.29	−2.69	−0.679

注：(1)***，**，*，· 表示 1%，5%，10%，12%以下显著性水平；(2)边际效用使用 Elhorst(2014)编写的命令函数计算得出；(3)括号内的数值为 t 值。

② 改变空间权重矩阵

使用反地理距离平方空间权重矩阵替代地理邻接矩阵进行稳健性检验，得到表 5.11 结果。分析表 5.11，得到：(a)考虑城市化效率空间滞后因素的情况下，SDM、SAR 模型中城市化效率滞后项的系数都稍微小于 1997—2016 年样本估计结果，并且全部通过显著性低于 1%的统计检验；外商直接投资变量前的系数约为 0.009，与研究期间的估计结果相差约 0.003，且通过显著性水平 1%的统计检验，说明外商直接投资变量对城市化效率具有正向促进作用的结果是稳健的；出口贸易变量、制度、研发投入变量前系数符号和数值与研究期间估计结果一致。(b)不考虑城市化效率空间滞后因素的情况下，外商直接投资变量前系数为正，小于研究期间估计结果，且通过统计检验，结果是稳健的；出口贸易变量、制度、研发投入变量前系数符号和数值与研究期间估计结果一致。

表 5.11　新空间权重矩阵的稳健性检验结果

变量	GNS	SDM	SAR	SDEM
w⊗uef	−0.5631** (−5.11)	0.4729*** (8.65)	0.4419*** (7.79)	
w⊗resid	0.7997*** (23.98)			0.579** (12.11)
fdi1	0.0064· (1.39)	0.0093** (1.87)	0.0097** (1.99)	0.0072· (1.48)
exp	−0.0277*** (−4.1)	−0.0393*** (−5.56)	−0.0241*** (−3.55)	−0.034*** (−4.97)
w⊗fdi1	0.0149 (0.97)	−0.0072 (−0.62)		−0.0087 (−0.64)
w⊗exp	0.1068*** (4.19)	0.0936*** (5.81)		0.1233*** (5.57)
ins	−0.0366*** (−2.85)	−0.0458*** (−4.11)	−0.0264** (−2.42)	−0.0382*** (−2.95)
prd	−0.0339*** (−5.87)	−0.0148*** (−3.58)	−0.0102*** (−3.28)	−0.0336*** (−6.38)
loglik	868.46	849.62	832.35	855.41
AIC	0.467	0.51	−3.45	−1.50

注：(1)***，**，*，· 表示 1%，5%，10%，12%以下显著性水平；(2)边际效用使用 Elhorst(2014)编写的命令函数计算得出；(3)括号内的数值为 t 值。

③ 新空间权重矩阵和使用新的制度代理变量

使用反地理距离平方空间权重矩阵替代地理邻接矩阵和使用区域创新指数代替制度变量进行稳健性检验，得到表 5.12 结果。分析表 5.12，得到：(a)考虑城市化效率空间滞后因素的情况下，GNS、SDM、SAR 模型中城市化效率滞后项的系数都稍微大于 1997－2016 年样本估计结果，并且全部通过显著性低于 1%的统计检验；外商直接投资变量前的系数约为 0.003，与研究期间的估计结果相差约 0.009，且通过显著性水平 1%的统计检验，说明外商直接投资变量对城市化效率具有正向促进作用的结果是稳健的；出口贸易变量、制度、研发投入变量前系数符号和数值不稳定。(b)不考虑城市化效率空间滞后因素的情况下，外商直接投资变量前系数结果不稳健；出口贸易变量、制度、研发投入变量前系数符号和数值与研究期间估计结果一致。

综合上述两种情况下的稳健性检验的结果，可得出外商直接投资变量对城市化效率具有正向促进作用的结果是稳健的，而其他研究变量则呈现出不稳定的特征，对比四种模型稳健性检验结果，SAR 模型相对 GNS、SDM、SDEM 模型，更为稳健。

表 5.12　新空间权重和制度变量的稳健性检验结果

变量	GNS	SDM	SAR	SDEM
w⊗uef	0.8635*** (31.35)	0.6709*** (11.63)	0.2889*** (3.08)	
w⊗resid	−0.9253*** (−8.01)			0.234** (2.3)
fdi1lag	0.0033* (1.69)	0.0029* (1.57)	0.001*** (2.66)	0.001*** (2.77)
exp	0.0054*** (2.6)	0.0038 * (1.71)	−0.0001 (−0.19)	−0.0006 (−1.46)
w⊗fdi	−0.0006 (−0.13)	−0.0016 (−0.27)		0.0007 (0.62)
w⊗exp	−0.0046* (−1.4)	−0.0024* (−0.54)		0.0035*** (3.65)
ins	−0.0065*** (−2.9)	−0.0066** (−2.04)	−0.0025*** (−4.23)	−0.0029*** (−4.37)
prd	0.0121*** (3.19)	0.0103** (2.02)	0.0035*** (3.7)	0.0039*** (3.93)

续表

变量	GNS	SDM	SAR	SDEM
loglik	920.85	900.69	1439.2	886.13
AIC	0.35	0.39	−4.54	1.54

注：(1)***，**，*，$^{\cdot}$ 表示1%，5%，10%，12%以下显著性水平；(2)边际效用使用Elhorst(2014)编写的命令函数计算得出；(3)括号内的数值为t值。

（2）溢出效应稳健性检验

① 缩短样本时间

缩短10年样本数据，进行边际效应估计，结果见表5.13。对照全样本估计结果（表5.9），分析表5.13得到：(a)缩短样本时间估计得到的外商直接投资的直接效应数值稍大（超出约0.002），且为正，并全部通过了显著性低于1%的统计检验；总效应数值也稍大（超出约0.01），同样为正，且通过了显著性为1%的统计检验；间接效应不稳定；总体上外商直接投资具有正向促进城市化效率的作用是稳健的。(b)出口贸易的直接效应、间接效应和总效应不稳健。

表5.13　缩短样本时间后边际效应稳健性检验结果

边际效应	变量	GNS	SDM	SAR	SDEM
直接效应	fdi1	0.0126***	0.0157***	0.0151***	0.0178***
		(1.78)	(2.24)	(2.47)	(2.91)
	exp	−0.0086	−0.0176***	−0.0046	−0.0078
		(−1.089)	(−2.3246)	(−0.7153)	(−1.17)
间接效应	w⊗fdi1	0.0323$^{\cdot}$	0.0337*	0.0188***	−0.0478***
		(−1.40)	(−1.46)	(−2.21)	(−2.75)
	w⊗exp	−0.0224	−0.1254***	−0.0056	−0.0205*
		(−0.94)	(−3.71)	(−0.68)	(−1.58)
总效应	fdi1	0.0449*	0.0494*	0.034***	0.0178***
		(1.53)	(−1.53)	(2.38)	(−2.92)
	exp	−0.0311	−0.143***	−0.0102	−0.0073
		(0.99)	(3.66)	(0.70)	(1.11)

注：(1)***，**，*，$^{\cdot}$ 表示1%，5%，10%，12%以下显著性水平；(2)边际效用使用Elhorst(2014)编写的命令函数计算得出；(3)括号内的数值为t值。

② 改变空间权重矩阵

使用距离空间权重矩阵，进行边际效应估计，结果见表5.14。对照全样本估计结果（表5.9），分析表5.14得到：(a)使用距离权重矩阵估计得到的外商直接投资的直接效应数值接近，且为正，并全部通过了显著性低于12%的统计检验；间接效应和总效应数值也比较接近，同样为正，且通过了显著性为12%的统计检验；间接效应不稳定；总体上外商直接投资具有正向促进城市化效率的作用是稳健的。(b)出口贸易的直接效应、间接效应和总效应都通过了1%的显著性检验，系数稍微小于全时间估计结果，表明出口贸易对城市化效率具有延阻作用的结果是稳健的。对照全样本估计结果（表5.9），在以外商直接投资和进口贸易为核心变量的空间模型条件下：外商直接投资的边际效应不稳健；但进口贸易的边际效应是稳健的。

表5.14　替换空间权重矩阵的边际效应稳健性检验结果

边际效应	变量	GNS	SDM	SAR	SDEM
直接效应	fdi1	0.0068· (1.46)	0.0168*** (3.04)	0.0102* (2.01)	0.0072· (1.48)
	exp	−0.0287*** (−4.22)	−0.0443*** (−6.25)	−0.025*** (−3.53)	−0.034*** (−4.97)
间接效应	w⊗fdi1	−0.0026· (−1.41)	0.183*** (5.11)	0.0077 * (1.77)	−0.0087 (−0.64)
	w⊗exp	0.0108*** (3.65)	−0.1202*** (−4.59)	−0.0189*** (−2.74)	0.1233*** (5.57)
总效应	fdi1	0.0042· (1.45)	0.1997** (5.18)	0.0179 * (1.96)	0.0062 (1.35)
	exp	−0.0179*** (−3.9)	−0.1645*** (−5.43)	−0.0439*** (−3.36)	−0.0199*** (−2.95)

注：(1)***,**,*,· 表示1%,5%,10%,12%以下显著性水平；(2)边际效用使用Elhorst(2014)编写的命令函数计算得出；(3)括号内的数值为t值。

③ 新空间权重矩阵和使用新的制度代理变量

使用距离空间权重矩阵和区域创新指数（制度变量）进行边际效应估计，结果见表5.15。对照全样本估计结果（表5.9），分析表5.15得到：(a)使用距离权重矩阵和新的制度变量估计得到的外商直接投资的直接效应数值稍小，且为正，并全部通过了显著性低于10%的统计检验；间接效应和总效应不稳健。(b)出口贸易的边际效应不稳健。

表 5.15 新空间权重矩阵和新的制度代理变量的边际效应稳健性检验结果

边际效应	变量	GNS	SDM	SAR	SDEM
直接效应	fdi1	0.0043* (1.77)	0.0027* (1.48)	0.001*** (2.67)	0.001*** (2.77)
	exp	0.0069*** (2.5)	0.0033* (1.37)	−0.0001 (−0.21)	−0.0006 (−1.46)
间接效应	w⊗fdi1	0.0215· (1.57)	−0.0032 (−0.22)	0.0004** (1.66)	0.0007 (0.62)
	w⊗exp	0.0344*** (2.01)	−0.0122 (−1.16)	0.0001 (−0.19)	0.0035*** (3.65)
总效应	fdi1	0.0258* (1.61)	−0.0006 (−0.03)	0.0014*** (2.49)	0.0014** (2.03)
	exp	0.0413*** (2.11)	−0.0088 (−0.74)	−0.0001 (−0.21)	−0.0027*** (−2.75)

注:(1)***,**,*,· 表示 1%,5%,10%,12%以下显著性水平;(2)边际效用使用 Elhorst(2014)编写的命令函数计算得出;(3)括号内的数值为 t 值。

5.5 结论与讨论

5.5.1 结论

本部分使用 1997—2016 年 31 省(市、自治区)面板数据,运用面板数据计量(固定效应和随机效应)方法和空间面板计量方法(SAR,SEM,SLX,SDEM,SARAR,SDM,GNS)研究出口贸易、外商直接投资与城市化效率的关系,测度了外商直接投资和出口贸易对城市化效率的空间溢出效应,并进行了稳健性检验。研究结论具体如下:(1)Levinlin、IPS、Madwu 单位根检验结果表明城市化效率、外商直接投资、出口贸易、制度和研发投入是平稳的。(2)除了 SARAR 模型,城市化效率空间滞后项前系数约为 0.5,都通过了显著性 1%的统计检验,且基本上都通过了稳健性检验,总体上可以认为城市化效率具有空间溢出效应。(3)外商直接投资正向促进城市化效率的结果与理论预期一致,结论也是稳健的。(4)考虑城市化效率空间溢出效应,出口贸易表现出对城市化效率具有反向延阻作用的特征,稳健性检验也支持这种论断。(5)考虑城市化效率空间溢出效应,制度和研发投入对城市化效率的作用是反向延阻的,与理论预期相反。(6)忽视城市化效率空间溢出效应,研发投入正向促进城市化效率。(7)边际效应分析结果表明外商直接投资的直接效应、间接效应和总效应为正，基本上通过了 1% 显著性水平的统计检验，结论基本稳健；出口贸易的边际效应呈现不稳健的特性。(8)稳健性检验表明出口贸易对样本时间、空间权重的选择具有一定的敏感性。(9)综合考虑 7 种空间计量模型的结果和稳健性检验，空间自回归(SAR)和空间杜宾(SDM)模型比较适合本文研究。

5.5.2 讨论

研究结论与理论预期存在不一致的地方，下面进一步进行说明和解释。一是出口贸易与城市化效率的关系的结论与理论预期相反。出口主要为低附加值的低值工业品或农产品，进口的消费品远远大于生产用的资本品，生产规模处于低级阶段，难以对产出效率(城市化效率)造成提升作用，很有可能因区域竞争而导致生产要素不平衡流动，促进部分区域城市化效率提升，延阻其他区域城市化效率提升，进而总体呈现反向延阻的现象。二是区域城市化效应呈现正(负)的空间溢出效应。模型结果表明，城市化效率具有正的空间溢出效应，这可考虑是城市化效率示范效应和技术扩散效应起主导作用而引致的，SARAR 模型显示城市化效率负的空间溢出效应，剔除模型设定偏误，可解释为不良的区域要素需求竞争的结果，因历史和区位原因，部分区域吸收更优质的人才和资本，进一步推动区域城市化。另一方面，优质人才和资本流出的区域，区域创新能力下降，随着传统产业的升级换代的速度下降，就呈现出区域城市化效率下降，因而总体而言，区域城市化效率呈现负的空间溢出特征。三是出口贸易对城市化效率提升具有反向延阻的作用。根据新贸易理论，效率高的企业(区域)采取出口方式，一般而言，效率与出口呈现正相关关系，但本文研究的结论刚好相反，怎么解释这一现象呢？这可能是因为各区域出口产品主要集中于附加值低的原产地特色产品(工艺品和农产品)，这些产品产出效率提升缓慢；进口主要集中于消费品和较少的生产用资本品，进口适用技术和先进技术也因各区域吸收能力不同，难以显著提升区域城市化效率，所以，总体上出口和进口没有表现出正向促进城市化效率的作用。四是制度和研发投入变量对城市化效率作用的不稳定性。制度质量改善一般有利于促进效率的提升，但是区域内制度质量高，其只服务本区域，并没有与其他区域制度形成协同一致，反而有时形成零和博弈的局面，中西部优质人才大量流向东部就是一个很好的解释，区域间制度不协同，就有可能导致制度对城市化效率提升的反向抑制现象的出现。考虑城市化效应空间溢出的情况下，研发投入具有对城市化效率提升反向延阻作用，这与理论预期不相符合，一个可能的原因在于研发投入的产出质量不高，或者研发成果转化能力较弱，抑或吸收能力不足，难以形成有效的生产能力。

面板数据计量模型表明，出口贸易和外商直接投资只是解释城市化效率变异的非主要原因，空间面板计量模型表明外商直接投资的正向促进作用是稳健的，其他变量影响作用不稳健。为此,要提升区域城市化效率,首先得从内部入手,如提升国内技术的吸收能力,提升人力资本水平和提高资本的使用效率,建立区域协调制度统筹发展。同时考虑内外部影响因素,提升城市化效率,可以优先考虑引进外商直接投资,提升外商直接投资的使用效率,其次通过改善出口贸易结构,提升出口贸易质量,顺应当前国内吸收能力的需求,持续推进内部制度建设,提升区域城市化内涵建设的水平。

本章小结

本部分梳理了对外贸易作用城市化效率的机理,并使用空间计量方法分析了对外贸易对城市化效率的影响,结果表明空间自回归(SAR)和空间杜宾(SDM)模型比较适合城市化效率研究。

参考文献

[1] Aigner D, Lovell C A K, Schmidt. Formulation and estimation of stochastic frontier production function models[J]. Journal of Econometrics, 1977(1): 21-37.

[2] Amsler C, Prokhorov A, Schmidt P. Endogeneity in stochastic frontier models[J]. Journal of Econometrics, 2016(2): 280-288.

[3] Battese G E, Coelli T J. A stochastic frontier production function incorporating a model for technical inefficiency effects[J]. Working Paper, 1993, 69.

[4] Battese G E, Coelli T J. Prediction of firm-level technical efficiencies with a generalized frontier production function and panel data[J]. Journal of Econometrics, 1988(3): 387-399.

[5] Battese, Coelli. Frontier production functions, technical efficiency and panel data: With application to paddy farmers in India[J]. Journal of Productivity Analysis, 1992, 3(1/2): 153-169.

[6] Battese G E, Corra G S. Estimation of a production frontier model: With application to the Pastoral zone of eastern Australia[J]. Australian Journal of Agricultural and Resource Economics, 1977, 21: 169-179.

[7] Bauer P W. Recent developments in the econometric estimation of frontiers[J]. Journal of Econometrics, 1990, 46: 39-56.

[8] Baumol W J. Productivity growth, convergence, and welfare: What the long-run data show[J]. The American Economic Review, 1986(5): 1072-1085.

[9] Bera A K, Sharma S C. Estimating production uncertainty in stochastic frontier production function models[J]. Journal of Productivity Analysis, 1990, 12: 187-210.

[10] Berger A N, Humphrey D B. The dominance of inefficiencies over scale and product mix economies in banking[J]. Journal of Monetary Economics, 1991, 28: 117-148.

[11] Charnes A, Cooper W W, Li S. Using data envelopment analysis to evaluate efficiency in the economic performance of Chinese cities[J]. Socio-Economic Planning Sciences, 1989, 23(6): 325-344.

[12] Charnes A, Cooper W W, Wei Q L, et al. Cone ratio data envelopment analysis and multi-objective programming[J]. International Journal of Systems Science, 1989, 20(7): 1099-1118.

[13] Charnes A, Copper W W, Rhodes E. Measuring the efficiency of decision making units [J]. European Journal of Operational Research, 1978(6): 429-444.

[14] Chen H. International trade, urbanization and forest resource dynamics[J]. Journal of Interdisciplinary Mathematics, 2018, 21(4): 859-867.

[15] Chen Huimin. International trade, property maintenance intensity and renewable resources sustainability[J]. Advances in Modelling and Analysis A, 2017, 54(1): 1-20.

[16] Chung S, Hewings G J D. Competitive and complementary relationship between regional economies: A study of the Great Lake States[J]. Spatial Economic Analysis, 2015, 10(2): 205-229.

[17] Coelli T. Estimators and hypothesis tests for a stochastic frontier function: A Monte Carlo analysis[J]. Journal of Productivity Analysis, 1995, 6: 247-268.

[18] D'Agostino R B, Pearson E S. Test of departure from normality: Empirical results for the distribution of $b2$ and $\sqrt{b1}$ [J]. Biometrika, 1973, 60: 613-622.

[19] Davidson R, Machinnon J G. Estimation and Inference in Econometrics[M]. New York: Oxford University Press, Inc, 1993: 243-327.

[20] Dmitry P. Implication of spatial heterogeneity for airports'efficiency estimation[J]. Research in Transportation Economics, 2016: 15-24.

[21] Elhorst J P. Spatial econometrics from cross-sectional data to spatial panels[M]. Berlin, New York, Dordrecht, London: Springer, 2014.

[22] Fan Y, Li Q, Weersink A. Semiparametric estimation of stochastic production frontier models[J]. Journal of Business & Economic Statistics, 1996(4): 460-468.

[23] Fang S, Ji X, Ji X, et al. Sustainable urbanization performance evaluation and benchmarking: An efficiency perspective[J]. Management of Environmental Quality: An International Journal, 2018(2): 240-254.

[24] Fusco E, Vidoli F. Spatial stochastic frontier models: controlling spatial global and local heterogeneity[J]. International Review of Applied Economics, 2013(5): 679-694.

[25] Glass A J, Kenjegalievay K, Sickleszx R C, et al. The spatial efficiency multiplier and random effects in spatial stochastic frontier models[J]. Working Papers, 2016.

[26] Greene W H. A gamma-distributed stochastic frontier model[J]. Journal of Econometrics,1990, 46:141-163.

[27] Greene W H. Fixed and random effects in stochastic frontier models[J]. Journal of Productivity Analysis,2005, 23:7-32.

[28] Horrace W C,Schmidt P. Confidence statements for efficiency estimates from stochastic frontier models[J]. Journal of Productivity Analysis,1996, 7:257-282.

[29] Hunjet D, NeralićL, Wendell R E. Evaluation of the dynamic efficiency of croatian towns using data envelopment analysis[J]. Central European Journal of Operations Research,2015,23(3):675-686.

[30] Jia S,Wang C,Li Y,et al. The urbanization efficiency in Chengdu city:An estimation based on a three-stage DEA model[J]. Physics and Chemistry of the Earth, Parts A/B/C, 2017:59-69.

[31] Jondrow J,Lovell C A K,Materov I S,et al. On the estimation of technical inefficiency in the stochastic frontier production function model[J]. Journal of Econometrics, 1982, 19(2-3): 233-238.

[32] Kelejian H,Piras G. Spatial Econometrics[M]. Cambridge, United States:Academic Press of Elsevier,2017:11-22.

[33] Kim S. Productivity of cities. Theory, measurement,and policy implications:The Korean case[D]. The University of Texas at Dallas,1992.

[34] Kumbhakar S C,Lovell C A K. Stochastic Frontier Analysis[M]. Cambridge:Cambridge University Press,2003.

[35] Kumbhakar S C, Wang H J, Horncastle A P. A Practitioner's Guide to Stochastic Frontier Analysis Using Stata[M]. New York:Cambridge University Press,2015.

[36] Kumbhakar S C. The specification of technical and allocative inefficiency in stochastic production and profit frontiers[J]. Journal of Econometrics, 1987,34:335-348.

[37] Kumbhakar S C,Lovell C A K. Stochastic Frontier Analysis[M]. Cambridge: Cambridge University Press,2000.

[38] Kutlu L,Tran K C,Tsionas M G. A time-varying true individual effects model with endogenous regressors[J]. Journal of Econometrics, 2019(2):539-559.

[39] Kutlu L. Battese-coelli estimator with endogenous regressors[J]. Economics Letters, 2010(2): 79-81.

[40] Lesage J,Pace R K. Introduction to spatial econometrics[M]. CRC Press Tayor & Francis Group,LLC, 2008.

[41] Meeusen W,J van den Broeck. Efficiency estimation from cobb-douglas production

functions with composed error[J]. International Economic Review,1977, 18:435-444.

[42] Moomaw R L. Productive efficiency and region: I. Introduction[J]. Southern Economic Journal (Pre-1986),1981,48(2):344.

[43] Moss C B. Mathematical statistics for applied econometrics[M]. Boca Raton: CRC Press Taylor & Francis Group,2014.

[44] Pavlyuk D. Maximum likelihood estimator for spatial stochastic frontier models[J/OL]. http: //mpra. ub. uni-muenchen. de/43390/,2012.

[45] Petersen K B, Pedersen M S. The Matrix Cookbook[M/OL]. http: //matrixcookbook. com,2012.

[46] Yuan X, He B. China's urban efficiency evaluation analysis under the restriction of environment[J]. Ekonomski Horizonti,2015, 17(2): 97-108.

[47] Pitt M M, Lee L F. The measurement and sources of technical inefficiency in the indonesian weaving industry[J]. Journal of Development Economics,1981,9:43-64.

[48] Quaas M F, Smulders S. Brown growth, green growth, and the efficiency of urbanization[J]. Environmental and Resource Economics,2018, 71(2):529-549.

[49] Ramajo J, Hewings G J D. Modelling regional productivity performance across Western Europe[J]. Regional Studies, 2018(10):1372-1387.

[50] Kumar S, R R Russell. Technological change, technological catch-up, and capital deepening: relative contributions to growth and convergence[J]. The American Economic Review,2002(3):527-548.

[51] Schmidt P, Sickles R C. Production frontiers and panel data[J]. Journal of Business & Economic Statistics, 1984(2):367-374.

[52] Schmidt P, Lin T F. Simple tests of alternative specifications in stochastic frontier models[J]. Journal of Econometrics,1984,24: 349-361.

[53] Stevenson R E. Likelihood functions for generalized stochastic frontier estimation[J]. Journal of Econometrics,1990,13:57-66.

[54] Sveikauskas L. The productivity of cities[J]. The Quarterly Journal of Economics, 1975, 89(3):393.

[55] Tsionas E G, Michaelides P G. A spatial stochastic frontier model with spillovers: Evidence for Italian regions[J]. Scottish Journal of Political Economy, 2016(3): 243-257.

[56] Tsionas E G. Full likelihood inference in normal-gamma stochastic frontier models [J]. Journal of Productivity Analysis,2000, 13:179-201.

[57] Tsionas E G. Stochastic frontier models with random coefficients[J]. Journal of Ap-

plied Econometrics, 2002,17(2): 121-147.

[58] Tsukamoto T. A spatial autoregressive stochastic frontier model for panel data incorporating a model of technical inefficiency[J]. Japan and the World Economy,2018: 1-12.

[59] Wang H J. A stochastic frontier analysis of financing constraints on investment:The case of financial liberalization in Taiwan [J]. Journal of Business & Economic Statistics, 2003, 21(3): 406-419.

[60] Wang H J,Ho C W. Estimating fixed-effect panel stochastic frontier models by model transformation[J]. Journal of Econometrics, 2010,157:286-296.

[61] Wang H J,Schmidt P. One-step and two-step estimation of the effects of exogenous variables on technical efficiency levels[J]. Journal of Productivity Analysis, 2002,18: 129-144.

[62] Weinstein M A. The sum of values from a normal and a truncated normal distribution [J]. Technometrics, 1964,6:104-105.

[63] Winsten C. Discussion on Mr. Farrell's paper[J]. Journal of the Royal Statistical Society. Series A (General),1957,120:282-284.

[64] Wu W,Zhao H,Wang H,et al. The research of China urban efficiency based on suomi-NPP night-time light data[J]. Procedia Environmental Sciences,2016, 36:146-153.

[65] 张明斗.中国的城市化效率及其调控策略创新研究[J].学习与实践,2016(04):45-49.

[66] 曾五一，赵昱焜.关于中国总固定资本存量数据的重新估算[J]. 厦门大学学报(哲学社会科学版), 2019(02):49-59.

[67] 陈辉民.不同产权制度下国际贸易与生态资源动态关系研究进展[J]. 世界林业研究, 2016, 29(05):6-11.

[68] 陈辉民.对外贸易、外商直接投资与城市化——基于空间面板杜宾方法的分析[J].国际贸易问题, 2018(10):147-161.

[69] 陈辉民.生态资源贫瘠化:内涵、形成机制和政策的经济逻辑[J].贵州社会科学,2015(05):141-146.

[70] 戴永安.中国城市化效率及其影响因素——基于随机前沿生产函数的分析[J].数量经济技术经济研究,2010(12):103-117.

[71] 单豪杰.中国资本存量K的再估算:1952～2006年[J].数量经济技术经济研究,2008(10):17-31.

[72] 翟爱梅,景显恩.省际城市化效率与经济增长关系实证研究[J].城市问题,2014(08):8-13.

[73] 胡彪,张旭东,程达,等.京津冀地区城市化效率与生态效率时空耦合关系研究[J].干旱

区资源与环境,2017(08):56-62.
[74] 金相郁.中国城市全要素生产率研究:1990—2003[J].上海经济研究,2006(07):14-23.
[75] 金相郁.中国区域全要素生产率与决定因素:1996—2003[J].经济评论,2007(05):107-112.
[76] 靳相木.土地集体制度与中国城镇化效率[J].山东农业大学学报(社会科学版),2005(01):78-81.
[77] 李博之.南昌市的城市效率初探[J].江西师范大学学报(自然科学版),1987(04):115-121.
[78] 李成刚,杨兵,罗聪.西部地区城镇化效率及其影响因素研究[J].系统工程,2018,36(4):87-96.
[79] 李红锦,李胜会.基于 DEA 模型的城市化效率实证研究——我国三大城市群的比较[J].大连理工大学学报(社会科学版),2012(03):51-56.
[80] 李郇,徐现祥,陈浩辉.20 世纪 90 年代中国城市效率的时空变化[J].地理学报,2005(04):615-625.
[81] 李俊奇,张红伟.我国城市化效率及其与经济增长的关系研究——基于 2003～2013 年的数据分析[J].软科学,2015(12):67-71.
[82] 李许卡,高卓.基于超效率 DEA 模型的城镇化效率评价[J].统计与决策,2018(15):60-63.
[83] 李许卡,杨天英,曾瑶.服务业对城镇化效率的影响机理探析[J].上海经济研究,2017(12):73-84.
[84] 林毅夫,刘明兴.中国的经济增长收敛与收入分配[J].世界经济,2003(08):3-14.
[85] 刘秉镰,李清彬.中国城市全要素生产率的动态实证分析:1990—2006——基于 DEA 模型的 Malmquist 指数方法[J].南开经济研究,2009(3):139-152.
[86] 刘雷,张华.山东省城市化效率与经济发展水平的时空耦合关系[J].经济地理,2015(08):75-82.
[87] 万庆,吴传清,曾菊新.中国城市群城市化效率及影响因素研究[J].中国人口·资源与环境,2015(02):66-74.
[88] 王家庭,赵亮.我国区域城市化效率的动态评价[J].软科学,2009(07):92-98.
[89] 王嗣均.城市效率差异对我国未来城镇化的影响[J].经济地理,1994(01):46-52.
[90] 王晓鹏,张宗益.城镇化效率区域差异与推进模式[J].财经科学,2014(09):49-58.
[91] 魏后凯,苏红键,韩镇宇.中国城镇化效率评价分析——基于资源环境效率的视角[J].中国地质大学学报(社会科学版),2017(02):65-73.
[92] 吴敬琏.城市化的效率与政策选择[J].中国农村金融,2013(10):38-42.
[93] 吴敬琏.我国城市化面临的效率问题和政策选择[J].新金融,2012(11):4-7.

[94] 吴莹,王成新,张北迪,等.中国省域城市化效率与创新能力的空间耦合研究[J].华东经济管理,2017(09):68-74.

[95] 肖文,王平.我国城市经济增长效率与城市化效率比较分析[J].城市问题,2011(02):12-16.

[96] 谢永琴,曹怡品.基于DEA-SBM模型的中原城市群新型城镇化效率评价研究[J].城市发展研究,2018,25(2):插11-插17.

[97] 尹鹏,刘曙光,陈才.中国沿海城市群城镇化效率测度及其障碍因子诊断[J].华东经济管理,2017(07):68-74.

[98] 张军,吴桂英,张吉鹏.中国省际物质资本存量估算:1952—2000[J].经济研究,2004(10):35-44.

[99] 张军涛,刘建国.城市效率及其溢出效应——以东北三省34个地级市为例[J].经济地理,2011(04):578-583.

[100] 张明斗,周亮,杨霞.城市化效率的时空测度与省际差异研究[J].经济地理,2012(10):42-48.

[101] 张明斗.中国城市化效率的时空分异与作用机理[J].财经问题研究,2013(10):103-110.

[102] 赵黎明,焦珊珊,姚治国.中国城镇化效率测度[J].城市问题,2015(12):12-18.

附录　软件代码

附录 1　desStatistics. R

```
# description statistics
# desStatistics.R
#-----------------------------------------------------------
load("./data/dataGr.rda")
sumdata  <-dataGr[,3:8]
minS     <-apply(sumdata,2,min)
maxS     <-apply(sumdata,2,max)
meanS    <-apply(sumdata,2,mean)
medianS  <-apply(sumdata,2,median)
stdS     <-apply(sumdata,2,sd)
madS     <-apply(sumdata,2,mad)
obs      <-dim(sumdata)[1]
des      <-cbind(obs,meanS,medianS,stdS,maxS,minS)
for(i in 2:dim(des)[2])des[,i]<-round(des[,i],4)
colnames(des)<-c("观测数","均值","中位数","标准差","最大值","最小值")
xlsx::write.xlsx(des,file="./results/descriptionStatis.xlsx")
#-----------------------------------------------------------
#相关性分析 method 可以用,"pearson","kendall","spearman"方法任何一种
relation<-cor(sumdata,method="pearson")
save(des,relation,file="./results/des_correlation.rda")
xlsx::write.xlsx(relation,file="./results/relation.xlsx")
```

```
#-------------------------------------------
##  做出6个变量的相互关系图
##  source("./progs/loadpks.R")
##pairs-散点矩阵图
pairs(sumdata,main="变量相关性散点矩阵图",upper.panel=NULL)
##car包 scatterplotMatrix()命令
car::scatterplotMatrix(~gdp+lab+cap+agg+scale+wsn,data=sumdata,diagonal
=list(method="adaptiveDensity",bw=bw.nrd0,adjust=1,kernel=dnorm,na.rm=
TRUE),regLine=list(method=lm,lty=1,lwd=1,col="red"),smooth=list(method=
gamLine),col="black",cex.main=1,main="变量相关散点矩阵图")
```

附录 2 efficiency_mean_rank.R

```
## mean efficiency and rank
#-------------------------------------------
rm(list=ls())
##载入分析用数据
load("./data/dataGr.rda")
##绘制研究结果图形
source("./progs/loadpks.R")
#-------------------------------------------
meaneffD<-dataGr[,c(1,2,9,12,13)]
View(meaneffD)
mean.regions.BC1995<-unlist(tapply(meaneffD[,3],meaneffD$proNames,mean))
mean.regions.TT2018<-unlist(tapply(meaneffD[,4],meaneffD$proNames,mean))
mean.regions.sdm<-unlist(tapply(meaneffD[,5],meaneffD$proNames,mean))
mean.regions.3eff<-cbind(mean.regions.BC1995,mean.regions.TT2018,mean.re-
gions.sdm)
mean.regions.3eff<-data.frame(names=as.character(row.names(mean.regions.
3eff)),mean.regions.3eff)
rownames(mean.regions.3eff)<-1:31
colnames(mean.regions.3eff)<-c("names","mean.BC1995","mean.TT2018","mean.
SDM")
rank.BC1995<-rank(-mean.regions.3eff$mean.BC1995)
rank.TT2018<-rank(-mean.regions.3eff$mean.TT2018)
```

```
rank.SDM     <-rank(-mean.regions.3eff$mean.SDM)
out.BC1995 <- paste0(round(mean.regions.3eff$mean.BC1995,4),"(",
rank.BC1995,")")
out.TT2018 <- paste0(round(mean.regions.3eff$mean.TT2018,4),"(",
rank.TT2018,")")
out.sdm     <-paste0(round(mean.regions.3eff$mean.SDM,4),"(",rank.SDM,")")
mean.regions.eff.total<-data.frame(mean.regions.3eff,out.BC1995,out.TT2018,
out.sdm)
xlsx::write.xlsx(mean.regions.eff.total,file="./results/mean.regions.eff.to-
tal.xlsx")
#---------------------------------------
##time efficency
mean.times.BC1995<-unlist(tapply(meaneffD[,3],meaneffD$year,mean))
mean.times.TT2018<-unlist(tapply(meaneffD[,4],meaneffD$year,mean))
mean.times.sdm<-unlist(tapply(meaneffD[,5],meaneffD$year,mean))
mean.times.3eff<-cbind(round(mean.times.BC1995,4),
                       round(mean.times.TT2018,4),
                       round(mean.times.sdm,4))
mean.times.3eff<-data.frame(names=as.character(row.names(mean.times.3eff)),
mean.times.3eff)
rownames(mean.times.3eff)<-1:28
colnames(mean.times.3eff)<-c("names","mean.BC1995","mean.TT2018","mean.SDM")
#---------------------------------------
View(mean.times.3eff)
plot(mean.times.3eff$names,mean.times.3eff$mean.BC1995,type="b")
ggplot2::ggplot(data=mean.times.3eff,aes(mean.BC1995))+geom_histogram()
```

附录3 gks2016_panel_efficiency_spillover.R

```
##efficiency spillover measure
rm(list=ls())
#---------------------------------------
source("./progs/loadpks.R")
source("./progs/sar_data_prepare.R")
#---------------------------------------
```

```
gks2018panelD<-readxl::read_excel("./results/TE_sdm.xlsx")[,-1]
colnames(gks2018panelD)[3]<-  c("TEtsdm")        ##技术效率
gks2018panelD$utsdm<--log(gks2018panelD$TEtsdm)  ##技术无效率
#----------------------------------------------------
##引入估计系数
##betaSdm<-c(0.172,0.4489,0.6246,0.0104,-0.0011,-0.4579,0.2262)
##zetaSdm<-c(0.0656,-0.0432,0.1116,-0.1011,0.0089)
##rhoSdm  <-c(0.1732)
##gamaSdm  <-0.6619
##s2Sdm  <-0.0891
##上述数据来源spsdm模型估计系数
##su2Sdm<-gamaSdm*s2Sdm
##sv2Sdm<-(1-gamaSdm)*s2Sdm
##s2uvr<-su2Sdm/(28*su2Sdm+sv2Sdm)
#----------------------------------------------------
rhoW<-kronecker(diag(length(unique(gks2018panelD$year))),0.1732*w)
##计算用权重矩阵:I-rho*W
spW<-diag(dim(gks2018panelD)[1])-rhoW
##逆权重矩阵
InvW<-solve(spW)
##计算用效率
gks2018panelD$euit<-spW%*%gks2018panelD$utsdm
#----------------------------------------------------
##按行加总
##direct efficiency spillover-按行
dirit     <-diag(InvW)
max_dir   <-max(diag(InvW))
redirit   <-dirit/max_dir*gks2018panelD$euit
gks2018panelD$dirit       <-dirit
gks2018panelD$max_dir     <-max_dir
gks2018panelD$redirit     <-redirit
##indirect efficiency spillover-按行
sum_r     <-apply(InvW,1,sum)
max_r     <-max(sum_r)
reindit   <-sum_r/max_r*gks2018panelD$euit
```

```
gks2018panelD$sum_r<- sum_r
gks2018panelD$max_r<-max_r
gks2018panelD$reindit<-reindit
##按行-总溢出
retotit<-(dirit+sum_r)/max((dirit+sum_r))*gks2018panelD$euit
gks2018panelD$retotit<-retotit
##redirit--"直接溢出效率 it",
##reindit--"间接溢出效率 it",
##retotit--"总溢出效率 it")
##按列计算
#-----------------------------------------
##direct efficiency spillove-按列计算
dirjt  <-diag(InvW)
redirjt<-dirjt/max(diag(InvW))*gks2018panelD$euit
gks2018panelD$dirjt     <-dirjt
gks2018panelD$redirjt   <-redirjt
##indirect efficiency spillover-按列计算
sum_c  <-apply(InvW,2,sum)
max_c  <-max(sum_c)
reindjt<-sum_c/max_c*gks2018panelD$euit
gks2018panelD$sum_c     <-sum_c
gks2018panelD$max_c     <-max_c
gks2018panelD$reindjt   <-reindjt
##总溢出-按列计算
retotjt<-(dirjt+sum_c)/max((dirjt+sum_c))*gks2018panelD$euit
gks2018panelD$retotjt<-retotjt
##redirjt--"直接溢出效率 jt",
##reindjt--"间接溢出效率 jt",
##retotjt--"总溢出效率 jt")
#-----------------------------------------
#-----------------------------------------
##it 部分相对占比计算
REitdir<-diag(InvW)/(max(diag(InvW))+max(sum_r))*gks2018panelD$euit
REitind<-sum_c/(max(diag(InvW))+max(sum_r))*gks2018panelD$euit
reitdirtot<-REitdir/(REitdir+REitind)
```

```
reitindtot<-REitind/(REitdir+REitind)
gks2018panelD$REitdir       <-REitdir
gks2018panelD$REitind       <-REitind
gks2018panelD$reitdirtot    <-reitdirtot
gks2018panelD$reitindtot    <-reitindtot
#---------------------------------------
##jt部分相对占比计算
REjtdir<-diag(InvW)/(max(diag(InvW))+max(sum_c))*gks2018panelD$euit
REjtind<-sum_r/(max(diag(InvW))+max(sum_c))*gks2018panelD$euit
rejtdirtot<-REjtdir/(REjtdir+REjtind)
rejtindtot<-REjtind/(REjtdir+REjtind)
gks2018panelD$REjtdir       <-REjtdir
gks2018panelD$REjtind       <-REjtind
gks2018panelD$rejtdirtot    <-rejtdirtot
gks2018panelD$rejtindtot    <-rejtindtot
##直接相对效率溢出it   -  "REitdir"
##间接相对效率溢出it          -  "REitind"
##相对效率直接效率溢出占比it  -  "reitdirtot"
##相对效率间接效率溢出占比it  -  "reitindtot"
##直接相对效率溢出jt          -  "REjtdir"
##间接相对效率溢出jt          -  "REjtind"
##相对效率直接效率溢出占比jt  -  "rejtdirtot"
##相对效率间接效率溢出占比jt  -  "rejtindtot"
########################################
##按效率直接溢出it排序rank_dirit
rank_dirit<-unlist(tapply(-gks2018panelD$redirit,gks2018panelD$year,rank))
gks2018panelD$rank_dirit<-rank_dirit
gks2018panelD$dirit_rank<-paste0(round(gks2018panelD$redirit,4),"(",rank_
dirit,")")
##按效率间接溢出it排序rank_indit
rank_indit<-unlist(tapply(-gks2018panelD$reindit,gks2018panelD$year,rank))
gks2018panelD$rank_indit<-rank_indit
gks2018panelD$indit_rank<-paste0(round(gks2018panelD$reindit,4),"(",rank_
indit,")")
##按总效率溢出it排序rank_Tit
```

```
rank_Tit<-unlist(tapply(-gks2018panelD$retotit,gks2018panelD$year,rank))
gks2018panelD$rank_Tit<-rank_Tit
gks2018panelD$Totit_rank<-paste0(round(gks2018panelD$retotit,4),"(",rank_Tit,")")
#-----------------------------------
##按效率直接溢出 jt 排序 rank_dirjt
rank_dirjt<-unlist(tapply(-gks2018panelD$redirjt,gks2018panelD$year,rank))
gks2018panelD$rank_dirjt<-rank_dirjt
gks2018panelD$dirjt_rank<-paste0(round(gks2018panelD$redirjt,4),"(",rank_dirjt,")")
##按效率间接溢出 jt 排序 rank_indjt
rank_indjt<-unlist(tapply(-gks2018panelD$reindjt,gks2018panelD$year,rank))
gks2018panelD$rank_indjt<-rank_indjt
gks2018panelD$indjt_rank<-paste0(round(gks2018panelD$reindjt,4),"(",rank_indjt,")")
##按总效率溢出 jt 排序 rank_Tjt
rank_Tjt<-unlist(tapply(-gks2018panelD$retotjt,gks2018panelD$year,rank))
gks2018panelD$rank_Tjt<-rank_Tjt
gks2018panelD$Totjt_rank<-paste0(round(gks2018panelD$retotjt,4),"(",rank_Tjt,")")
#-----------------------------------
#-----------------------------------
##按最优总效率直接溢出 it 排序 rank_TEdirit
rank_TEdirit<-unlist(tapply(-gks2018panelD$REitdir,gks2018panelD$year,rank))
gks2018panelD$rank_TEdirit<-rank_TEdirit
gks2018panelD$TEdirit_rank<-paste0(round(gks2018panelD$REitdir,4),"(",rank_TEdirit,")")
##按最优总效率直接溢出 it 排序 rank_TEind
rank_TEindit<-unlist(tapply(-gks2018panelD$REitind,gks2018panelD$year,rank))
gks2018panelD$rank_TEindit<-rank_TEindit
gks2018panelD$TEindit_rank<-paste0(round(gks2018panelD$REitind,4),"(",rank_TEindit,")")
#-----------------------------------
```

```
##按最优总效率直接溢出 jt 排序 rank_TEdir
rank_TEdirjt<-unlist(tapply(-gks2018panelD$REjtdir,gks2018panelD$year,
rank))
gks2018panelD$rank_TEdirjt<-rank_TEdirjt
gks2018panelD$TEdirjt_rank<-paste0(round(gks2018panelD$REjtdir,4),"(",rank_
TEdirjt,")")
##按最优总效率直接溢出 jt 排序 rank_TEind
rank_TEindjt<-unlist(tapply(-gks2018panelD$REjtind,gks2018panelD$year,
rank))
gks2018panelD$rank_TEindjt<-rank_TEindjt
gks2018panelD$TEindjt_rank<-paste0(round(gks2018panelD$REjtind,4),"(",rank_
TEindjt,")")
#-------------------------------------
#-------------------------------------
save(gks2018panelD,file="./results/efficiencyspillover_panel_gks2018.rda")
xlsx::write.xlsx(gks2018panelD,file="./results/efficiencyspillover_panel_
gks2018.xlsx")
#-------------------------------------
#-------------------------------------
cnames<-c("区域名称","年度","空间杜宾随机前沿效率","对数化后的空间杜宾效
率","计算用技术效率", "IrhoW对角元素 it", "IrhoW对角元素 it最大值", "直接溢
出效率 it", "加总行 it","加总行 it最大值", "间接溢出效率 it","总溢出效率 it",
 "IrhoW对角元素 jt","直接溢出效率 jt", "加总列 jt", "加总列 jt最大值", "间接
溢出效率 jt", "总溢出效率 jt","直接相对效率溢出 jt", "间接相对效率溢出 jt",
"相对效率直接效率溢出占比 jt","相对效率间接效率溢出占比 jt", "直接相对效率溢出
jt", "间接相对效率溢出 jt","相对效率直接效率溢出占比 jt", "相对效率间接效率溢
出占比 jt", "效率直接溢出 it排序","效率直接溢出 it排序组合数据", "效率间接溢
出 it排序", "效率间接溢出 it排序组合数据","总效率溢出 it排序", "总效率溢出 it
排序组合数据", "效率直接溢出 jt排序","效率直接溢出 jt排序组合数据", "效率间
接溢出 jt排序", "效率间接溢出 jt排序组合数据","总效率溢出 jt排序", "总效率溢
出 jt排序组合数据", "最优总效率直接溢出 it排序","最优总效率直接溢出 it排序组
合数据", "最优总效率直接溢出 it排序", "最优总效率直接溢出 it排序组合数据",
"最优总效率直接溢出 jt排序", "最优总效率直接溢出 jt排序组合数据", "最优总效
率直接溢出 jt排序","最优总效率直接溢出 jt排序组合数据")
cngks2018pd<-gks2018panelD
```

```
colnames(cngks2018pd)<-cnames
save(cngks2018pd,file = "./results/efficiencyspillover_panel_gks2018_chinese.rda")
xlsx::write.xlsx(cngks2018pd,file = "./results/efficiencyspillover_panel_gks2018_chinese.xlsx")
#------------------------------------
#------------------------------------
##变量名称说明
##    year          代表：  年度
##    TEtsdm        代表：  空间杜宾随机前沿效率
##    utsdm         代表：  对数化后的空间杜宾效率
##    euit          代表：  计算用技术效率
##    dirit         代表：  IrhoW 对角元素 it
##    max_dir       代表：  IrhoW 对角元素 it 最大值
##    redirit       代表：  直接溢出效率 it
##    sum_r         代表：  加总行 it
##    max_r         代表：  加总行 it 最大值
##    reindit       代表：  间接溢出效率 it
##    retotit       代表：  总溢出效率 it
##    dirjt         代表：  IrhoW 对角元素 jt
##    redirjt       代表：  直接溢出效率 jt
##    sum_c         代表：  加总列 jt
##    max_c         代表：  加总列 jt 最大值
##    reindjt       代表：  间接溢出效率 jt
##    retotjt       代表：  总溢出效率 jt
##    REitdir       代表：  直接相对效率溢出 jt
##    REitind       代表：  间接相对效率溢出 jt
##    reitdirtot    代表：  相对效率直接效率溢出占比 jt
##    reitindtot    代表：  相对效率间接效率溢出占比 jt
##    REjtdir       代表：  直接相对效率溢出 jt
##    REjtind       代表：  间接相对效率溢出 jt
##    rejtdirtot    代表：  相对效率直接效率溢出占比 jt
##    rejtindtot    代表：  相对效率间接效率溢出占比 jt
##    rank_dirit    代表：  效率直接溢出 it 排序
##    dirit_rank    代表：  效率直接溢出 it 排序组合数据
```

```
##    rank_indit     代表：   效率间接溢出 it 排序
##    indit_rank     代表：   效率间接溢出 it 排序组合数据
##    rank_Tit       代表：   总效率溢出 it 排序
##    Totit_rank     代表：   总效率溢出 it 排序组合数据
##    rank_dirjt     代表：   效率直接溢出 jt 排序
##    dirjt_rank     代表：   效率直接溢出 jt 排序组合数据
##    rank_indjt     代表：   效率间接溢出 jt 排序
##    indjt_rank     代表：   效率间接溢出 jt 排序组合数据
##    rank_Tjt       代表：   总效率溢出 jt 排序
##    Totjt_rank     代表：   总效率溢出 jt 排序组合数据
##    rank_TEdirit   代表：   最优总效率直接溢出 it 排序
##    TEdirit_rank   代表：   最优总效率直接溢出 it 排序组合数据
##    rank_TEindit   代表：   最优总效率直接溢出 it 排序
##    TEindit_rank   代表：   最优总效率直接溢出 it 排序组合数据
##    rank_TEdirjt   代表：   最优总效率直接溢出 jt 排序
##    TEdirjt_rank   代表：   最优总效率直接溢出 jt 排序组合数据
##    rank_TEindjt   代表：   最优总效率直接溢出 jt 排序
##    TEindjt_rank   代表：   最优总效率直接溢出 jt 排序组合数据
```

附录 4 impactsEstimation. R

```
rm(list = ls())
library(MASS)
#-----------------------------------------------
source("./progs/loadpks.R")
source("./progs/sar_data_prepare.R")
#-----------------------------------------------
betaSdm  <- c(0.172,0.4489,0.6246,0.0104,-0.0011,-0.4579,0.2262)
zetaSdm  <- c(0.0656,-0.0432,0.1116,-0.1011,0.0089)
rhoSdm   <- c(0.1732)
gamaSdm  <- 0.6619
s2Sdm    <- 0.0891
parms1   <- c(beta = betaSdm[-1],rho = rhoSdm,s2 = s2Sdm)
#-----------------------------------------------
wg<- w %*% solve(diag(n) - rhoSdm * w)
```

```
p1<-t(XL[,-1])%*%XL[,-1]/s2Sdm
p21<-t(XL[,-1])%*%kronecker(diag(t),wg)%*%XL[,-1]%*%betaSdm/s2Sdm
p22<-t*sum(diag(wg%*%wg+t(wg)%*%wg))
     +t(betaSdm)%*%t(XL[,-1])%*%kronecker(diag(t),t(wg)%*%wg)%
     *%XL[,-1]%*%betaSdm/s2Sdm
p32<-t*sum(diag(wg))/s2Sdm
p33<-n*t/(2*s2Sdm^2)
matA<-matrix(0,8,8)
matA[1:6,1:6]     <-p1
matA[7,1:6]       <-t(p21)
matA[7,7]         <-p22
matA[8,7]         <-p32
matA[8,8]         <-p33
upmatA<-chol(solve(matA))
#-----------------------------------------
CXL<-XL[,-1]
for(i in 1:dim(CXL)[2])CXL[,i]<-CXL[,i]-mean(CXL[,i])
wg<-w%*%solve(diag(n)-rhoSdm*w)
p1<-t(CXL)%*%CXL/s2Sdm
p21<-t(CXL)%*%kronecker(diag(t),wg)%*%CXL%*%betaSdm[-1]/s2Sdm
p22<-t*sum(diag(wg%*%wg+t(wg)%*%wg))+t(betaSdm[-1])%*%t(CXL)%
*%kronecker(diag(t),t(wg)%*%wg)%*%CXL%*%betaSdm[-1]/s2Sdm
p32<-t*sum(diag(wg))/s2Sdm
p33<-n*t/(2*s2Sdm^2)
matB<-matrix(0,8,8)
matB[1:6,1:6]     <-p1
matB[7,1:6]       <-t(p21)
matB[7,7]         <-p22
matB[8,7]         <-p32
matB[8,8]         <-p33
##Cholesky decompositon-upper triangel
upmatB<-chol(solve(matB))
#-----------------------------------------
##初始值
parmsInitial<-c(beta=betaSdm[-1],rho=rhoSdm,s2=s2Sdm)
```

```
##设定模拟次数
Nsim = 1000
varsdm<-2  ##空间杜宾设定参数
varsar<-4  ##空间滞后模型设定参数
simsdmresults  <-diag(0,2*varsdm+1,Nsim)
simsdmdir      <-diag(0,varsdm,Nsim)
simsdmind      <-diag(0,varsdm,Nsim)
simsdmtot      <-diag(0,varsdm,Nsim)
simsarresults  <-diag(0,varsar+1,Nsim)
simsardir      <-diag(0,varsar,Nsim)
simsarind      <-diag(0,varsar,Nsim)
simsartot      <-diag(0,varsar,Nsim)
#--------------------------------------
for(sim in 1:Nsim){
  ##8--估计变量个数
  set.seed = 112255
    ##Elhorst(2014)中文第 31 页公式(2.16)
  parms  <-t(upmatA)%*%mvrnorm(mu = rep(0,8),Sigma = matrix(rep(1,64),8,8))
 + parmsInitial
  rhosim<-parms[7,1]
  betasimsdm    <-parms[c(1,2,5,6),1]
  simsdmresults<-parms[c(1,2,5,6,7),1]
  betasimsar    <-parms[3:6,1]
  simsarresults<-parms[c(3,4,5,6,7),1]
for(p in 1:varsdm){#(1)
    C<-diag(0,NT)
    for(i in1:NT) {#(2)
      for(j in 1:NT){#(3)
        if(i = =j){#(4)
          C[i,j]<-betasimsdm[p]
        }#(4)
        else{#(5)
          C[i,j] = betasimsdm[varsdm + p] * W[i,j]
        }  #(5)
      }#(3)
```

```
    }#(2)
    S<-solve(diag(NT)-rhosim*W)%*%C
    dirvsdm  <-sum(diag(S))/NT                    ## average direct effect
    indv1sdm<-sum(apply((S-diag(diag(S))),1,sum))/NT  ## average indirect effect
    indv2sdm<-sum(apply((S-diag(diag(S))),2,sum))/NT  ## average indirect effect
    simsdmdir[p,sim]=dirvsdm
    simsdmind[p,sim]=indv1sdm
    simsdmtot[p,sim]=dirvsdm+indv1sdm
  }#(1)
  for(q in 1:varsar){#(1)
    C1<-diag(0,NT)
    for(i in 1:NT){#(2)
      for(j in 1:NT){#(3)
        if(i==j){#(4)
          C1[i,j]<-betasimsar[q]
        }#(4)
        else{#(5)
          C1[i,j]<-0
        }  #(5)
      }#(3)
    }#(2)
    S1<-solve(diag(NT)-rhosim*W)%*%C1
    dirvsar  <-sum(diag(S1))/NT                    ## average direct effect
    indv1sar<-sum(apply((S1-diag(diag(S1))),1,sum))/NT  ## average indirect effect
    indv2sar<-sum(apply((S1-diag(diag(S1))),2,sum))/NT  ## average indirect effect
    simsardir[q,sim]=dirvsar
    simsarind[q,sim]=indv1sar
    simsartot[q,sim]=dirvsar+indv1sar
  }#(1)
}
#-------------------------------------
```

```
directsdm<-apply(simsdmdir,1,mean)
std.sdm.direct<-apply(simsdmdir,1,sd)
t.sdm.direct<-round(directsdm/std.sdm.direct,2)
indirectsdm<-apply(simsdmind,1,mean)
std.sdm.indirect<-apply(simsdmind,1,sd)
t.sdm.indirect<-round(indirectsdm/std.sdm.indirect,2)

tot.sdm   <-apply(simsdmtot,1,mean)
std.sdm.tot     <-apply(simsdmtot,1,sd)
t.sdm.tot<-round(tot.sdm/std.sdm.tot,2)
sdm.e<-cbind(direct=directsdm,t.direct=t.sdm.direct,
             indirect=indirectsdm,t.ind=t.sdm.indirect,
             tot=tot.sdm,t.tot=t.sdm.tot)
#---------------------------------------
directsar<-apply(simsardir,1,mean)
std.sar.diect<-apply(simsardir,1,sd)
t.sar.direct<-round(directsar/std.sar.diect,2)
indirectsar<-apply(simsarind,1,mean)
std.sar.indirect<-apply(simsarind,1,sd)
t.sar.indirect<-round(indirectsar/std.sar.indirect,2)
tot.sar     <-apply(simsartot,1,mean)
std.sar.tot<-apply(simsartot,1,sd)
t.sar.tot   <-round(tot.sar/std.sar.tot,2)
sar.e<-cbind(direct=directsar,t.direct=t.sar.direct,
             indirect=indirectsar,t.ind=t.sar.indirect,
             tot=tot.sar,t.tot=t.sar.tot)
out.put<-rbind(sdm.e,sar.e)
out.put1<-data.frame(out.put)
p.direct   <-2*pnorm(-abs(out.put1$t.direct))
p.indirect<-2*pnorm(-abs(out.put1$t.ind))
p.tot        <-2*pnorm(-abs(out.put1$t.tot))
source("./progs/pvmark.R")
pdirmark<-vector()
pindmark<-vector()
ptotmark<-vector()
```

```
for(i in 1:length(p.direct))      pdirmark[i]  <-pvmark(p.direct[i])
for(i in 1:length(p.indirect))  pindmark[i]  <-pvmark(p.indirect[i])
for(i in 1:length(p.tot))         ptotmark[i]  <-pvmark(p.tot[i])
outdirm<-paste0(round(out.put1$direct,4),pdirmark)
outindm<-paste0(round(out.put1$indirect,4),pindmark)
outtotm<-paste0(round(out.put1$tot,4),ptotmark)
output<-cbind(out.put,
                outdirm,t_dir=out.put1$t.direct,
                outindm,t_ind=out.put1$t.ind,
                outtotm,t_tot=out.put1$t.tot
                )
xlsx::write.xlsx(output,file="./results/direct_tot_Elhorst.xlsx")
#------------------------------------------------------
direct.agg<-rbind(simsdmdir,simsardir)
indirect.agg<-rbind(simsdmind,simsarind)
tot.dir.ind<-rbind(simsdmtot,simsartot)
save(simsdmdir,simsdmind,simsdmtot,
  simsardir,simsarind,simsartot,
  sar.e,sdm.e,
  out.put,output,out.put1,
  file="./results/direct-indirect-effect1000.rda")
xlsx::write.xlsx(output,file="./results/dirct_indirect_tot.Elhorst2014.xlsx")
#------------------------------------------------------
```

附录 5　sar_eff_ui_TT2018.R

```
##sar_eff_ui_TT2018.R
source("./progs/pvmark.R")
source("./progs/sar_data_prepare.R")
#------------------------------------------------------
saruieffTT2018  <-function(parms,y=y,X=X,Z=Z,NT=NT,W=W,Wy=Wy){
  beta  <-parms[1:ncol(X)]                      ##自变量前的系数
  delta<-parms[(ncol(X)+1):(ncol(X)+ncol(Z))]  ##技术效率的外生决定参数的系数
  rho  <-parms[ncol(X)+ncol(Z)+1]  ##Wy前面的系数
```

```
  gma   <-parms[ncol(X)+ncol(Z)+2]   ##gma=sigmaU2/(sigmaU2+sigmaV2)
  sig2  <-parms[ncol(X)+ncol(Z)+3]   ##sig2=sigmaU2+sigmaV2
##求行列式值
ldet    <-log(det(diag(NT)-rho*W))
##残差 epsilon=v-u
  epsilon<-y-rho*Wy-X%*%beta
  ##技术无效率项
  ZD<-Z%*%delta
  uitstar<-(1-gma)*ZD-gma*epsilon
  sigitstar<-sqrt((1-gma)*gma*sig2)
  ditstar<-uitstar/sigitstar
  dit<-ZD/sqrt(sig2*gma)
  llTT2018<-ldet
              -0.5*NT*log(2*pi)
              -0.5*NT*log(sig2)
              -0.5*sum((ZD+epsilon)^2/sig2)
              -sum(log(pnorm(dit))-log(pnorm(ditstar)))
   llTT2018
}
#-------------------------------------
#-------------------------------------
##初始值构建
dasar<-data.frame(cbind(ind,tind,y,X,Z))
fms<-y~lab+cap+t+t2
coef0<-splm::spml(fms,data=dasar,listw=spdep::mat2listw(wc31),
                model="pooling",spatial.error="b",lag=TRUE)
b0<-summary(coef0)
c0<-coef(b0)
rho0<-unname(b0$arcoef)
s20<-b0$sigma2$idios
uit<-b0$residuals
dasar$uit<-uit
zols<-lm(uit~agg+scale+wsn+zt,data=dasar)
delta0<-coef(zols)
myparms0<-c(c0,delta0,rho=rho0,gma=1-2/pi,s2=s20)
```

```
# ---------------------------------------
##优化方法求解
##set bounds for optimizer
lower.bounds<-rho0-2*sqrt(s20)
upper.bounds<-rho0+2*sqrt(s20)
##max likelihood
opt<-nlminb(start =myparms0,objective=saruieffTT2018,
              gradient=NULL,hessian=TRUE,
              y=y,X=X,Z=Z,NT=NT,W=W,Wy=Wy,
              lower=lower.bounds,upper=upper.bounds)
coef.TT2008<-round(opt$par,6)
betaE<-coef.TT2008[1:5]
deltaE<-coef.TT2008[6:10]
rhoE  <-coef.TT2008[11]
gmaE  <-coef.TT2008[12]
s2E  <-coef.TT2008[13]
# ---------------------------------------
##opt.max<-maxLik::maxLik(saruieffTT2018,start=myparms0,y=y,X=X,Z=Z,NT
=NT,W=W,Wy=Wy)
# ---------------------------------------
##标准差、t值、p值计算
epsilonE<-y-rhoE*Wy-X%*%betaE
dasar$epsilonE<-epsilonE
s2E.TT2018<-  crossprod(epsilonE)/NT
zx<-solve(diag(NT)-rhoE*W)%*%X
tzx<-t(zx)
vcovb<-solve(tzx%*%zx)*as.numeric(s2E)
# ---------------------------------------
se.TT2018<-sqrt(diag(vcovb))
t.TT2018   <-betaE/se.TT2018
p.TT2018   <-2*pnorm(-abs(t.TT2018))
t.s2E<-s2E/solve(crossprod(epsilonE))
p.s2E<-2*pnorm(-abs(t.s2E))
# ---------------------------------------
olsui<-lm(epsilonE~agg+scale+wsn+zt,data=dasar)
```

```
s2ui<-summary(olsui)$sigma^2
coef.ui.TT2018<-olsui$coefficients
se.ui.TT2018<-sqrt(diag(solve(crossprod(Z))*s2ui))
t.ui.TT2018<-coef.ui.TT2018/se.ui.TT2018
p.ui.TT2018<-2*pnorm(-abs(t.ui.TT2018))
#-----------------------------------
#-----------------------------------
##计算过程参考-Elhorst(2014)著-肖光恩译(2015)-中文版-空间计量经济学从横截面数据到空间面板-中国人民大学出版社
##线性估计
lm.lag<-lm((y-rhoE*Wy)~X-1)
##残差
epsilon<-residuals(lm.lag)
##方差估计值
s2<-as.numeric(crossprod(residuals(lm.lag)))/NT
##调用 spatialreg 包中的行列式计算函数
ldet  <-log(det(diag(NT)-rhoE*W))
ZD<-Z%*%deltaE
uitstar<-(1-gmaE)*ZD-gmaE*epsilon
sigmastar<-sqrt(s2)*sqrt((1-gmaE)*gmaE)
ditstar<-uitstar/sigmastar
dit<-ZD/sqrt(s2*gmaE)
llTT2008<-   ldet-0.5*NT*log(2*pi)-0.5*NT*log(s2)-0.5*sum((ZD+epsilon)^2/s2)-sum(log(pnorm(dit)))+sum(log(pnorm(ditstar)))
#-----------------------------------
ll.TT2018<-as.numeric(-llTT2008)
AIC.TT2018<-2*ncol(X)-2*log(ll.TT2018)
modelInf_TT2018<-round(rbind(ll.TT2018,AIC.TT2018),4)
save(modelInf_TT2018,file="./results/modelinformation_TT2018.rda")
xlsx::write.xlsx(modelInf_TT2018,file="./results/modelinformation_TT2018.xlsx")
#-----------------------------------
#rho 检验
rhoD<-function(rho){
  ldet  <-log(det(diag(NT)-rho*W))
```

```
  ZD<-Z%*%deltaE
  uitstar<-(1-gmaE)*ZD-gmaE*epsilon
  sigmastar<-sqrt(s2E)*sqrt((1-gmaE)*gmaE)
  ditstar<-uitstar/sigmastar
  dit<-ZD/sqrt(s2E*gmaE)
  llTT2018rho<-   ldet-0.5*NT*log(2*pi)-0.5*NT*log(s2E)-0.5*sum((ZD
+epsilon)^2/s2E)-sum(log(pnorm(dit)))+sum(log(pnorm(ditstar)))
  return(llTT2018rho)
}
rhoE.hess.TT2018<-numDeriv::hessian(rhoD,rhoE)
se.rhoE.TT2018<-sqrt(-1/rhoE.hess.TT2018)
t.rhoE.TT2018<-rhoE/se.rhoE.TT2018
p.rhoE.TT2018<-2*pnorm(-abs(t.rhoE.TT2018))
##call pvmark function
m.rhoE<-pvmark(p.rhoE.TT2018)
#-------------------------------------
##gma,检验-----------------
gmaD<-function(gma){
  ldet  <-log(det(diag(NT)-rhoE*W))
  ZD<-Z%*%deltaE
  uitstar<-(1-gma)*ZD-gma*epsilon
  sigmastar<-sqrt(s2E)*sqrt((1-gma)*gma)
  ditstar<-uitstar/sigmastar
  dit<-ZD/sqrt(s2E*gma)
  llTT2018gma<-   ldet-0.5*NT*log(2*pi)-0.5*NT*log(s2E)-0.5*sum((ZD
+epsilon)^2/s2E)-sum(log(pnorm(dit)))+sum(log(pnorm(ditstar)))
  return(llTT2018gma)
}
gmaE.hess.TT2018<-numDeriv::hessian(gmaD,gmaE)
se.gmaE.TT2018<-sqrt(-1/gmaE.hess.TT2018)
t.gmaE.TT2018<-gmaE/se.gmaE.TT2018
p.gmaE.TT2018<-2*pnorm(-abs(t.gmaE.TT2018))
##call pvmark function
m.gmaE<-pvmark(p.gmaE.TT2018)
#-------------------------------------
```

```
##s2 检验
s2D<-function(s2){
  ldet  <-log(det(diag(NT)-rhoE*W))
  ZD<-Z%*%deltaE
  uitstar<-(1-gmaE)*ZD-gmaE*epsilon
  sigmastar<-sqrt(s2)*sqrt((1-gmaE)*gmaE)
  ditstar<-uitstar/sigmastar
  dit<-ZD/sqrt(s2*gmaE)
  llTT2018s2<-  ldet-0.5*NT*log(2*pi)-0.5*NT*log(s2)-0.5*sum((ZD+
epsilon)^2/s2)-sum(log(pnorm(dit)))+sum(log(pnorm(ditstar)))
  return(llTT2018s2)
}
s2E.hess.TT2018 <-numDeriv::hessian(s2D,s2E)
se.s2E.TT2018   <-sqrt(-1/s2E.hess.TT2018)
t.s2E.TT2018    <-s2E/se.s2E.TT2018
p.s2E.TT2018    <-2*pnorm(-abs(t.s2E.TT2018))
##call pvmark function
m.s2E<-pvmark(p.s2E.TT2018)
#-----------------------------------
rhoC<-data.frame(cbind(rhoE,se.rhoE.TT2018,t.rhoE.TT2018,p.rhoE.TT2018,m.
rhoE))
colnames(rhoC)<-c("系数","标准差","t 值","p 值","marks")
gmaC<-data.frame(cbind(gmaE,se.gmaE.TT2018,t.gmaE.TT2018,p.gmaE.TT2018,m.
gmaE))
colnames(gmaC)<-c("系数","标准差","t 值","p 值","marks")
s2C<-data.frame(cbind(s2E,se.s2E.TT2018,t.s2E.TT2018,p.s2E.TT2018,m.s2E))
colnames(s2C)<-c("系数","标准差","t 值","p 值","marks")
coef.other<-data.frame(rbind(rhoC,gmaC,s2C))
#-----------------------------------
for(i in 1:4)coef.other[,i]<-round(as.numeric(as.character(coef.other[,i])),4)
##4 X,Z 系数结果输出
pmsui <- vector()
for(i in 1:length(coef.ui.TT2018))pmsui[i]<-pvmark(p.ui.TT2018[i])
results.sp.ui<-data.frame(cbind(coef.ui.TT2018,se.ui.TT2018,t.ui.TT2018,p.ui.
TT2018,pmsui))
```

```
for(i in 1:4) results.sp.ui[,i]<-round(as.numeric(as.character(results.sp.ui[,
i])),4)
colnames(results.sp.ui)<-c("系数","标准差","t值","p值","marks")
rownames(results.sp.ui)[1]<-"U常数"
#------------------------------------------
pms<-vector()
for(i in 1:length(betaE)) pms[i]<-pvmark(p.TT2018[i])
results.sp.nui<-data.frame(cbind(unname(betaE),unname(se.TT2018),unname(t.
TT2018),unname(p.TT2018),pms))
for(i in 1:4)
{results.sp.nui[,i]<-round(as.numeric(as.character(results.sp.nui[,i])),4)}
colnames(results.sp.nui)<-c("系数","标准差","t值","p值","marks")
rownames(results.sp.nui)<-colnames(X)
rownames(results.sp.nui)[1]<-"X常数"
coef.TT2018<-data.frame(rbind(results.sp.nui,results.sp.ui,coef.other))
coef.TT2018$输出<-paste0(coef.TT2018$系数,coef.TT2018$marks)
#------------------------------------------
save(ll.TT2018,AIC.TT2018,results.sp.nui,results.sp.ui,coef.other,rhoC,gmaC,
s2C,coef.TT2018,file="./results/result_TT2018.rda")
xlsx::write.xlsx(coef.TT2018,file="./results/result_coef_TT2018.xlsx")
#------------------------------------------
##计算效率
mv1<-(1-gmaE)*Z%*%deltaE-gmaE*epsilon   ##第一个中间变量
mv2<-sqrt(gmaE*(1-gmaE))                ##第一个中间变量
te.TT2018<-exp(-mv1+0.5*mv2^2*s2)*pnorm(mv1/(mv2*sqrt(s2))-mv2*sqrt
(s2))/pnorm(mv1/(mv2*sqrt(s2)))
ctindex$te.TT2018<-dasar$te.TT2018<-te.TT2018
save(te.TT2018,file="./results/TE_TT2018.rda")
xlsx::write.xlsx(ctindex,file="./results/TE_TT2018.xlsx")
#------------------------------------------
##使用 Lesage and Pace(2009)
##Introduction to Spatial Econometrics 第38页公式(2-48)
##5计算弹性
##劳动的产出弹性
labT<-diag(solve(diag(NT)-rhoE*W)*coef.TT2018[2,1])
```

```
labE.TT2018.max  <- max(labT)
labE.TT2018.min  <- min(labT)
labE.TT2018.mean<- mean(labT)
##资本的产出弹性
capT<- diag(solve(diag(NT) - rhoE * W) * coef.TT2018[3,1])
capE.TT2018.max  <- max(capT)
capE.TT2018.min  <- min(capT)
capE.TT2018.mean<- mean(capT)
##规模经济程度
scale.TT2018.max  <- labE.TT2018.max + capE.TT2018.max
scale.TT2018.min  <- labE.TT2018.min + capE.TT2018.min
scale.TT2018.mean  <- labE.TT2018.mean + capE.TT2018.mean
###中性技术进步率计算
ct<-   as.numeric(as.character(coef.TT2018[4,1]))  ##t前的系数
ct2<-   as.numeric(as.character(coef.TT2018[5,1]))  ##t2前的系数
t<- 0:27
TechP<- ct + 2 * ct2 * t
Tech<- TechP[TechP>0]      ##负值代表没有技术进步,则提取正值进行计算
Tech.max<- max(Tech)       ##最大值
Tech.min<- min(Tech)       ##最小值
Tech.mean<- mean(Tech)     ##平均值
EL.TT2018<- rbind(labE.TT2018.max = labE.TT2018.max,
                  labE.TT2018.min = labE.TT2018.min,
                  labE.TT2018.mean = labE.TT2018.mean,
                  capE.TT2018.max = capE.TT2018.max,
                  capE.TT2018.min = capE.TT2018.min,
                  capE.TT2018.mean = capE.TT2018.mean,
                  scale.TT2018.max = scale.TT2018.max,
                  scale.TT2018.min = scale.TT2018.min,
                  scale.TT2018.mean = scale.TT2018.mean,
                  Tech.max = Tech.max,Tech.min = Tech.min,
                  Tech.mean = Tech.mean)
colnames(EL.TT2018)<- "elasticity"
save(modelInf_TT2018, coef.TT2018, EL.TT2018, file = "./results/results_TT2018.
rda")
```

```
xlsx::write.xlsx(EL.TT2018,file = "./results/EL.TT2018.xlsx",sheetName = re-
sults")
#---------------------------------------
```

附录 6 sar_eff_ui_sdm.R

```
##temp
##sdmEff.R
##source("./progs/sar_data_cleaning.R")
rm(list = ls())
source("./progs/sar_data_prepare.R")
source("./progs/pvmark.R")
#---------------------------------------
#---------------------------------------
sdmUieff  <- function(parms,y = y,XL = XL,Z = Z,NT = NT,W = W,Wy = Wy){
  beta  <- parms[1:ncol(XL)]  ##自变量前的系数
  delta<- parms[(ncol(XL) + 1):(ncol(XL) + ncol(Z))]##技术效率的外生决定参数
          的系数
  rho  <- parms[ncol(XL) + ncol(Z) + 1]  ##Wy 前面的系数
  gama  <- parms[ncol(XL) + ncol(Z) + 2]  ##gama = sigmaU2/(sigmaU2 + sigmaV2)
  s2   <- parms[ncol(XL) + ncol(Z) + 3]  ##s2 = sigmaU2 + sigmaV2
ldet  <- log(det(diag(NT) - rho * W))
  epsilon<- y - rho * Wy - XL % * % beta
  ZD<- Z % * % delta
  uitstar<- (1 - gama) * ZD - gama * epsilon
  sigmastar<- sqrt(s2) * sqrt((1 - gama) * gama)
  ditstar<- uitstar/sigmastar
  dit<- ZD/sqrt(s2 * gama)
  llsdm <-  ldet
        - 0.5 * NT * log(2 * pi)
        - 0.5 * NT * log(s2)
        - 0.5 * sum((ZD + epsilon)^2/s2)
        - sum(log(pnorm(dit)))
        + sum(log(pnorm(ditstar)))
  ##invert sign for minimization
```

```
  - llsdm
}
# ---------------------------------------
##初始值构建
dasar<-data.frame(cbind(ind,tind,gdp = y,XL,Z))
fms<-gdp~lab + cap + t + t2 + wlab + wcap
coef0<-splm::spml(fms,data = dasar,listw = spdep::mat2listw(wc31),
                  model = "pooling",spatial.error = "b",lag = TRUE)
b0<-summary(coef0)
c0<-coef(b0)
rho0<-b0$arcoef
names(rho0)<-"rho"
s20<-b0$sigma2$idios
uit<-b0$residuals
dasar$uit<-uit
zols<-lm(uit~agg + scale + wsn + zt,data = dasar)
delta0<-coef(zols)
myparms0<-c(c0,delta0,rho0,gama = 1 - 2/pi + sqrt(s20),s2 = s20)
# ---------------------------------------
##优化方法求解
##set bounds for optimizer
lower.bounds<-c(1/2 * pi)
upper.bounds<-c(1 - 1/(2 * pi) + 0.5 * sqrt(s20))
##max likelihood
opt<-nlminb(start = myparms0,objective = sdmUieff,
            gradient = NULL,hessian = NULL,
            y = y,XL = XL,Z = Z,NT = NT,W = W,Wy = Wy,
            lower = lower.bounds,upper = upper.bounds)
coef.sdm<-round(opt$par,6)
betaE<-coef.sdm[1:7]
deltaE<-coef.sdm[8:12]
rhoE  <-coef.sdm[13]
gamaE  <-coef.sdm[14]
s2E  <-coef.sdm[15]
# ---------------------------------------
```

```
##标准差、t值、p值计算
fms<-Ay~XL-1
epsilonE<-y-rhoE*Wy-XL%*%betaE
dasar$Ay<-y-rhoE*Wy
betaR<-coef(lm(fms,data=dasar))
names(betaR)<-colnames(XL)
dasar$epsilonE<-epsilonE
s2E.sdm<-   crossprod(epsilonE)/NT
zx<-solve(diag(NT)-rhoE*W)%*%XL
tzx<-t(zx)
vcovb<-solve(tzx%*%zx)*as.numeric(s2E)
#------------------------------------
se.sdm<-sqrt(diag(vcovb))
t.sdm  <-betaR/se.sdm
p.sdm  <-2*pnorm(-abs(t.sdm))
#------------------------------------
olsui<-lm(epsilonE~agg+scale+wsn+zt,data=dasar)
s2ui<-summary(olsui)$sigma^2
coef.ui.sdm<-olsui$coefficients
se.ui.sdm<-sqrt(diag(solve(crossprod(Z))*s2ui))
t.ui.sdm<-coef.ui.sdm/se.ui.sdm
p.ui.sdm<-2*pnorm(-abs(t.ui.sdm))
#------------------------------------
##计算过程参考-Elhorst(2014)著-肖光恩译(2015)-中文版-空间计量经济学从横截面数据到空间面板-中国人民大学出版社
##线性估计
lm.lag<-lm((y-rhoE*Wy)~X-1)
##残差
epsilon<-residuals(lm.lag)
##方差估计值
s2<-as.numeric(crossprod(residuals(lm.lag)))/NT
##调用spatialreg包中的行列式计算函数
ldet  <-log(det(diag(NT)-rhoE*W))
ZD<-Z%*%deltaE
uitstar<-(1-gamaE)*ZD-gamaE*epsilon
```

```
sigamastar<-sqrt(s2)*sqrt((1-gamaE)*gamaE)
ditstar<-uitstar/sigamastar
dit<-ZD/sqrt(s2*gamaE)
llsdm<-   ldet-0.5*NT*log(2*pi)-0.5*NT*log(s2)-0.5*sum((ZD+epsilon)^
2/s2)-sum(log(pnorm(dit)))+sum(log(pnorm(ditstar)))
#-----------------------------------------
ll.sdm<-as.numeric(-llsdm)
AIC.sdm<-2*ncol(XL)-2*log(ll.sdm)
modelInf_sdm<-round(rbind(ll.sdm,AIC.sdm),4)
save(modelInf_sdm,file="./results/modelinformation_sdm.rda")
xlsx::write.xlsx(modelInf_sdm,file="./results/modelinformation_sdm.xlsx")
#-----------------------------------------
#rho 检验
rhoD<-function(rho){
  ldet   <-log(det(diag(NT)-rho*W))
  ZD<-Z%*%deltaE
  uitstar<-(1-gamaE)*ZD-gamaE*epsilon
  sigamastar<-sqrt(s2E)*sqrt((1-gamaE)*gamaE)
  ditstar<-uitstar/sigamastar
  dit<-ZD/sqrt(s2E*gamaE)
  llsdmrho<-   ldet-0.5*NT*log(2*pi)-0.5*NT*log(s2E)-0.5*sum((ZD+ep-
  silon)^2/s2E)-sum(log(pnorm(dit)))+sum(log(pnorm(ditstar)))
  return(llsdmrho)
}
rhoE.hess.sdm<-numDeriv::hessian(rhoD,rhoE)
se.rhoE.sdm<-sqrt(-1/rhoE.hess.sdm)
t.rhoE.sdm<-gamaE/se.rhoE.sdm
p.rhoE.sdm<-2*pnorm(-abs(t.rhoE.sdm))
##call pvmark function
m.rhoE<-pvmark(p.rhoE.sdm)
#-----------------------------------------
##gama,检验-----------------
gamaD<-function(gama){
  ldet   <-log(det(diag(NT)-rhoE*W))
  ZD<-Z%*%deltaE
```

```
  uitstar<-(1-gama)*ZD-gama*epsilon
  sigamastar<-sqrt(s2E)*sqrt((1-gama)*gama)
  ditstar<-uitstar/sigamastar
  dit<-ZD/sqrt(s2E*gama)
  llsdmgama<-   ldet-0.5*NT*log(2*pi)-0.5*NT*log(s2E)-0.5*sum((ZD+
epsilon)^2/s2E)-sum(log(pnorm(dit)))+sum(log(pnorm(ditstar)))
  return(llsdmgama)
}
gamaE.hess.sdm<-numDeriv::hessian(gamaD,gamaE)
se.gamaE.sdm<-sqrt(-1/gamaE.hess.sdm)
t.gamaE.sdm<-gamaE/se.gamaE.sdm
p.gamaE.sdm<-2*pnorm(-abs(t.gamaE.sdm))
##call pvmark function
m.gamaE<-pvmark(p.gamaE.sdm)
##-----------------------------------
##s2 检验
s2D<-function(s2){
  ldet  <-log(det(diag(NT)-rhoE*W))
  ZD<-Z%*%deltaE
  uitstar<-(1-gamaE)*ZD-gamaE*epsilon
  sigamastar<-sqrt(s2)*sqrt((1-gamaE)*gamaE)
  ditstar<-uitstar/sigamastar
  dit<-ZD/sqrt(s2*gamaE)
  llsdms2<-   ldet-0.5*NT*log(2*pi)-0.5*NT*log(s2)-0.5*sum((ZD+epsi-
lon)^2/s2)-sum(log(pnorm(dit)))+sum(log(pnorm(ditstar)))
  return(llsdms2)
}
s2E.hess.sdm<-numDeriv::hessian(s2D,s2E)
se.s2E.sdm<-sqrt(-1/s2E.hess.sdm)
t.s2E.sdm<-gamaE/se.s2E.sdm
p.s2E.sdm<-2*pnorm(-abs(t.s2E.sdm))
##call pvmark function
m.s2E<-pvmark(p.s2E.sdm)
#-------------------------------------
rhoC<-data.frame(cbind(rhoE,se.rhoE.sdm,t.rhoE.sdm,p.rhoE.sdm,m.rhoE))
```

```
colnames(rhoC)<-c("系数","标准差","t值","p值","marks")
gamaC<-data.frame(cbind(gamaE,se.gamaE.sdm,t.gamaE.sdm,p.gamaE.sdm,m.gamaE))
colnames(gamaC)<-c("系数","标准差","t值","p值","marks")
s2C<-data.frame(cbind(s2E,se.s2E.sdm,t.s2E.sdm,p.s2E.sdm,m.s2E))
colnames(s2C)<-c("系数","标准差","t值","p值","marks")
coef.other<-data.frame(rbind(rhoC,gamaC,s2C))
##-----------------------------------
for(i in 1:4)coef.other[,i]<-round(as.numeric(as.character(coef.other[,i])),4)
##4 X,Z系数结果输出
pmsui<-vector()
for(i in 1:length(coef.ui.sdm))pmsui[i]<-pvmark(p.ui.sdm[i])
results.sp.ui<-data.frame(cbind(coef.ui.sdm,se.ui.sdm,t.ui.sdm,p.ui.sdm,pm-
sui))
for(i in 1:4){
results.sp.ui[,i]<-round(as.numeric(as.character(results.sp.ui[,i])),4)}
colnames(results.sp.ui)<-c("系数","标准差","t值","p值","marks")
rownames(results.sp.ui)[1]<-"U常数"
#--------------------------------------
pms<-vector()
for(i in 1:length(betaR))pms[i]<-pvmark(p.sdm[i])
results.sp.nui<-
data.frame(cbind(unname(betaR),
          unname(se.sdm),unname(t.sdm),
          unname(p.sdm),
          pms))
for(i in 1:4){
results.sp.nui[,i]<-round(as.numeric(as.character(results.sp.nui[,i])),4)}
colnames(results.sp.nui)<-c("系数","标准差","t值","p值","marks")
rownames(results.sp.nui)<-colnames(XL)
rownames(results.sp.nui)[1]<-"X常数"
coef.sdm<-data.frame(rbind(results.sp.nui,results.sp.ui,coef.other))
coef.sdm$输出<-paste0(coef.sdm$系数,coef.sdm$marks)
#--------------------------------------
save (ll.sdm,
    AIC.sdm,results.sp.nui,
```

```
    results.sp.ui,
    coef.other,rhoC,
    gamaC,s2C,
    coef.sdm,
    file = "./results/result_sdm.rda")
xlsx::write.xlsx(coef.sdm,file = "./results/result_coef_sdm.xlsx")
#--------------------------------------
##计算效率
mv1<-(1-gamaE)*Z%*%deltaE-gamaE*epsilon  ##第一个中间变量
mv2<-sqrt(gamaE*(1-gamaE))               ##第一个中间变量
te.sdm<-
   exp(-mv1+0.5*mv2^2*s2)*pnorm(mv1/(mv2*sqrt(s2))
   -mv2*sqrt(s2))/pnorm(mv1/(mv2*sqrt(s2)))
ctindex$te.sdm<-dasar$te.sdm<-te.sdm
save(ctindex,file = "./data/ctindexT.rda")
save(te.sdm,file = "./results/TE_sdm.rda")
xlsx::write.xlsx(ctindex,file = "./results/TE_sdm.xlsx")
#--------------------------------------
##使用 Lesage and Pace(2009)
##Introduction to Spatial Econometrics 第 38 页公式(2-48)
##5 计算弹性
##劳动的产出弹性
labT1<-diag(solve(diag(NT)-rhoE*W)*coef.sdm[2,1])
labT2<-diag(solve(diag(NT)-rhoE*W)*coef.sdm[6,1])
labE.sdm.max    <-max(labT1)
labE.sdm.min    <-min(labT1)
labE.sdm.mean   <-mean(labT1)
#--------------------------------------
##资本的产出弹性
capT1<-diag(solve(diag(NT)-rhoE*W)*coef.sdm[3,1])
capT2<-diag(solve(diag(NT)-rhoE*W)*coef.sdm[7,1])
capE.sdm.max    <-max(capT1)
capE.sdm.min    <-min(capT1)
capE.sdm.mean   <-mean(capT1)
##规模经济程度
```

```
scale.sdm.max    <- labE.sdm.max + capE.sdm.max
scale.sdm.min    <- labE.sdm.min + capE.sdm.min
scale.sdm.mean   <- labE.sdm.mean + capE.sdm.mean
###中性技术进步率计算
ct<-   as.numeric(as.character(coef.sdm[4,1]))     ##t 前的系数
ct2<-   as.numeric(as.character(coef.sdm[5,1]))    ##t2 前的系数
t<-0:27
TechP<-ct + 2 * ct2 * t
Tech<-TechP[TechP>0]  ##负值代表没有技术进步,则提取正值进行计算
Tech.max<-max(Tech)     ##  最大值
Tech.min<-min(Tech)     ##  最小值
Tech.mean<-mean(Tech)   ##  平均值
EL.sdm<-rbind(labE.sdm.max = labE.sdm.max,
               labE.sdm.min = labE.sdm.min,
               labE.sdm.mean = labE.sdm.mean,capE.sdm.max = capE.sdm.max,
               capE.sdm.min = capE.sdm.min,capE.sdm.mean = capE.sdm.mean,
               scale.sdm.max = scale.sdm.max, scale.sdm.min = scale.sdm.min,
               scale.sdm.mean = scale.sdm.mean,
               Tech.max = Tech.max,Tech.min = Tech.min,
               Tech.mean = Tech.mean)
colnames(EL.sdm)<-"elasticity"
save(modelInf_sdm,coef.sdm,EL.sdm,file = "./results/results_sdm.rda")
xlsx::write.xlsx(EL.sdm,file = "./results/EL.sdm.xlsx",sheetName = "results")
#-------------------------------------
```

附录 7　sar_eff_gks2016.R

```
##source("./progs/pvmark.R")
##source("./progs/sar_data_prepare.R")
##rm(list = ls())
##source("./progs/initialValue.R")
##估计 rho 的程序,y = rho * wy + xb + ui + v 的形式
##紧凑的形式的对数似然函数,推断 rhoHat
##Anselin and Hudak(1992)
##Spatial econometrics in practice A review of software options
```

```
##Regional Science and Urban Economics,1992(22):509 - 536
##公式(23),但其公式(22)中的 rho*w 项中少了一个 y
#--------------------------------------------------
rhoE  <- function(rho,y,X,n,t,K,w,Wy){
  b0<- solve(crossprod(X),crossprod(X,y))
  b1<- solve(crossprod(X),crossprod(X,Wy))
  e0<- y - X%*%b0
  e1<- Wy - X%*%b1
  e0e0<- crossprod(e0)
  e1e1<- crossprod(e1)
  e0e1<- crossprod(e0,e1)
  sigN<- e0e0 - 2*rho*e0e1 + rho*rho*e1e1
  llrho<- -0.5*n*t*log(sigN) + t*log(det(diag(n) - rho*w))
  return( - llrho)
}
lower<- 1 - 1/max(eigen(diag(n) - w)$values)
upper<- 1/max(eigen(diag(n) - w)$values)
opt.rho<- optimize(rhoE,c(lower,upper),y = y,X = X,n = n,t = t,K = K,w = w,Wy = Wy)
#--------------------------------------------------
##估计 rho 的值
rhoE.gks2016<- round(opt.rho$minimum,4)
rhoE.hess.gks2016<- numDeriv::hessian(rhoE,rhoE.gks2016,y = y,X = X,n = n,t = t,K
 = K,w = w,Wy = Wy)
se.rhoE.gks2016<- sqrt(abs(1/rhoE.hess.gks2016))
t.rhoE.gks2016<- rhoE.gks2016/se.rhoE.gks2016
p.rhoE.gks2016<- 2*pnorm( - abs(t.rhoE.gks2016))
#--------------------------------------------------
##求解 gama 用 - 后面
ell.gks<-   rhoE(rhoE.gks2016,y,X,n,t,K,w,Wy)
##X 变量的系数估计
betaE.gks2016<-
  solve(crossprod(X))%*%t(X)%*%(y - rhoE.gks2016*kronecker(diag(t),w)%
*%y)
e.gks2016<-
  (diag(NT) - X%*%solve(crossprod(X))%*%t(X))%*%(diag(NT) - rhoE.gks2016
```

```
*W)%*%y
s2.gks2016<-crossprod(e.gks2016)/NT
zx<-solve(diag(NT)-rhoE.gks2016*W)%*%X
tzx<-t(zx)
vcovb<-solve(tzx%*%zx)*as.numeric(s2.gks2016)
se.betaE.gks2016<-sqrt(diag(vcovb))
t.betaE.gks2016<-betaE.gks2016/se.betaE.gks2016
p.betaE.gks2016<-2*pnorm(-abs(t.betaE.gks2016))
##------------------------------------
##Glass,Kenjegalieva and Sickles(2016)
##A spatial autoregressive stochastic frontier model for panel data with asymmet-
ric efficiency spillovers
##Journal of Econometrics (2),289-300.
##https://doi.org/10.1016/j.jeconom.2015.06.011.
##------------------------------------
#1-求取rho的值
#coef.ols<-sfaInitialV(fms,dataA)
#coef.rho<-rhoIniV(dataA,w)
#coef.beta<-solve(crossprod(X),crossprod(X,coef.rho*Wy))
##GKS2016文章最大似然函数
##依据公式(2)编写最大似然函数
##------------------------------------
##gks2016  <-function(parms,y,X,n,t,K,w,Wy){
##  gama    <-parms[1]
##  s2      <-parms[2]
##  epsilon<-y-rhoE.gks2016*Wy-X%*%betaE.gks2016
##  s2<-sigmaU2+sigmaV2
##  gama<-sqrt(sigmaU2)/sqrt(sigmaV2)
##  sigmaU2<-s2/(1+gama^2)
##  sigmaV2<-s2*(gama^2)/(1+gama^2)
##  gks<--0.5*n*t*(log(2*pi)+log(s2))+t*log(det(diag(n)-rhoE.
    gks2016*w))
##   -1/(2*s2)*sum(epsilon^2)+sum(log(1-pnorm(epsilon*gama/sqrt(s2))))
##  gks
##}
```

```
##-----------------------------------
##直接使用空间面板(sar+sem)模型提取初始值
##初始值构建
##datagks<-data.frame(cbind(ind,tind,y,X))
##fms<-y~lab+cap+t+t2
##spm0<-splm::spml(fms,data=datagks,listw=spdep::mat2listw(wc31),
##                    model="pooling",spatial.error="none",lag=TRUE)
##
##parms0<-c(gama=1-2/pi,s2=spm0$sigma2$idios)
##opt2<-maxLik::maxLik(gks2016,start=parms0,,n=n,dt=dt,K=K,w=w,Wy=Wy)
##opt.gks  <-optim(parms0,gks2016,n=n,dt=dt,K=K,w=w,Wy=Wy)
## set bounds for optimizer
##opt.gks<-
   nlminb(start=parms0,objective=gks2016,y=y,X=X,n=n,t=t,K=K,w=w,Wy
   =Wy,
##                  lower=1-2/pi,upper=2/pi)
##
##gamaE.gks<-opt.gks$par[1]
##-----------------------------------
##-----------------------------------
llgama.gks<-function(gama){
  Elf<-as.numeric(ell.gks)
  mu<-sqrt(2)*sqrt(s2.gks2016)*gama/sqrt(pi*(1+gama^2))
  eit<-y-Elf-mu
  s2E<-1/NT*sum((y-Elf)^2/(1-2*gama^2/(pi*(1+gama^2))))
  llga<--NT*log(sqrt(s2E))+sum(log(1-pnorm(eit*gama/sqrt(s2E))))-sum
(eit)/(2*s2E)
  llga
}
opt<-optimise(llgama.gks,c(1-2/pi,2/pi))
gamaE.gks2016<-opt$minimum
#------------------------------------
E.gks2016<-y-rhoE.gks2016*Wy-X%*%betaE.gks2016
s2E.gks2016<-crossprod(E.gks2016)/NT
##-----------------------------------
```

```
gamaE.hess.gks2016<-numDeriv::hessian(llgama.gks,gamaE.gks2016)
se.gamaE.gks2016<-sqrt(-1/gamaE.hess.gks2016)
t.gamaE.gks2016<-gamaE.gks2016/se.gamaE.gks2016
p.gamaE.gks2016<-2*pnorm(-abs(t.gamaE.gks2016))
##-------------------------------------
betaE.gks2016<-as.numeric(betaE.gks2016)
gamaE.gks2016<-as.numeric(gamaE.gks2016)
s2E.gks2016<-as.numeric(s2E.gks2016)
rhoE.gks2016<-as.numeric(rhoE.gks2016)
##-------------------------------------
##s2 检验
s2D<-function(s2){
  eit<-y-rhoE.gks2016*Wy-X%*%betaE.gks2016
  gks2016<--0.5*NT*log(2*pi*s2)
             +t*log(det(diag(n)-rhoE.gks2016*w))
             -crossprod(eit)/(2*s2)
             +sum(log(1-pnorm(eit*gamaE.gks2016/sqrt(s2))))
    return(-gks2016)
}
s2E.hess.gks2016<-numDeriv::hessian(s2D,s2E.gks2016)
se.s2E.gks2016<-sqrt(-1/s2E.hess.gks2016)
t.s2E.gks2016<-s2E.gks2016/se.s2E.gks2016
p.s2E.gks2016<-2*pnorm(-abs(t.s2E.gks2016))
##-------------------------------------
coefD.gks2016<-
data.frame(betaE.gks2016,se.betaE.gks2016,t.betaE.gks2016,p.betaE.gks2016)
colnames(coefD.gks2016)<-c("系数","标准差","t值","p值")
rhoD.gks2016  <-data.frame(rhoE.gks2016,se.rhoE.gks2016,t.rhoE.gks2016,p.
rhoE.gks2016)
rownames(rhoD.gks2016)<-"rho"
colnames(rhoD.gks2016)<-c("系数","标准差","t值","p值")
gamaD.gks2016<-data.frame(gamaE.gks2016,se.gamaE.gks2016,t.gamaE.gks2016,p.
gamaE.gks2016)
rownames(gamaD.gks2016)<-"gama"
colnames(gamaD.gks2016)<-c("系数","标准差","t值","p值")
```

```
s2D.gks2016  <- data.frame(s2E.gks2016,se.s2E.gks2016,t.s2E.gks2016,p.s2E.
gks2016)
rownames(s2D.gks2016)<-"s2"
colnames(s2D.gks2016)<-c("系数","标准差","t值","p值")
est.coef.gks2016<-rbind(coefD.gks2016,rhoD.gks2016,gamaD.gks2016,s2D.gks2016)
##标号
source("./progs/pvmark.R")
pms<-vector()
for(i in 1:dim(est.coef.gks2016)[1])pms[i]<-pvmark(est.coef.gks2016$p值[i])
est.coef.gks2016$pms<-pms
##输出美化
est.coef.gks2016[,1]  <-round(est.coef.gks2016[,1],4)
est.coef.gks2016[,2]  <-round(est.coef.gks2016[,2],4)
est.coef.gks2016[,3]  <-round(est.coef.gks2016[,3],2)
est.coef.gks2016[,4]  <-round(est.coef.gks2016[,4],2)
est.coef.gks2016$输出<-paste0(est.coef.gks2016$系数,est.coef.gks2016$pms)
est.coef.gks2016<-cbind(est.coef.gks2016,z值=est.coef.gks2016$t值)
##-----------------------------------
##-----------------------------------
##求解最大似然值
llgks2016<-function(parms){
  beta<-parms[1:K]
  rho<-parms[K+1]
  sigma2<-parms[K+2]
  gama<-parms[K+3]
  eit<-y-rho*kronecker(diag(t),w)%*%y-X%*%beta
  gks<--0.5*NT*log(2*pi*sigma2)
         +t*log(det(diag(n)-rho*w))
         -1/(2*sigma2)*sum(eit^2)
         +sum(log(1-pnorm(eit*gama/(sqrt(sigma2)))))
   return(gks)
  }
parms0<-as.numeric(est.coef.gks2016[,1])
llE.gks2016<--llgks2016(parms0)
##-----------------------------------
```

```
##--------------------------------------
AIC.gks2016<- -2*(K-log(llE.gks2016))
##模型信息输出
modelinf.gks2016<-rbind(llE.gks2016,AIC.gks2016)
xlsx::write.xlsx(est.coef.gks2016,file="./results/result_coef_gks2016.xlsx")
xlsx::write.xlsx(modelinf.gks2016,file="./results/modelinf_gks2016.xlsx")
##--------------------------------------
##计算效率
eff.gks2016<-function(gama=gama,s2=s2,rho=rho,beta=beta){
  eit<-y-rho*Wy-X%*%beta
  ##s2<-su2+sv2
  ##gama<-sqrt(su2)/sqrt(sv2)
  su2<-s2/(1+gama^2)
  sv2<-gama^2*s2/(1+gama^2)
  ddit<-dnorm(eit*gama/sqrt(s2))
  pdit<-pnorm(eit*gama/sqrt(s2))
  uit<-(sqrt(su2)*sqrt(sv2)/sqrt(s2))*(ddit/(1-pdit)-eit*gama/sqrt(s2))
  TE.gks2016<-exp(-uit)
  return(TE.gks2016)
}
TE<-eff.gks2016(gama=gamaE.gks2016,s2=s2E.gks2016,rho=rhoE.gks2016,beta=
betaE.gks2016)
ctindex$TE.gks2016<-  TE
save(TE,file="./results/TE_gks2016.rda")
xlsx::write.xlsx(ctindex,file="./results/TE_gks2016.xlsx")
##--------------------------------------
##使用 Lesage and Pace(2009)
## Introduction to Spatial Econometrics 第 38 页公式(2-48)
##5 计算弹性
##劳动的产出弹性
labT<-diag(solve(diag(NT)-rhoE.gks2016*W)*est.coef.gks2016[2,1])
labE.gks2016.max  <-max(labT)
labE.gks2016.min  <-min(labT)
labE.gks2016.mean<-mean(labT)
##资本的产出弹性
```

```
capT<-diag(solve(diag(NT)-rhoE.gks2016*W)*est.coef.gks2016[3,1])
capE.gks2016.max  <-max(capT)
capE.gks2016.min  <-min(capT)
capE.gks2016.mean<-mean(capT)
##规模经济程度
scale.gks2016.max  <-labE.gks2016.max+capE.gks2016.max
scale.gks2016.min  <-labE.gks2016.min+capE.gks2016.min
scale.gks2016.mean  <-labE.gks2016.mean+capE.gks2016.mean
###中性技术进步率计算
ct<-  as.numeric(as.character(est.coef.gks2016[4,1]))  ##t前的系数
ct2<-  as.numeric(as.character(est.coef.gks2016[5,1]))  ##t2前的系数
t<-0:27
TechP<-ct+2*ct2*t
Tech<-TechP[TechP>0]  ##负值代表没有技术进步,则提取正值进行计算
Tech.max<-max(Tech)     ##  最大值
Tech.min<-min(Tech)     ##  最小值
Tech.mean<-mean(Tech)   ##  平均值
EL.gks2016<-
    rbind(labE.gks2016.max=labE.gks2016.max,
    labE.gks2016.min=labE.gks2016.min,
    labE.gks2016.mean=labE.gks2016.mean,
    capE.gks2016.max=capE.gks2016.max,
    capE.gks2016.min=capE.gks2016.min,
    capE.gks2016.mean=capE.gks2016.mean,
    scale.gks2016.max=scale.gks2016.max,
    scale.gks2016.min=scale.gks2016.min,
    scale.gks2016.mean=scale.gks2016.mean,
    Tech.max=Tech.max,
    Tech.min=Tech.min,
    Tech.mean=Tech.mean)
colnames(EL.gks2016)<-"elasticity"
xlsx::write.xlsx(EL.gks2016,
        file="./results/EL.gks2016.xlsx",sheetName="results")
#-------------------------------------
save(llE.gks2016,AIC.gks2016,est.coef.gks2016,EL.gks2016,
```

```
    file = "./results/result_gks2016.rda")
```

附录8 sp_analysis－fdiexp.R

```
##sp_analysis.R
rm(list = ls())
load("./dataSaving/data1997-2015.rda")
##xlsx::write.xlsx(lag.data.2016,file = "./dataSaving/lag.data.2016.xlsx")
##xlsx::write.xlsx(lag.data.2015,file = "./dataSaving/lag.data.2015.xlsx")
##xlsx::write.xlsx(data.1997.2015,file = "./dataSaving/data.1997.2015.xlsx")
##xlsx::write.xlsx(data.2001.2015,file = "./dataSaving/data.2001.2015.xlsx")
lag.data.2016$region<-rep(1:31,each = 20)
mdata<-lag.data.2016[,c(1,2,39,3:38)]
xlsx::write.xlsx(mdata,file = "./dataSaving/mdata2016.xlsx")
library(plm)
library(stargazer)
library(spdep)
library(sp)
library(spData)
library(splm)
library("spatialreg")
library(zoo)
library(lmtest)
##读入进行空间相关性分析用数据
sprelationD<-readxl::read_excel("./dataSaving/p3dataSets.xlsx")[,c(2,3,15,25:
27)]
##读入空间权重矩阵
conW<-readstata13::read.dta13("./dataSaving/spw1c.dta")
conW1<-mat2listw(as.matrix(conW))
distW<-readstata13::read.dta13("./dataSaving/inversedis2.dta")[,-1]
for(i in 1:dim(distW)[1]) distW[i,] <- distW[i,]/sum(distW[i,])
distW1<-mat2listw(as.matrix(distW))
#------------------------------------
##局部莫兰检验
datagroup<-dplyr::group_split(sprelationD,year)
```

```
#-----------------------------------------
mi<-list()
ed<-list()
for(i in 1:28){
  mi[[i]]<-moran.test(log(datagroup[[i]]$TE.Spsdm),conW1)
  ed[[i]]<-   cbind(I=unname(mi[[i]]$estimate[1]),
                    z=unname(mi[[i]]$statistic),
                    p=unname(mi[[i]]$p.value))
}
moran.TE<-ed[[1]]
for(i in 2:28) moran.TE<-rbind(moran.TE,ed[[i]])
moranTE<-data.frame(cbind(T=1990:2017,moran.TE))
for(i in 2:4) moranTE[,i]<-round(moranTE[,i],3)
xlsx::write.xlsx(moranTE,file="./results/moranTE.xlsx")
#-----------------------------------------
mi<-list()
ed<-list()
for(i in 1:28){
  mi[[i]]<-moran.test(log(datagroup[[i]]$rexp),conW1)
  ed[[i]]<-   cbind(I=unname(mi[[i]]$estimate[1]),
                    z=unname(mi[[i]]$statistic),
                    p=unname(mi[[i]]$p.value))
}
moran.rexp<-ed[[1]]
for(i in 2:28) moran.rexp<-rbind(moran.rexp,ed[[i]])
moranrexp<-data.frame(cbind(T=1990:2017,moran.rexp))
for(i in 2:4)moranrexp[,i] <-round(moranrexp[,i],3)
xlsx::write.xlsx(moranrexp,file="./results/moranrexp.xlsx")
#-----------------------------------------
mi<-list()
ed<-list()
for(i in 1:28){
  mi[[i]]<-moran.test(log(datagroup[[i]]$rimp),conW1)
  ed[[i]]<-   cbind(I=unname(mi[[i]]$estimate[1]),
                    z=unname(mi[[i]]$statistic),
```

```
                    p = unname(mi[[i]] $ p.value))
}
moran.rimp<- ed[[1]]
for(i in 2:28) moran.rimp<- rbind(moran.rimp,ed[[i]])
moranrimp<- data.frame(cbind(T = 1990:2017,moran.rimp))
for(i in 2:4)moranrimp[,i] <- round(moranrimp[,i],3)
xlsx::write.xlsx(moranrimp,file = "./results/moranrimp.xlsx")
#----------------------------------------
mi<- list()
ed<- list()
for(i in 1:28){
  mi[[i]]<- moran.test(log(datagroup[[i]] $ rfdi),conW1)
  ed[[i]]<-   cbind(I = unname(mi[[i]] $ estimate[1]),
                    z = unname(mi[[i]] $ statistic),
                    p = unname(mi[[i]] $ p.value))
}
moran.rfdi<- ed[[1]]
for(i in 2:28) moran.rfdi<- rbind(moran.rfdi,ed[[i]])
moranrfdi<- data.frame(cbind(T = 1990:2017,moran.rfdi))
for(i in 2:4)moranrfdi[,i]<- round(moranrfdi[,i],3)
xlsx::write.xlsx(moranrfdi,file = "./results/moranrfdi.xlsx")
#----------------------------------------
##全局莫兰检验
test.global.w<- kronecker(diag(28),as.matrix(conW))
gw<- mat2listw(test.global.w)
global.TE.Spsdm<- moran.test(log(sprelationD $ TE.Spsdm),gw)
g.TE<- cbind(I = unname(global.TE.Spsdm $ estimate[1]),
             z = unname(global.TE.Spsdm $ statistic),
             p = unname(global.TE.Spsdm $ p.value))
global.rfdi<- moran.test(log(sprelationD $ rfdi),gw)
g.rfdi<- cbind(I = unname(global.rfdi $ estimate[1]),
               z = unname(global.rfdi $ statistic),
               p = unname(global.rfdi $ p.value))
global.rexp<- moran.test(log(sprelationD $ rexp),gw)
g.rexp<- cbind(I = unname(global.rexp $ estimate[1]),
```

```
                z = unname(global.rexp $ statistic),
                p = unname(global.rexp $ p.value))
global.rimp<-moran.test(log(sprelationD $ rimp),gw)
g.rimp<-cbind(I = unname(global.rimp $ estimate[1]),
                z = unname(global.rimp $ statistic),
                p = unname(global.rimp $ p.value))
global.test.moran<-data.frame(rbind(g.TE,g.rfdi,g.rexp,g.rimp))
for(i in 1:3)  global.test.moran[,i]<-round(global.test.moran[,i],3)
rownames(global.test.moran)<-
c("moran.TE","moran.rfdi","moran.rexp","moran.rimp")
xlsx::write.xlsx(global.test.moran,file = "./results/global.moran.test.xlsx")
#---------------------------------------
gtest<-list()
ede  <-list()
for(i in 1:28){
  gtest[[i]]<-geary.test(log(datagroup[[i]] $ TE.Spsdm),conW1)
  ede[[i]]<-cbind(I = unname(gtest[[i]] $ estimate[1]),
              z = unname(gtest[[i]] $ statistic),
              p = unname(gtest[[i]] $ p.value))
}
gtest.TE.Spsdm<-ede[[1]]
for(i in 2:28)gtest.TE.Spsdm<-rbind(gtest.TE.Spsdm,ede[[i]])
gtest.TE.Spsdm<-data.frame(cbind(T = 1990:2017,gtest.TE.Spsdm))
for(i in 2:4)gtest.TE.Spsdm[,i]<-round(gtest.TE.Spsdm[,i],3)
xlsx::write.xlsx(gtest.TE.Spsdm,file = "./results/gtest.TE.Spsdmp.xlsx")
#---------------------------------------
##绘制莫兰图
graphdata<-dplyr::filter(sprelationD,year = = 2017)
graphdata $ y1<-t(graphdata $ TE.Spsdm %*% as.matrix(conW))
graphdata $ y2<-t(graphdata $ rfdi %*% as.matrix(conW))
graphdata $ y3<-t(graphdata $ rexp %*% as.matrix(conW))
graphdata $ y4<-t(graphdata $ rimp %*% as.matrix(conW))
graph.te2017<-moran.plot(graphdata $ TE.Spsdm,conW1,
                     xlab = "技术效率",ylab = "空间滞后技术效率",
                     main = "技术效率 Moran = -0.164 散点图",
```

```
                    col = "red",cex = 0.5,
                    pch = 1,
              xlim = c(min(graphdata $ TE.Spsdm),max(graphdata $ TE.Spsdm)),
              ylim = c(min(graphdata $ y1),max(graphdata $ y1)))
text(x = graphdata $ TE.Spsdm,graphdata $ y1,
    labels = graphdata $ regions,cex = 0.5,pos = 1,offset = 1,col = "darkgreen")
# ---------------------------------------
graph.fdi2017 <- moran.plot(graphdata $ rfdi,conW1,
                    xlab = "外商直接投资",ylab = "空间滞后外商直接投资",
                    main = "外商直接投资 Moran = 0.310 散点图",
                    col = "red",cex = 0.5,
                    pch = 21,labels = as.character(graphdata $ regions),
                    xlim = c(min(graphdata $ rfdi),max(graphdata $ rfdi)),
                    ylim = c(min(graphdata $ y2),max(graphdata $ y2)))
text(x = graphdata $ rfdi,graphdata $ y2,
    labels = graphdata $ regions,cex = 0.42,pos = 1.5,offset = 0.5,col = "darkgreen")
# ---------------------------------------
graph.exp2017 <- moran.plot(graphdata $ rexp,conW1,
                    xlab = "出口贸易",ylab = "空间滞后出口贸易",
                    main = "出口贸易 Moran = 0.376 散点图",
                    col = "red",cex = 0.5,
                    labels = as.character(graphdata $ regions),pch = 10,
                    xlim = c(min(graphdata $ rexp),max(graphdata $ rexp)),
                    ylim = c(min(graphdata $ y3),max(graphdata $ y3)))
text(x = graphdata $ rexp,graphdata $ y3,
    labels = graphdata $ regions,cex = 0.5,pos = 3,offset = 0.5,col = "darkgreen")
# ---------------------------------------
graph.imp2017 <- moran.plot(graphdata $ rimp,conW1,
                    xlab = "进口贸易",ylab = "空间滞后进口贸易",
                    main = "进口贸易 Moran = 0.317 散点图",
                    col = "red",cex = 0.5,
                    labels = as.character(graphdata $ regions),pch = 20,
                    xlim = c(min(graphdata $ rimp),max(graphdata $ rimp)),
                    ylim = c(min(graphdata $ y4),max(graphdata $ y4)))
text(x = graphdata $ rimp,graphdata $ y4,
```

```
    labels = graphdata $ regions,cex = 0.5,pos = 3,offset = 0.5,col = "darkgreen")
#----------------------------------------
cdpo.TE.Spsdm<-pcdtest(lag.data.2016 $ TE.Spsdm,w = as.matrix(conW))
rwto.TE.Spsdm<-rwtest(lag.data.2016 $ TE.Spsdm,w = as.matrix(conW),replications
= 1000)
cdo.TE.Spsdm<-cbind(z = cdpo.TE.Spsdm $ statistic,p = cdpo.TE.Spsdm $ p.value,ro-
bust = rwto.TE.Spsdm $ p.value)
#----------------------------------------
fm<-log(TE.Spsdm)~log(rfdi) + log(rexp) + log(institute) + log(prd)
ccemgm<-pmg(fm,data = lag.data.2016,model = "cmg")
cdp.r<-pcdtest(resid(ccemgm),w = as.matrix(conW))
rwt.r<-rwtest(resid(ccemgm),w = as.matrix(conW),replications = 1000)
cdo.r.TE.Spsdm<-cbind(z = cdp.r $ statistic,p = cdp.r $ p.value,robust = rwt.r $ p.
value)
#----------------------------------------
cdpo.rfdi<-pcdtest(lag.data.2016 $ rfdi,w = as.matrix(conW))
rwto.rfdi<-rwtest(lag.data.2016 $ rfdi,w = as.matrix(conW),replications =
100000)
cdo.rfdi<-
    cbind(z = cdpo.rfdi $ statistic,p = cdpo.rfdi $ p.value,robust = rwto.rfdi $ p.
value)
cdpo.rexp<-pcdtest(lag.data.2016 $ rexp,w = as.matrix(conW))
rwto.rexp<-rwtest(lag.data.2016 $ rexp,w = as.matrix(conW),replications = 1000)
cdo.rexp<-
    cbind(z = cdpo.rexp $ statistic,p = cdpo.rexp $ p.value,robust = rwto.rexp $ p.
value)
cdpo.rimp<-pcdtest(lag.data.2016 $ rimp,w = as.matrix(conW))
rwto.rimp<-rwtest(lag.data.2016 $ rimp,w = as.matrix(conW),replications = 1000)
cdo.rimp<-
    cbind(z = cdpo.rimp $ statistic,p = cdpo.rimp $ p.value,robust = rwto.rimp $ p.
value)
relationSP<-
data.frame(names = c("TE.Spsdm","resid.TE.Spsdm","rfdi","rexp","rimp"),
rbind(cdo.TE.Spsdm,cdo.r.TE.Spsdm,cdo.rfdi,cdo.rexp,cdo.rimp))
colnames(relationSP)<-c("检验变量","z值","p值","随机化w检验值")
```

```
rownames(relationSP)<-1:5
for(i in 2:4)  relationSP[,i]<-round(relationSP[,i],3)
xlsx::write.xlsx(relationSP,file="./results/test.sp.relation.xlsx")
#读入没有行标准化的权重矩阵
sp.w<-as.matrix(readstata13::read.dta13("./dataSaving/wcont.dta")[,-1])
##行标准化
sp.w.s<-sp.w/apply(sp.w,1,sum)
xlsx::write.xlsx(sp.w.s,file="./dataSaving/conw.xlsx")
##测试
summary(apply(sp.w.s,1,sum))
conw.sp<-spdep::mat2listw(sp.w.s)
#--------------------------------------
##分析用数据结构调整
sp.data<-lag.data.2016[order(lag.data.2016$year,lag.data.2016$regions),]
sp.data.to.2016<-sp.data[,c(2,1,20)]
##对数化处理
sp.data.to.2016$te        <-log(sp.data$TE.Spsdm)
sp.data.to.2016$fdi       <-log(sp.data$rfdi)
sp.data.to.2016$fdillag   <-log(sp.data$rfdil)
sp.data.to.2016$exp       <-log(sp.data$rexp)
sp.data.to.2016$imp       <-log(sp.data$rimp)
sp.data.to.2016$ins       <-log(sp.data$institute)
sp.data.to.2016$prd       <-log(sp.data$prd)
##变量空间滞后处理
nt<-length(unique(sp.data.to.2016$year))
sp.data.to.2016$wte      <-kronecker(diag(1,nt),sp.w.s)%*%sp.data.to.
                           2016$te
sp.data.to.2016$wfdi     <-kronecker(diag(1,nt),sp.w.s)%*%sp.data.to.
                           2016$fdi
sp.data.to.2016$wfdillag <-kronecker(diag(1,nt),sp.w.s)%*%sp.data.to.
                           2016$fdillag
sp.data.to.2016$wexp     <-kronecker(diag(1,nt),sp.w.s)%*%sp.data.to.
                           2016$exp
sp.data.to.2016$wimp     <-kronecker(diag(1,nt),sp.w.s)%*%sp.data.to.
                           2016$imp
```

```
##数据转换为plm面板数据形式
sp.data.to.2016<-sp.data.to.2016[order(sp.data.to.2016$regions,sp.data.to.
2016$year),]
##install.packages("flextable",dependencies=T)
##help(package="flextable")
##lw  <-spdep::mat2listw(sp.w.s)
##lw1<-splm::slag(sp.data.to.2016$te,lw)
##wx<-function(x)slag(x,listw=lw)
sp.data.to.2016<-data.frame(sp.data.to.2016)
View(sp.data.to.2016)
sp.data.to.2016$region<-rep(1:31,each=20)
xlsx::write.xlsx(sp.data.to.2016,file="./dataSaving/spdata2016.xlsx")
#----------------------------------------
##sem模型分析
##ols分析
fm<-te~fdillag+exp+ins+prd
pooling.est.exp<-splm::spml(fm,data=sp.data.to.2016,listw=sp.w.s,
                            model="pooling",
                            effect="individual",
                            spatial.error="b")
pooling.exp  <-summary(pooling.est.exp)
ll.ols       <-pooling.exp$logLik
AIC.ols      <-2*5-2*log(pooling.exp$logLik)
out.ols.exp  <-rbind(pooling.exp$ErrCompTable,pooling.exp$CoefTable,
                     loglik=c(ll.ols,0,0,0),
                     AIC=c(AIC.ols,0,0,0))
xlsx::write.xlsx(out.ols.exp,file="./results/sem.ols.est.xlsx")
#----------------------------------------
##固定效应分析
ind.fe.est.exp<-splm::spml(fm,data=sp.data.to.2016,listw=sp.w.s,
                           model="within",
                           lag=F,
                           spatial.error="b")
ind.fe.exp<-summary(ind.fe.est.exp)
time.fe.est.exp<-splm::spml(fm,data=sp.data.to.2016,listw=sp.w.s,
```

```
                              model = "within",
                              effect = "time",
                              spatial.error = "b")
time.fe.exp<-summary(time.fe.est.exp)
twoways.fe.est.exp<-splm::spml(fm,data = sp.data.to.2016,listw = sp.w.s,
                                model = "within",
                                effect = "twoways",
                                spatial.error = "b")
twoways.fe.exp<-summary(twoways.fe.est.exp)
#随机效应分析
ind.re.est.exp<-splm::spml(fm,data = sp.data.to.2016,listw = sp.w.s,
                           model = "random",
                           effect = "individual",
                           spatial.error = "b")
ind.re.exp     <-summary(ind.re.est.exp)
ll.re.ind      <-ind.re.exp$logLik
AIC.re.ind     <-2*5-2*log(ind.re.exp$logLik)
out.re.ind.exp<-rbind(ind.re.exp$ErrCompTable,ind.re.exp$CoefTable,
                      loglik = c(ll.re.ind,0,0,0),
                      AIC = c(AIC.re.ind,0,0,0))
xlsx::write.xlsx(out.re.ind.exp,file = "./results/sem.re.random.est.xlsx")
time.re.est.exp<-splm::spml(fm,data = sp.data.to.2016,listw = sp.w.s,
                             model = "within",
                             effect = "time",
                             spatial.error = "b")
time.re.exp<-summary(time.re.est.exp)
twoways.re.est.exp<-splm::spml(fm,data = sp.data.to.2016,listw = sp.w.s,
                                model = "within",
                                effect = "twoways",
                                spatial.error = "b")
twoways.re.exp<-summary(twoways.fe.est.exp)
#-------------------------------------------
##SARAR分析
##ols分析
fm<-te~fdillag + exp + ins + prd
```

```
sarar.ols.exp<-splm::spml(fm,data=sp.data.to.2016,listw=sp.w.s,
                    model="pooling",
                    effect="individual",
                    lag=T,
                    spatial.error="b")
out.sarar.ols.exp  <-summary(sarar.ols.exp)
ll.ols.sarar       <-out.sar.ols.exp$logLik
AIC.ols.sarar      <-2*6-2*log(out.sar.ols.exp$logLik)
out.ols.sarar.exp<-rbind(out.sarar.ols.exp$ErrCompTable,
                    out.sarar.ols.exp$CoefTable,
                    loglik=c(ll.ols.sarar,0,0,0),
                    AIC=c(AIC.ols.sarar,0,0,0))
xlsx::write.xlsx(out.ols.sarar.exp,file="./results/sarar.exp.est.xlsx")
#------------------------------------
##固定效应分析
sarar.feind.exp<-splm::spml(fm,data=sp.data.to.2016,listw=sp.w.s,
                    model="within",
                    effect="individual",
                    lag=T,
                    spatial.error="b")
out.sarar.feind.exp<-summary(sarar.feind.exp)
sarar.fetime.exp<-splm::spml(fm,data=sp.data.to.2016,listw=sp.w.s,
                    model="within",
                    effect="time",
                    lag=T,
                    spatial.error="b")
out.sarar.fetime.exp<-summary(sarar.fetime.exp)
sarar.fetwoways.exp<-splm::spml(fm,data=sp.data.to.2016,listw=sp.w.s,
                    model="within",
                    effect="twoways",
                    lag=T,
                    spatial.error="b")
out.sarar.fetwoways.exp<-summary(sarar.fetwoways.exp)
#随机效应分析
sarar.reind.exp<-splm::spml(fm,data=sp.data.to.2016,listw=sp.w.s,
```

```
                                  model = "random",
                                  effect = "individual",
                                  lag = T,
                                  spatial.error = "b")
out.sarar.reind.exp<-summary(sarar.reind.exp)
ll.sarar.re.ind<-out.sarar.reind.exp$logLik
aic.sarar.re.ind<-2*5-log(out.sarar.reind.exp$logLik)
sarar.retime.exp<-splm::spml(fm,data = sp.data.to.2016,listw = sp.w.s,
                                   model = "random",
                                   effect = "time",
                                   lag = T,
                                   spatial.error = "b")
out.sarar.retime.exp<-summary(sarar.retime.exp)
sarar.retwoways.exp<-splm::spml(fm,data = sp.data.to.2016,listw = sp.w.s,
                                      model = "random",
                                      effect = "twoways",
                                      lag = T,
                                      spatial.error = "b")
out.sarar.retwoways.exp<-summary(sarar.retwoways.exp)
#-------------------------------------
##SAR分析
##ols分析
sar.ols.exp<-splm::spml(fm,data = sp.data.to.2016,listw = sp.w.s,
                              model = "pooling",
                              effect = "individual",
                              lag = T,
                              spatial.error = "none")
out.sar.ols.exp   <-summary(sar.ols.exp)
ll.ols.sar        <-out.sar.ols.exp$logLik
AIC.ols.sar       <-2*6-2*log(out.sar.ols.exp$logLik)
out.ols.sar.exp<-rbind(out.sar.ols.exp$ARCoefTable,
                             out.sar.ols.exp$CoefTable,
                             loglik = c(ll.ols.sar,0,0,0),
                             AIC = c(AIC.ols.sar,0,0,0))
xlsx::write.xlsx(out.ols.sar.exp,file = "./results/sar.exp.est.xlsx")
```

```
#-----------------------------------------
##固定效应分析
sar.feind.exp<-splm::spml(fm,data=sp.data.to.2016,listw=sp.w.s,
                          model="within",
                          effect="individual",
                          lag=T,
                          spatial.error="none")
out.sar.feind.exp<-summary(sar.feind.exp)
ll.feind.sar      <-out.sar.feind.exp$logLik
AIC.feind.sar     <-2*5-2*log(out.sar.feind.exp$logLik)
out.feind.sar.exp<-rbind(out.sar.feind.exp$ARCoefTable,
                         out.sar.feind.exp$CoefTable,
                         loglik=c(ll.feind.sar,0,0,0),
                         AIC=c(AIC.feind.sar,0,0,0))
xlsx::write.xlsx(out.feind.sar.exp,file="./results/sar.feind.exp.est.xlsx")
sar.fetime.exp<-splm::spml(fm,data=sp.data.to.2016,listw=sp.w.s,
                           model="within",
                           effect="time",
                           lag=T,
                           spatial.error="none")
out.sar.fetime.exp<-summary(sar.fetime.exp)
sar.fetwoways.exp<-splm::spml(fm,data=sp.data.to.2016,listw=sp.w.s,
                              model="within",
                              effect="twoways",
                              lag=T,
                              spatial.error="none")
out.sar.fetwoways.exp<-summary(sar.fetwoways.exp)
#随机效应分析
#-----------------------------------------
sar.reind.exp<-splm::spml(fm,data=sp.data.to.2016,listw=sp.w.s,
                          model="random",
                          effect="individual",
                          lag=T,
                          spatial.error="none")
out.sar.reind.exp  <-summary(sar.reind.exp)
```

```
ll.reind.sar          <-out.sar.reind.exp$logLik
AIC.reind.sar         <-2*5-2*log(out.sar.reind.exp$logLik)
out.reind.sar.exp     <-rbind(out.sar.reind.exp$ARCoefTable,
                              out.sar.reind.exp$CoefTable,
                              loglik=c(ll.reind.sar,0,0,0),
                              AIC=c(AIC.reind.sar,0,0,0))
xlsx::write.xlsx(out.reind.sar.exp,file="./results/sar.reind.exp.est.xlsx")
sar.retime.exp<-splm::spml(fm,data=sp.data.to.2016,listw=sp.w.s,
                              model="random",
                              effect="time",
                              lag=T,
                              spatial.error="none")
out.sar.retime.exp<-summary(sar.retime.exp)
sar.retwoways.exp<-splm::spml(fm,data=sp.data.to.2016,listw=sp.w.s,
                                 model="random",
                                 effect="twoways",
                                 lag=T,
                                 spatial.error="none")
out.sar.retwoways.exp<-summary(sar.retwoways.exp)
##-----------------------------------
##SLX分析
##ols分析
fmslx<-te~fdi1lag+exp+ins+prd+wfdi+wexp
slx.ols.exp<-splm::spml(fmslx,data=sp.data.to.2016,listw=sp.w.s,
                           model="pooling",
                           effect="individual",
                           lag=F,
                           spatial.error="none")
out.slx.ols.exp   <-summary(slx.ols.exp)
ll.ols.slx        <-out.slx.ols.exp$logLik
AIC.ols.slx       <-2*7-2*log(out.slx.ols.exp$logLik)
out.ols.slx.exp<-rbind(out.slx.ols.exp$CoefTable,
                          loglik=c(ll.ols.slx,0,0,0),
                          AIC=c(AIC.ols.slx,0,0,0))
xlsx::write.xlsx(out.ols.slx.exp,file="./results/slx.ols.exp.est.xlsx")
```

```
##固定效应分析
slx.feind.exp<-splm::spml(fmslx,data=sp.data.to.2016,listw=sp.w.s,
                           effect="individual",
                           model="within",
                           lag=F,
                           spatial.error="none")
out.slx.feind.exp<-summary(slx.feind.exp)
slx.fetime.exp<-plm::plm(fmslx,data=sp.data.to.2016,
                          effect="time",
                          model="within",
                          wihin=TRUE)
out.slx.fetime.exp<-summary(slx.fetime.exp)
slx.fetwoways.exp<-plm::plm(fmslx,data=sp.data.to.2016,
                             effect="time",
                             model="within",
                             wihin=TRUE)
out.slx.fetwoways.exp<-summary(slx.fetwoways.exp)
##随机效应分析
slx.reind.exp<-plm::plm(fmslx,data=sp.data.to.2016,
                         effect="individual",
                         model="random")
out.slx.reind.exp<-summary(slx.reind.exp)
slx.retime.exp<-plm::plm(fmslx,data=sp.data.to.2016,
                          effect="time",
                          model="random")
out.slx.retime.exp<-summary(slx.retime.exp)
slx.retwoways.exp<-plm::plm(fmslx,data=sp.data.to.2016,
                             effect="time",
                             model="random")
out.slx.retwoways.exp<-summary(slx.retwoways.exp)
#---------------------------------------
fms.gns<-te~fdillag+exp+ins+prd+wfdillag+wexp
gsn.pool<-splm::spml(fms.gns,data=sp.data.to.2016,listw=sp.w.s,
                      model="pooling",
                      lag=T,
```

```
                              spatial.error = "b")
gsn.pool.est<-summary(gsn.pool)
ll.gns<-gsn.pool.est $ logLik
AIC.gns<-2 * 9 - 2 * log(gsn.pool.est $ logLik)
out.gns.pool<-data.frame(rbind(gsn.pool.est $ ARCoefTable,
                                  gsn.pool.est $ ErrCompTable,
                                  gsn.pool.est $ CoefTable,
                                  loglik = c(ll.gns,0,0,0),
                                  AIC = c(AIC.gns,0,0,0)))
for(iin1:dim(out)[2])  out.gns.pool[,i]<-round(out.gns.pool[,i],4)
xlsx::write.xlsx(out.gns.pool,file = "./results/gns.pool.xlsx")
#------------------------------------------------
##fixed effect
fms.gns<-te~fdillag + exp + ins + prd + wfdillag + wexp
gsn.fe.ind<-splm::spml(fms.gns,data = sp.data.to.2016,listw = sp.w.s,
                                model = "within",
                                effect = "individual",
                                lag = T,
                                spatial.error = "b")
gsn.fe.ind.est<-summary(gsn.fe.ind)
out.gns.fe.ind<-data.frame(rbind(gsn.fe.ind.est $ ARCoefTable,
                                    gsn.fe.ind.est $ ErrCompTable,
                                    gsn.fe.ind.est $ CoefTable))
for(iin1:dim(out.gns.fe.ind)[2]){
    out.gns.fe.ind[,i]<-round(out.gns.fe.ind[,i],4)
}
xlsx::write.xlsx(out.gns.fe.ind,file = "./results/gns.fe.ind.xlsx")
gsn.fe.time<-splm::spml(fms.gns,data = sp.data.to.2016,listw = sp.w.s,
                                 model = "within",
                                 effect = "time",
                                 lag = T,
                                 spatial.error = "b")
gsn.fe.time.est<-summary(gsn.fe.ind)
out.gns.fe.time<-data.frame(rbind(gsn.fe.time.est $ ARCoefTable,
                                     gsn.fe.time.est $ ErrCompTable,
```

```
                              gsn.fe.time.est$CoefTable))
for(iin1:dim(out.gns.fe.time)[2]){
    out.gns.fe.time[,i]<-round(out.gns.fe.time[,i],4)
}
xlsx::write.xlsx(out.gns.fe.time,file="./results/gns.fe.time.xlsx")
gsn.fe.twoways<-splm::spml(fms.gns,data=sp.data.to.2016,listw=sp.w.s,
                             model="within",
                             effect="twoways",
                             lag=T,
                             spatial.error="b")
gsn.fe.twoways.est<-summary(gsn.fe.ind)
out.gns.fe.twoways<-data.frame(rbind(gsn.fe.twoways.est$ARCoefTable,
                                        gsn.fe.twoways.est$ErrCompTable,
                                        gsn.fe.twoways.est$CoefTable))
fe.ind.ll<-gsn.re.ind.est$logLik
AIC.fe.ind<-2*8-2*log(gsn.re.ind.est$logLik)
for(i in 1:dim(out.gns.fe.twoways)[2]){
    out.gns.fe.twoways[,i]<-round(out.gns.fe.twoways[,i],4)
}
xlsx::write.xlsx(out.gns.fe.twoways,file="./results/gns.fe.twoways.xlsx")
#-------------------------------------
##random effect
gsn.re.ind<-splm::spml(fms.gns,data=sp.data.to.2016,listw=sp.w.s,
                         model="random",
                         efrect="individual",
                         lag=T,
                         spatial.error="b")
gsn.re.ind.est<-summary(gsn.re.ind)
out.gns.re.ind<-data.frame(rbind(gsn.re.ind.est$ARCoefTable,
                                    gsn.re.ind.est$ErrCompTable,
                                    gsn.re.ind.est$CoefTable))
for(i in 1:dim(out.gns.re.ind)[2]){
    out.gns.re.ind[,i]<-round(out.gns.re.ind[,i],4)
}
xlsx::write.xlsx(out.gns.re.ind,file="./results/gns.re.ind.xlsx")
```

```
gsn.re.time<-splm::spml(fms.gns,data=sp.data.to.2016,listw=sp.w.s,
                        model="random",
                        efrect="time",
                        lag=T,
                        spatial.error="b")
gsn.re.time.est<-summary(gsn.re.ind)
out.gns.re.time<-data.frame(rbind(gsn.re.time.est$ARCoefTable,
                                  gsn.re.time.est$ErrCompTable,
                                  gsn.re.time.est$CoefTable))
for(i in 1:dim(out.gns.re.time)[2]){
    out.gns.re.time[,i]<-round(out.gns.re.time[,i],4)
}
xlsx::write.xlsx(out.gns.re.time,file="./results/gns.re.time.xlsx")
gsn.re.twoways<-splm::spml(fms.gns,data=sp.data.to.2016,listw=sp.w.s,
                           model="random",
                           efrect="twoways",
                           lag=T,
                           spatial.error="b")
gsn.re.twoways.est<-summary(gsn.re.ind)
out.gns.re.twoways<-data.frame(rbind(gsn.re.twoways.est$ARCoefTable,
                                     gsn.re.twoways.est$ErrCompTable,
                                     gsn.re.twoways.est$CoefTable))
for(i in 1:dim(out.gns.re.twoways)[2])  {
    out.gns.re.twoways[,i]<-round(out.gns.re.twoways[,i],4)
}
xlsx::write.xlsx(out.gns.re.twoways,file="./results/gns.re.twoways.xlsx")
#------------------------------------------
##空间杜宾模型
fms.sdm<-te~fdillag+exp+ins+prd+wfdillag+wexp
sdm.pool<-splm::spml(fms.sdm,data=sp.data.to.2016,listw=sp.w.s,
                     model="pooling",
                     lag=T,
                     spatial.err="none")
sdm.pool.est<-summary(sdm.pool)
ll.sdm<-sdm.pool.est$logLik
```

```
AIC.sdm<-2*9-2*log(sdm.pool.est$logLik)
out.sdm.pool<-data.frame(rbind(sdm.pool.est$ARCoefTable,
                               sdm.pool.est$ErrCompTable,
                               sdm.pool.est$CoefTable,
                               loglik=c(ll.sdm,0,0,0),
                               AIC=c(AIC.sdm,0,0,0)))
for(i in 1:dim(out)[2])  out.sdm.pool[,i]<-round(out.sdm.pool[,i],4)
xlsx::write.xlsx(out.sdm.pool,file="./results/sdm.pool.xlsx")
#----------------------------------------
##fixed effect
fms.sdm<-te~fdi1lag+exp+ins+prd+wfdi1lag+wexp
sdm.fe.ind<-splm::spml(fms.sdm,data=sp.data.to.2016,listw=sp.w.s,
                       model="within",
                       effect="individual",
                       lag=T,
                       spatial.err="none")
sdm.fe.ind.est<-summary(sdm.fe.ind)
out.sdm.fe.ind<-data.frame(rbind(sdm.fe.ind.est$ARCoefTable,
                                 sdm.fe.ind.est$ErrCompTable,
                                 sdm.fe.ind.est$CoefTable))
sdm.fe.ind.ll<-sdm.fe.ind$logLik
aic.fe.ind<-2*7-2*log(sdm.fe.ind$logLik)
for(i in 1:dim(out.sdm.fe.ind)[2]){
    out.sdm.fe.ind[,i]<-round(out.sdm.fe.ind[,i],4)
}
xlsx::write.xlsx(out.sdm.fe.ind,file="./results/sdm.fe.ind.xlsx")
sdm.fe.time<-splm::spml(fms.sdm,data=sp.data.to.2016,listw=sp.w.s,
                        model="within",
                        effect="time",
                        lag=T,
                        spatial.err="none")
sdm.fe.time.est<-summary(sdm.fe.ind)
out.sdm.fe.time<-data.frame(rbind(sdm.fe.time.est$ARCoefTable,
                                  sdm.fe.time.est$ErrCompTable,
                                  sdm.fe.time.est$CoefTable))
```

```
for(i in 1:dim(out.sdm.fe.time)[2]){
    out.sdm.fe.time[,i]<-round(out.sdm.fe.time[,i],4)
}
xlsx::write.xlsx(out.sdm.fe.time,file="./results/sdm.fe.time.xlsx")
sdm.fe.twoways<-splm::spml(fms.sdm,data=sp.data.to.2016,listw=sp.w.s,
                           model="within",
                           effect="twoways",
                           lag=T,
                           spatial.err="none")
sdm.fe.twoways.est<-summary(sdm.fe.ind)
out.sdm.fe.twoways<-data.frame(rbind(sdm.fe.twoways.est$ARCoefTable,
                                     sdm.fe.twoways.est$ErrCompTable,
                                     sdm.fe.twoways.est$CoefTable))
for(i in 1:dim(out.sdm.fe.twoways)[2]){
    out.sdm.fe.twoways[,i]<-round(out.sdm.fe.twoways[,i],4)
}
xlsx::write.xlsx(out.sdm.fe.twoways,file="./results/sdm.fe.twoways.xlsx")
#-----------------------------------------
##random effect
sdm.re.ind<-splm::spml(fms.sdm,data=sp.data.to.2016,listw=sp.w.s,
                       model="random",
                       efrect="individual",
                       lag=T,
                       spatial.err="none")
sdm.re.ind.est<-summary(sdm.re.ind)
out.sdm.re.ind<-data.frame(rbind(sdm.re.ind.est$ARCoefTable,
                                 sdm.re.ind.est$ErrCompTable,
                                 sdm.re.ind.est$CoefTable))
sdm.re.ind.ll<-sdm.re.ind.est$logLik
sdm.re.ind.aic<-2*8-2*log(sdm.re.ind.est$logLik)
for(i in 1:dim(out.sdm.re.ind)[2]){
    out.sdm.re.ind[,i]<-round(out.sdm.re.ind[,i],4)
}
xlsx::write.xlsx(out.sdm.re.ind,file="./results/sdm.re.ind.xlsx")
sdm.re.time<-splm::spml(fms.sdm,data=sp.data.to.2016,listw=sp.w.s,
```

```
                                    model = "random",
                                    efrect = "time",
                                    lag = T,
                                    spatial.err = "none")
sdm.re.time.est<-summary(sdm.re.ind)
out.sdm.re.time<-data.frame(rbind(sdm.re.time.est$ARCoefTable,
                                  sdm.re.time.est$ErrCompTable,
                                  sdm.re.time.est$CoefTable))
for(i in 1:dim(out.sdm.re.time)[2]){
    out.sdm.re.time[,i]<-round(out.sdm.re.time[,i],4)
}
xlsx::write.xlsx(out.sdm.re.time,file = "./results/sdm.re.time.xlsx")
sdm.re.twoways<-splm::spml(fms.sdm,data = sp.data.to.2016,listw = sp.w.s,
                                    model = "random",
                                    efrect = "twoways",
                                    lag = T,
                                    spatial.err = "none")
sdm.re.twoways.est<-summary(sdm.re.ind)
out.sdm.re.twoways<-data.frame(rbind(sdm.re.twoways.est$ARCoefTable,
                                     sdm.re.twoways.est$ErrCompTable,
                                     sdm.re.twoways.est$CoefTable))
for(i in 1:dim(out.sdm.re.twoways)[2]){
    out.sdm.re.twoways[,i]<-round(out.sdm.re.twoways[,i],4)
}
xlsx::write.xlsx(out.sdm.re.twoways,file = "./results/sdm.re.twoways.xlsx")
#-----------------------------------------
##空间杜宾误差模型
fms.sdem<-te~fdi1lag + exp + ins + prd + wfdi1lag + wexp
sdem.pool<-splm::spml(fms.sdem,data = sp.data.to.2016,listw = sp.w.s,
                              model = "pooling",
                              lag = F,
                              spatial.err = "b")
sdem.pool.est<-summary(sdem.pool)
ll.sdem<-sdem.pool.est$logLik
AIC.sdem<-2*9-2*log(sdem.pool.est$logLik)
```

```
out.sdem.pool<-data.frame(rbind(sdem.pool.est$ARCoefTable,
                                sdem.pool.est$ErrCompTable,
                                sdem.pool.est$CoefTable,
                                loglik=c(ll.sdem,0,0,0),
                                AIC=c(AIC.sdem,0,0,0)))
for(i in 1:dim(out.sdem.pool)[2]){
    out.sdem.pool[,i]<-round(out.sdem.pool[,i],4)
    }
xlsx::write.xlsx(out.sdem.pool,file="./results/sdem.pool.xlsx")
#---------------------------------------
##fixed effect
fms.sdem<-te~fdillag+exp+ins+prd+wfdillag+wexp
sdem.fe.ind<-splm::spml(fms.sdem,data=sp.data.to.2016,listw=sp.w.s,
                        model="within",
                        effect="individual",
                        lag=F,
                        spatial.err="b")
sdem.fe.ind.est<-summary(sdem.fe.ind)
out.sdem.fe.ind<-data.frame(rbind(sdem.fe.ind.est$ARCoefTable,
                                  sdem.fe.ind.est$ErrCompTable,
                                  sdem.fe.ind.est$CoefTable))
sdem.fe.ind.ll<-sdem.fe.ind$logLik
aic.fe.ind<-2*7-2*log(sdem.fe.ind$logLik)
for(i in 1:dim(out.sdem.fe.ind)[2]){
    out.sdem.fe.ind[,i]<-round(out.sdem.fe.ind[,i],4)
}
xlsx::write.xlsx(out.sdem.fe.ind,file="./results/sdem.fe.ind.xlsx")
sdem.fe.time<-splm::spml(fms.sdem,data=sp.data.to.2016,listw=sp.w.s,
                         model="within",
                         effect="time",
                         lag=F,
                         spatial.err="b")
sdem.fe.time.est<-summary(sdem.fe.ind)
out.sdem.fe.time<-data.frame(rbind(sdem.fe.time.est$ARCoefTable,
                                   sdem.fe.time.est$ErrCompTable,
```

```
                                    sdem.fe.time.est$CoefTable))
for(i in 1:dim(out.sdem.fe.time)[2]){
    out.sdem.fe.time[,i]<-round(out.sdem.fe.time[,i],4)
}
xlsx::write.xlsx(out.sdem.fe.time,file = "./results/sdem.fe.time.xlsx")
sdem.fe.twoways<-splm::spml(fms.sdem,data = sp.data.to.2016,listw = sp.w.s,
                            model = "within",
                            effect = "twoways",
                            lag = F,
                            spatial.err = "b")
sdem.fe.twoways.est<-summary(sdem.fe.ind)
out.sdem.fe.twoways<-data.frame(rbind(sdem.fe.twoways.est$ARCoefTable,
                                      sdem.fe.twoways.est$ErrCompTable,
                                      sdem.fe.twoways.est$CoefTable))
for(i in 1:dim(out.sdem.fe.twoways)[2]){
    out.sdem.fe.twoways[,i]<-round(out.sdem.fe.twoways[,i],4)
}
xlsx::write.xlsx(out.sdem.fe.twoways,file = "./results/sdem.fe.twoways.xlsx")
#--------------------------------------------------------------------
##random effect
sdem.re.ind<-splm::spml(fms.sdem,data = sp.data.to.2016,listw = sp.w.s,
                        model = "random",
                        efrect = "individual",
                        lag = F,
                        spatial.err = "b")
sdem.re.ind.est<-summary(sdem.re.ind)
sdem.re.ind.ll<-sdem.re.ind.est$logLik
sdem.re.ind.aic<-2*7-2*log(sdem.re.ind.est$logLik)
out.sdem.re.ind<-data.frame(rbind(sdem.re.ind.est$ErrCompTable,
                                  sdem.re.ind.est$CoefTable))
for(i in 1:dim(out.sdem.re.ind)[2]){
    out.sdem.re.ind[,i]<-round(out.sdem.re.ind[,i],4)
}
xlsx::write.xlsx(out.sdem.re.ind,file = "./results/sdem.re.ind.xlsx")
```

```
sdem.re.time<-splm::spml(fms.sdem,data=sp.data.to.2016,listw=sp.w.s,
                         model="random",
                         efrect="time",
                         lag=F,
                         spatial.err="b")
sdem.re.time.est<-summary(sdem.re.ind)
out.sdem.re.time<-data.frame(rbind(sdem.re.time.est$ARCoefTable,
                                   sdem.re.time.est$ErrCompTable,
                                   sdem.re.time.est$CoefTable))
for(i in 1:dim(out.sdem.re.time)[2])  out.sdem.re.time[,i]<-round(out.sdem.re.
time[,i],4)
xlsx::write.xlsx(out.sdem.re.time,file="./results/sdem.re.time.xlsx")

sdem.re.twoways<-splm::spml(fms.sdem,data=sp.data.to.2016,listw=sp.w.s,
                            model="random",
                            efrect="twoways",
                            lag=F,
                            spatial.err="b")
sdem.re.twoways.est<-summary(sdem.re.ind)
out.sdem.re.twoways<-data.frame(rbind(sdem.re.twoways.est$ARCoefTable,
                                      sdem.re.twoways.est$ErrCompTable,
                                      sdem.re.twoways.est$CoefTable))
for(i in 1:dim(out.sdem.re.twoways)[2]){
    out.sdem.re.twoways[,i]<- round(out.sdem.re.twoways[,i],4)
}
xlsx::write.xlsx(out.sdem.re.twoways,file="./results/sdem.re.twoways.xlsx")
```

附录 9　sp_analysis－fdiimp. R

```
##rm(list=ls())
load("./dataSaving/data1997-2015.rda")
library(plm)
library(stargazer)
library(spdep)
library(sp)
```

```
library(spData)
library(splm)
library(Matrix)
library(spatialreg)
library(zoo)
library(lmtest)
#----------------------------------------
##SARAR 分析
##ols 分析
fm<-te~fdi1lag+imp+ins+prd
#----------------------------------------
##fixed-random effects test
fe.re.htest.sarar<-sphtest(fm,data=sp.data.to.2016,
                           listw=sp.w.s,
                           spatial.model="sarar",
                           method="ML")
out.re.fe.htest.sarar<-data.frame(cbind(unname(fe.re.htest.sarar$statistic),
                                        fe.re.htest.sarar$p.value))
colnames(out.re.fe.htest.sarar)<-c("统计量","p 值")
for(i in 1:dim(out.re.fe.htest.sarar)[2]){
    out.re.fe.htest.sarar[,i]<-round(out.re.fe.htest.sarar[,i],4)
}
#----------------------------------------
sarar.ols.imp<-splm::spml(fm,data=sp.data.to.2016,listw=sp.w.s,
                          model="pooling",
                          effect="individual",
                          lag=T,
                          spatial.error="b")
out.sarar.ols.imp   <-summary(sarar.ols.imp)
ll.ols.sarar        <-out.sarar.ols.imp$logLik
AIC.ols.sarar       <-2*4-2*log(out.sarar.ols.imp$logLik)
out.ols.sarar.imp   <-rbind(out.sarar.ols.imp$ARCoefTable,
                            out.sarar.ols.imp$ErrCompTable,
                            out.sarar.ols.imp$CoefTable,
                            loglik=c(ll.ols.sarar,0,0,0),
```

```
                                   AIC = c(AIC.ols.sarar,0,0,0))
for(i in 1:dim(out.ols.sarar.imp)[2]){
    out.ols.sarar.imp[,i]<-round(out.ols.sarar.imp[,i],4)
}
xlsx::write.xlsx(out.ols.sarar.imp,file = "./results/sarar.imp.est.xlsx")
#-------------------------------------
##固定效应分析
sarar.feind.imp<-splm::spml(fm,data = sp.data.to.2016,listw = sp.w.s,
                            model = "within",
                            effect = "individual",
                            lag = T,
                            spatial.error = "b")
out.sarar.feind.imp<-summary(sarar.feind.imp)
out.sarar.feind.imp
out.sarar.feind.imp<-data.frame(out.sarar.ols.imp$CoefTable)
for(i in 1:dim(out.sarar.feind.imp)[2]){
    out.sarar.feind.imp[,i]<-round(out.sarar.feind.imp[,i],4)
}
xlsx::write.xlsx(out.sarar.feind.imp,file = "./results/sarar.feind.imp.xlsx")
sarar.fetime.imp<-splm::spml(fm,data = sp.data.to.2016,listw = sp.w.s,
                             model = "within",
                             effect = "time",
                             lag = T,
                             spatial.error = "b")
out.sarar.fetime.imp<-summary(sarar.fetime.imp)
out.sarar.fetime.imp
out.sarar.fetime.imp<-data.frame(out.sarar.fetime.imp$CoefTable)
for(i in 1:dim(out.sarar.fetime.imp)[2]){
    out.sarar.fetime.imp[,i]<-round(out.sarar.fetime.imp[,i],4)
}
xlsx::write.xlsx(out.sarar.fetime.imp,file = "./results/sarar.fetime.imp.xlsx")
sarar.fetwoways.imp<-splm::spml(fm,data = sp.data.to.2016,listw = sp.w.s,
                                model = "within",
                                effect = "twoways",
                                lag = T,
```

```
                                  spatial.error = "b")
out.sarar.fetwoways.imp<-summary(sarar.fetwoways.imp)
out.sarar.fetwoways.imp
out.sarar.fetwoways.imp<-data.frame(out.sarar.fetwoways.imp$CoefTable)
for(i in 1:dim(out.sarar.fetwoways.imp)[2]){
    out.sarar.fetime.imp[,i]<-round(out.sarar.fetime.imp[,i],4)
}
xlsx::write.xlsx(out.sarar.fetwoways.imp,
file = "./results/sarar.fetwoways.imp.xlsx")
#-------------------------------------
#随机效应分析
##固定效应分析
sarar.reind.imp<-splm::spml(fm,data = sp.data.to.2016,listw = sp.w.s,
                              model = "random",
                              effect = "individual",
                              lag = T,
                              spatial.error = "b")
out.sarar.reind.imp<-summary(sarar.reind.imp)
ll.sarar.reind.imp<-out.sarar.reind.imp$logLik
aic.sarar.reind.imp<-2*5-2*log(out.sarar.reind.imp$logLik)
dre<-rbind(out.sarar.reind.imp$ARCoefTable,
            rho = out.sarar.reind.imp$ErrCompTable[2,],
            out.sarar.reind.imp$CoefTable,
            loglik = c(ll.sarar.reind.imp,0,0,0),
            AIC = c(aic.sarar.reind.imp,0,0,0))
out.sarar.reind.imp<-data.frame(dre)
for(i in 1:dim(out.sarar.reind.imp)[2]){
    out.sarar.reind.imp[,i]<-round(out.sarar.reind.imp[,i],4)
}
xlsx::write.xlsx(out.sarar.reind.imp,file = "./results/sarar.reind.imp.xlsx")
#-------------------------------------
##SAR分析
##ols分析
sar.ols.imp<-splm::spml(fm,data = sp.data.to.2016,listw = sp.w.s,
                         model = "pooling",
```

```
                          effect = "individual",
                          lag = T,
                          spatial.error = "none")
out.sar.ols.imp   <- summary(sar.ols.imp)
ll.ols.sar        <- out.sar.ols.imp $ logLik
AIC.ols.sar       <- 2 * 5 - 2 * log(out.sar.ols.imp $ logLik)
out.ols.sar.imp<- rbind(out.sar.ols.imp $ ARCoefTable,
                         out.sar.ols.imp $ CoefTable,
                         loglik = c(ll.ols.sar,0,0,0),
                         AIC = c(AIC.ols.sar,0,0,0))
for(i in 1:dim(out.ols.sar.imp)[2]){
   out.ols.sar.imp[,i]<- round(out.ols.sar.imp[,i],4)
}
xlsx::write.xlsx(out.ols.sar.imp,file = "./results/sar.imp.est.xlsx")
# ------------------------------------
##固定效应分析
sar.feind.imp<- splm::spml(fm,data = sp.data.to.2016,listw = sp.w.s,
                            model = "within",
                            effect = "individual",
                            lag = T,
                            spatial.error = "none")
out.sar.feind.imp   <- summary(sar.feind.imp)
ll.feind.sar        <- out.sar.feind.imp $ logLik
AIC.feind.sar       <- 2 * 5 - 2 * log(out.sar.feind.imp $ logLik)
out.feind.sar.imp   <- rbind(out.sar.feind.imp $ ARCoefTable,
                             out.sar.feind.imp $ CoefTable,
                             loglik = c(ll.feind.sar,0,0,0),
                             AIC = c(AIC.feind.sar,0,0,0))
for(i in 1:dim(out.feind.sar.imp)[2]){
   out.feind.sar.imp[,i]<- round(out.feind.sar.imp[,i],4)
}
xlsx::write.xlsx(out.feind.sar.imp,file = "./results/sar.feind.imp.est.xlsx")
sar.fetime.imp<- splm::spml(fm,data = sp.data.to.2016,listw = sp.w.s,
                             model = "within",
                             effect = "time",
```

```
                         lag = T,
                         spatial.error = "none")
out.sar.fetime.imp     <- summary(sar.fetime.imp)
ll.fetime.sar          <- out.sar.fetime.imp $ logLik
AIC.fetime.sar         <- 2 * 5 - 2 * log(out.sar.fetime.imp $ logLik)
out.fetime.sar.imp     <- rbind(out.sar.fetime.imp $ ARCoefTable,
                          out.sar.fetime.imp $ CoefTable,
                          loglik = c(ll.fetime.sar,0,0,0),
                          AIC = c(AIC.fetime.sar,0,0,0))
for(i in 1:dim(out.fetime.sar.imp)[2]){
    out.fetime.sar.imp[,i]<-round(out.fetime.sar.imp[,i],4)
}
xlsx::write.xlsx(out.fetime.sar.imp,file = "./results/sar.fetime.imp.est.xlsx")
sar.fetwoways.imp<-splm::spml(fm,data = sp.data.to.2016,listw = sp.w.s,
                            model = "within",
                            effect = "twoways",
                            lag = T,
                            spatial.error = "none")
out.sar.fetwoways.imp    <- summary(sar.fetwoways.imp)
ll.fetwoways.sar         <- out.sar.fetwoways.imp $ logLik
AIC.fetwoways.sar        <- 2 * 5 - 2 * log(out.sar.fetwoways.imp $ logLik)
out.fetwoways.sar.imp<-rbind(out.sar.fetwoways.imp $ ARCoefTable,
                           out.sar.fetwoways.imp $ CoefTable,
                           loglik = c(ll.fetwoways.sar,0,0,0),
                           AIC = c(AIC.fetwoways.sar,0,0,0))
for(i in 1:dim(out.fetwoways.sar.imp)[2]){
    out.fetwoways.sar.imp[,i]<-round(out.fetwoways.sar.imp[,i],4)
}
xlsx::write.xlsx(out.fetwoways.sar.imp,
file = "./results/sar.fetwoways.imp.est.xlsx")
#随机效应分析
sar.reind.imp<-splm::spml(fm,data = sp.data.to.2016,listw = sp.w.s,
                        model = "random",
                        effect = "individual",
                        lag = T,
```

```
                        spatial.error = "none")
out.sar.reind.imp   <- summary(sar.reind.imp)
ll.reind.sar        <- out.sar.reind.imp $ logLik
AIC.reind.sar       <- 2 * 5 - 2 * log(out.sar.reind.imp $ logLik)
out.reind.sar.imp   <- rbind(out.sar.reind.imp $ ARCoefTable,
                        out.sar.reind.imp $ CoefTable,
                        loglik = c(ll.reind.sar,0,0,0),
                        AIC = c(AIC.reind.sar,0,0,0))
for(i in 1:dim(out.reind.sar.imp)[2]){
   out.reind.sar.imp[,i]<-round(out.reind.sar.imp[,i],4)
}
xlsx::write.xlsx(out.reind.sar.imp,file = "./results/sar.reind.imp.est.xlsx")
#-----------------------------------------
##sem 模型分析
##ols 分析
fm<-te~fdi1lag + imp + ins + prd
fe.re.htest<-sphtest(fm,data = sp.data.to.2016,listw = sp.w.s)
out.re.fe.htest.sem<-data.frame(cbind(unname(fe.re.htest $ statistic),
                              fe.re.htest $ p.value))
colnames(out.re.fe.htest.sem)<-c("统计量","p 值")
for(i in 1:dim(out.re.fe.htest.sem)[2]){
   out.re.fe.htest.sem[,i]<-round(out.re.fe.htest.sem[,i],4)
}
pooling.est.imp<-splm::spml(fm,data = sp.data.to.2016,listw = sp.w.s,
                        model = "pooling",
                        effect = "individual",
                        spatial.error = "b")
pooling.imp   <- summary(pooling.est.imp)
ll.ols        <- pooling.imp $ logLik
AIC.ols       <- 2 * 5 - 2 * log(pooling.imp $ logLik)
out.ols.imp<-rbind(pooling.imp $ ErrCompTable,
                pooling.imp $ CoefTable,
                loglik = c(ll.ols,0,0,0),
                AIC = c(AIC.ols,0,0,0))
for(i in 1:dim(out.ols.imp)[2])out.ols.imp[,i]<-round(out.ols.imp[,i],4)
```

```
xlsx::write.xlsx(out.ols.imp,file = "./results/sem.ols.est.imp.xlsx")
# ---------------------------------------
##固定效应分析
ind.fe.est.imp<-splm::spml(fm,data = sp.data.to.2016,listw = sp.w.s,
                           model = "within",
                           lag = F,
                           spatial.error = "kkp")
ind.fe.imp<-summary(ind.fe.est.imp)
out.ind.fe.imp<-data.frame(ind.fe.imp$CoefTable)
for(i in 1:dim(out.ind.fe.imp)[2]){
    out.ind.fe.imp[,i]<-round(out.ind.fe.imp[,i],4)
    }
xlsx::write.xlsx(out.ind.fe.imp,file = "./results/sem.ind.fe.imp.xlsx")
time.fe.est.imp<-splm::spml(fm,data = sp.data.to.2016,listw = sp.w.s,
                            model = "within",
                            lag = F,
                            effect = "time",
                            spatial.error = "b")
time.fe.imp<-summary(time.fe.est.imp)
out.ind.fe.imp<-data.frame(time.fe.imp$CoefTable)
for(i in 1:dim(out.ind.fe.imp)[2]){
    out.ind.fe.imp[,i]<-round(out.ind.fe.imp[,i],4)
    }
xlsx::write.xlsx(out.ind.fe.imp,file = "./results/sem.time.fe.imp.xlsx")
twoways.fe.est.imp<-splm::spml(fm,data = sp.data.to.2016,listw = sp.w.s,
                               lag = F,
                               model = "within",
                               effect = "twoways",
                               spatial.error = "b")
twoways.fe.imp<-summary(twoways.fe.est.imp)
out.twoway.fe.imp<-data.frame(twoways.fe.imp$CoefTable)
for (i in 1:dim(out.twoway.fe.imp)[2]){
    out.twoway.fe.imp[,i]<-round(out.twoway.fe.imp[,i],4)
}
xlsx::write.xlsx(out.twoway.fe.imp,file = "./results/sem.twoways.fe.imp.xlsx")
```

```
#随机效应分析
ind.re.est.imp<-splm::spml(fm,data=sp.data.to.2016,listw=sp.w.s,
                           model="random",
                           lag=F,
                           effect="individual",
                           spatial.error="b")
ind.re.imp  <-summary(ind.re.est.imp)
ll.re.ind   <-ind.re.imp$logLik
AIC.re.ind  <-2*5-2*log(ind.re.imp$logLik)
out.re.ind.imp-rbind(ind.re.imp$ErrCompTable,ind.re.imp$CoefTable,
                     loglik=c(ll.re.ind,0,0,0),
                     AIC=c(AIC.re.ind,0,0,0))
for(i in 1:dim(out.re.ind.imp)[2]){
   out.re.ind.imp[,i]<-round(out.re.ind.imp[,i],4)
   }
xlsx::write.xlsx(out.re.ind.imp,file="./results/sem.re.est.imp.xlsx")
time.re.est.imp<-splm::spml(fm,data=sp.data.to.2016,listw=sp.w.s,
                            model="within",
                            lag=F,
                            effect="time",
                            spatial.error="b")
time.re.imp<-summary(time.re.est.imp)
twoways.re.est.imp<-splm::spml(fm,data=sp.data.to.2016,listw=sp.w.s,
                               model="within",
                               lag=F,
                               effect="twoways",
                               spatial.error="b")
twoways.re.imp<-summary(twoways.fe.est.imp)
##--------------------------------------
##SLX分析
##ols分析
fmslx<-te~fdillag+imp+ins+prd+wfdi+wimp
slx.ols.imp<-splm::spml(fmslx,data=sp.data.to.2016,listw=sp.w.s,
                        model="pooling",
                        effect="individual",
```

```
                          lag = F,
                          spatial.error = "none")
out.slx.ols.imp  <- summary(slx.ols.imp)
ll.ols.slx       <- out.slx.ols.imp$logLik
AIC.ols.slx      <- 2*7 - 2*log(out.slx.ols.imp$logLik)
out.ols.slx.imp  <- rbind(out.slx.ols.imp$CoefTable,
                           loglik = c(ll.ols.sar,0,0,0),
                           AIC = c(AIC.ols.sar,0,0,0))
for(i in 1:dim(out.ols.slx.imp)[2]){
    out.ols.slx.imp[,i]<-round(out.ols.slx.imp[,i],4)
    }
xlsx::write.xlsx(out.ols.slx.imp,file = "./results/slx.ols.imp.est.xlsx")
##固定效应分析
slx.feind.imp<-splm::spml(fmslx,data = sp.data.to.2016,listw = sp.w.s,
                           effect = "individual",lag = F,
                           model = "within",
                           spatial.error = "none")
out.slx.feind.imp<-summary(slx.feind.imp)
out.slx.feind.imp.1<-data.frame(out.slx.feind.imp$CoefTable)
for(i in 1:dim(out.slx.feind.imp.1)[2]){
    out.slx.feind.imp.1[,i]<-round(out.slx.feind.imp.1[,i],4)
}
xlsx::write.xlsx(out.slx.feind.imp.1,file = "./results/slx.feind.imp.est.xlsx")
slx.fetime.imp<-splm::spml(fmslx,data = sp.data.to.2016,listw = sp.w.s,
                            effect = "time",lag = F,
                            model = "within",
                            spatial.error = "none")
out.slx.fetime.imp<-summary(slx.fetime.imp)
out.slx.fetime.imp.1<-data.frame(out.slx.fetime.imp$CoefTable)
for(i in 1:dim(out.slx.fetime.imp.1)[2]){
    out.slx.fetime.imp.1[,i]<-round(out.slx.fetime.imp.1[,i],4)
}
xlsx::write.xlsx(out.slx.fetime.imp.1,
file = "./results/slx.fetime.imp.est.xlsx")
slx.fetwoways.imp<-splm::spml(fmslx,data = sp.data.to.2016,listw = sp.w.s,
```

```
                                   effect = "time",lag = F,
                                   model = "within",
                                   spatial.error = "none")
out.slx.fetwoways.imp<-summary(slx.fetwoways.imp)
out.slx.fetwoways.imp.1<-data.frame(out.slx.fetwoways.imp$CoefTable)
for(i in 1:dim(out.slx.fetwoways.imp.1)[2]){
    out.slx.fetwoways.imp.1[,i]<-round(out.slx.fetwoways.imp.1[,i],4)
}
xlsx::write.xlsx(out.slx.fetwoways.imp.1,
file = "./results/slx.fetwoways.imp.est.xlsx")
##随机效应分析
slx.reind.imp<-splm::spml(fmslx,data = sp.data.to.2016,listw = sp.w.s,
                             effect = "individual",lag = F,
                             model = "random",
                             spatial.error = "none")
out.slx.reind.imp   <-summary(slx.reind.imp)
ll.redind.imp       <-out.slx.reind.imp$logLik
AIC.redind.imp      <-2*7-2*log(out.slx.reind.imp$logLik)
out.slx.reind.imp.1<-data.frame(rbind(out.slx.reind.imp$CoefTable,
                                         ll = c(ll.redind.imp,0,0,0),
                                         aic = c(AIC.redind.imp,0,0,0)))
for(i in 1:dim(out.slx.reind.imp.1)[2]){
    out.slx.reind.imp.1[,i]<-round(out.slx.reind.imp.1[,i],4)
}
xlsx::write.xlsx(out.slx.reind.imp.1,file = "./results/slx.reind.imp.est.xlsx")
slx.retime.imp<-splm::spml(fmslx,data = sp.data.to.2016,listw = sp.w.s,
                              effect = "time",lag = F,
                              model = "random",
                              spatial.error = "none")
out.slx.retime.imp<-summary(slx.retime.imp)
out.slx.retime.imp.1<-data.frame(out.slx.retime.imp$CoefTable)
for(i in 1:dim(out.slx.retime.imp.1)[2]){
    oout.slx.retime.imp.1[,i]<-round(out.slx.retime.imp.1[,i],4)
}
xlsx::write.xlsx(out.slx.retime.imp.1,
```

```
file = "./results/slx.fetime.imp.est.xlsx")
slx.retwoways.imp<-splm::spml(fmslx,data = sp.data.to.2016,listw = sp.w.s,
                              lag = F,
                              effect = "time",
                              model = "random",
                              spatial.error = "none")
out.slx.retwoways.imp<-summary(slx.retwoways.imp)
out.slx.retwoways.imp.1<-data.frame(out.slx.retwoways.imp$CoefTable)
for(i in 1:dim(out.slx.retwoways.imp.1)[2]){
   out.slx.retwoways.imp.1[,i]<-round(out.slx.retwoways.imp.1[,i],4)
}
xlsx::write.xlsx(out.slx.retwoways.imp.1,
file = "./results/slx.fetwoways.imp.est.xlsx")
#--------------------------------------
fms.gns<-te~fdi1lag + imp + ins + prd + wfdi1lag + wimp
gns.pool<-splm::spml(fms.gns,data = sp.data.to.2016,listw = sp.w.s,
                     model = "pooling",
                     lag = T,
                     spatial.error = "b")
gns.pool.est<-summary(gns.pool)
ll.gns<-gns.pool.est$logLik
AIC.gns<-2*7-2*log(gns.pool.est$logLik)
out.gns.pool<-data.frame(rbind(gns.pool.est$ARCoefTable,
                               gns.pool.est$ErrCompTable,
                               gns.pool.est$CoefTable,
                               loglik = c(ll.gns,0,0,0),
                               AIC = c(AIC.gns,0,0,0)))
for(i in 1:dim(out.gns.pool)[2])  out.gns.pool[,i]<-round(out.gns.pool[,i],4)
xlsx::write.xlsx(out.gns.pool,file = "./results/gns.pool.imp.xlsx")
#--------------------------------------
##fixed effect
fms.gns<-te~fdi1lag + imp + ins + prd + wfdi1lag + wimp
gns.fe.ind<-splm::spml(fms.gns,data = sp.data.to.2016,listw = sp.w.s,
                       model = "within",
                       effect = "individual",
```

```
                    lag = T,
                    spatial.error = "b")
gns.fe.ind.est<-summary(gns.fe.ind)
out.gns.fe.ind<-data.frame(rbind(gns.fe.ind.est$ARCoefTable,
                                 gns.fe.ind.est$ErrCompTable,
                                 gns.fe.ind.est$CoefTable))
for(i in 1:dim(out.gns.fe.ind)[2]){
    out.gns.fe.ind[,i]<-round(out.gns.fe.ind[,i],4)
}
xlsx::write.xlsx(out.gns.fe.ind,file = "./results/gns.fe.ind.imp.xlsx")
#------------------------------------------------------
gns.fe.time<-splm::spml(fms.gns,data = sp.data.to.2016,listw = sp.w.s,
                    model = "within",
                    effect = "time",
                    lag = T,
                    spatial.error = "b")
gns.fe.time.est<-summary(gns.fe.ind)
out.gns.fe.time<-data.frame(rbind(gns.fe.time.est$ARCoefTable,
                                  gns.fe.time.est$ErrCompTable,
                                  gns.fe.time.est$CoefTable))
for(i in 1:dim(out.gns.fe.time)[2]){
    out.gns.fe.time[,i]<-round(out.gns.fe.time[,i],4)
}
xlsx::write.xlsx(out.gns.fe.time,file = "./results/gns.fe.time.imp.xlsx")
gns.fe.twoways<-splm::spml(fms.gns,data = sp.data.to.2016,listw = sp.w.s,
                       model = "within",
                       effect = "twoways",
                       lag = T,
                       spatial.error = "b")
gns.fe.twoways.est<-summary(gns.fe.ind)
out.gns.fe.twoways<-data.frame(rbind(gns.fe.twoways.est$ARCoefTable,
                                     gns.fe.twoways.est$ErrCompTable,
                                     gns.fe.twoways.est$CoefTable))
for(i in 1:dim(out.gns.fe.twoways)[2]){
    out.gns.fe.twoways[,i]<-round(out.gns.fe.twoways[,i],4)
```

```
}
xlsx::write.xlsx(out.gns.fe.twoways,file = "./results/gns.fe.twoways.imp.xlsx")
#--------------------------------------
##randomeffect
gns.re.ind<-splm::spml(fms.gns,data = sp.data.to.2016,listw = sp.w.s,
                         model = "random",
                         efrect = "individual",
                         lag = T,
                         spatial.error = "b")
gns.re.ind.est   <- summary(gns.re.ind)
ll.re.ind.imp    <- gns.re.ind.est $ logLik
aic.re.ind.imp   <- 2 * 7 - 2 * log(gns.re.ind.est $ logLik)
out.gns.re.ind   <- data.frame(rbind(gns.re.ind.est $ ARCoefTable,
                                     gns.re.ind.est $ ErrCompTable,
                                     gns.re.ind.est $ CoefTable,
                                     ll = c(ll.re.ind.imp,0,0,0),
                                     aic = c(aic.re.ind.imp,0,0,0)))
for(i in 1:dim(out.gns.re.ind)[2]){
    out.gns.re.ind[,i]<-round(out.gns.re.ind[,i],4)
}
xlsx::write.xlsx(out.gns.re.ind,file = "./results/gns.re.ind.imp.xlsx")
gns.re.time<-splm::spml(fms.gns,data = sp.data.to.2016,listw = sp.w.s,
                          model = "random",
                          efrect = "time",
                          lag = T,
                          spatial.error = "b")
gns.re.time.est<-summary(gns.re.ind)
out.gns.re.time<-data.frame(rbind(gns.re.time.est $ ARCoefTable,
                                  gns.re.time.est $ ErrCompTable,
                                  gns.re.time.est $ CoefTable))
for(i in 1:dim(out.gns.re.time)[2]){
    out.gns.re.time[,i]<-round(out.gns.re.time[,i],4)
}
xlsx::write.xlsx(out.gns.re.time,file = "./results/gns.re.time.imp.xlsx")
gns.re.twoways<-splm::spml(fms.gns,data = sp.data.to.2016,listw = sp.w.s,
```

```
                    model = "random",
                    efrect = "twoways",
                    lag = T,
                    spatial.error = "b")
gns.re.twoways.est<-summary(gns.re.ind)
out.gns.re.twoways<-data.frame(rbind(gns.re.twoways.est$ARCoefTable,
                          gns.re.twoways.est$ErrCompTable,
                          gns.re.twoways.est$CoefTable))
for(i in 1:dim(out.gns.re.twoways)[2]){
   out.gns.re.twoways[,i]<-round(out.gns.re.twoways[,i],4)
}
xlsx::write.xlsx(out.gns.re.twoways,file = "./results/gns.re.twoways.imp.xlsx")
#---------------------------------------
##空间杜宾模型
fms.sdm<-te~fdillag + imp + ins + prd + wfdillag + wimp
sdm.pool<-splm::spml(fms.sdm,data = sp.data.to.2016,listw = sp.w.s,
                model = "pooling",
                lag = T,
                spatial.err = "none")
sdm.pool.est<-summary(sdm.pool)
ll.sdm<-sdm.pool.est$logLik
AIC.sdm<-2*7-2*log(sdm.pool.est$logLik)
out.sdm.pool<-data.frame(rbind(sdm.pool.est$ARCoefTable,
                       sdm.pool.est$ErrCompTable,
                       sdm.pool.est$CoefTable,
                       loglik = c(ll.sdm,0,0,0),
                       AIC = c(AIC.sdm,0,0,0)))
for(i in 1:dim(out.sdm.pool)[2])  out.sdm.pool[,i]<-round(out.sdm.pool[,i],4)
xlsx::write.xlsx(out.sdm.pool,file = "./results/sdm.pool.imp.xlsx")
#---------------------------------------
##fixed effect
fms.sdm<-te~fdillag + imp + ins + prd + wfdillag + wimp
sdm.fe.ind<-splm::spml(fms.sdm,data = sp.data.to.2016,listw = sp.w.s,
                 model = "within",
                 effect = "individual",
```

```
                    lag = T,
                    spatial.err = "none")
sdm.fe.ind.est<-summary(sdm.fe.ind)
ll<-sdm.fe.ind.est$logLik
aic<-2*7-2*log(sdm.fe.ind.est$logLik)
out.sdm.fe.ind<-data.frame(rbind(sdm.fe.ind.est$ARCoefTable,
                                 sdm.fe.ind.est$ErrCompTable,
                                 sdm.fe.ind.est$CoefTable,
                                 ll = c(ll,0,0,0),
                                 aic = c(aic,0,0,0)))
for(i in 1:dim(out.sdm.fe.ind)[2]){
    out.sdm.fe.ind[,i]<-round(out.sdm.fe.ind[,i],4)
}
xlsx::write.xlsx(out.sdm.fe.ind,file = "./results/sdm.fe.ind.imp.xlsx")
#-------------------------------------
sdm.fe.time<-splm::spml(fms.sdm,data = sp.data.to.2016,listw = sp.w.s,
                        model = "within",
                        effect = "time",
                        lag = T,
                        spatial.err = "none")
sdm.fe.time.est<-summary(sdm.fe.ind)
ll  <-sdm.fe.time.est$logLik
aic<-2*7-2*log(sdm.fe.time.est$logLik)
out.sdm.fe.time<-data.frame(rbind(sdm.fe.time.est$ARCoefTable,
                                  sdm.fe.time.est$ErrCompTable,
                                  sdm.fe.time.est$CoefTable,
                                  ll = c(ll,0,0,0),
                                  aic = c(aic,0,0,0)))
for(i in 1:dim(out.sdm.fe.time)[2]){
    out.sdm.fe.time[,i]<-round(out.sdm.fe.time[,i],4)
}
xlsx::write.xlsx(out.sdm.fe.time,file = "./results/sdm.fe.time.imp.xlsx")
#-------------------------------------
sdm.fe.twoways<-splm::spml(fms.sdm,data = sp.data.to.2016,listw = sp.w.s,
                           model = "within",
```

```
                                effect = "twoways",
                                lag = T,
                                spatial.err = "none")
sdm.fe.twoways.est<-summary(sdm.fe.ind)
ll    <-sdm.fe.twoways.est$logLik
aic<-2*7-2*log(sdm.fe.twoways.est$logLik)
out.sdm.fe.twoways<-data.frame(rbind(sdm.fe.twoways.est$ARCoefTable,
                                     sdm.fe.twoways.est$ErrCompTable,
                                     sdm.fe.twoways.est$CoefTable,
                                     ll = c(ll,0,0,0),
                                     aic = c(aic,0,0,0)))
for(i in 1:dim(out.sdm.fe.twoways)[2]){
    out.sdm.fe.twoways[,i]<-round(out.sdm.fe.twoways[,i],4)
}
xlsx::write.xlsx(out.sdm.fe.twoways,file = "./results/sdm.fe.twoways.imp.xlsx")
#--------------------------------------
##random effect
sdm.re.ind<-splm::spml(fms.sdm,data = sp.data.to.2016,listw = sp.w.s,
                        model = "random",
                        efrect = "individual",
                        lag  = T,
                        spatial.err = "none")
sdm.re.ind.est<-summary(sdm.re.ind)
ll    <-sdm.re.ind.est$logLik
aic<-2*7-2*log(sdm.re.ind.est$logLik)
out.sdm.re.ind<-data.frame(rbind(sdm.re.ind.est$ARCoefTable,
                                 sdm.re.ind.est$ErrCompTable,
                                 sdm.re.ind.est$CoefTable,
                                 ll = c(ll,0,0,0),
                                 aic = c(aic,0,0,0)))
for(i in 1:dim(out.sdm.re.ind)[2]){
    out.sdm.re.ind[,i]<-round(out.sdm.re.ind[,i],4)
}
xlsx::write.xlsx(out.sdm.re.ind,file = "./results/sdm.re.ind.imp.xlsx")
#--------------------------------------
```

```
sdm.re.time<-splm::spml(fms.sdm,data=sp.data.to.2016,listw=sp.w.s,
                        model="random",
                        efrect="time",
                        lag=T,
                        spatial.err="none")
sdm.re.time.est<-summary(sdm.re.ind)
ll  <-sdm.re.time.est$logLik
aic<-2*7-2*log(sdm.re.time.est$logLik)
out.sdm.re.time<-data.frame(rbind(sdm.re.time.est$ARCoefTable,
                                  sdm.re.time.est$ErrCompTable,
                                  sdm.re.time.est$CoefTable,
                                  ll=c(ll,0,0,0),
                                  aic=c(aic,0,0,0)))
for(i in 1:dim(out.sdm.re.time)[2]){
    out.sdm.re.time[,i]<-round(out.sdm.re.time[,i],4)
}
xlsx::write.xlsx(out.sdm.re.time,file="./results/sdm.re.time.imp.xlsx")
#--------------------------------------------------------
sdm.re.twoways<-splm::spml(fms.sdm,data=sp.data.to.2016,listw=sp.w.s,
                           model="random",
                           efrect="twoways",
                           lag=T,
                           spatial.err="none")
sdm.re.twoways.est<-summary(sdm.re.ind)
ll  <-sdm.re.twoways.est$logLik
aic<-2*7-2*log(sdm.re.twoways.est$logLik)
out.sdm.re.twoways<-data.frame(rbind(sdm.re.twoways.est$ARCoefTable,
                                     sdm.re.twoways.est$ErrCompTable,
                                     sdm.re.twoways.est$CoefTable,
                                     ll=c(ll,0,0,0),
                                     aic=c(aic,0,0,0)))
for(i in 1:dim(out.sdm.re.twoways)[2]){
    out.sdm.re.twoways[,i]<-round(out.sdm.re.twoways[,i],4)
}
xlsx::write.xlsx(out.sdm.re.twoways,file="./results/sdm.re.twoways.imp.xlsx")
```

```
#---------------------------------------
##空间杜宾误差模型
fms.sdem<-te~fdillag+imp+ins+prd+wfdillag+wimp
sdem.pool<-splm::spml(fms.sdem,data=sp.data.to.2016,listw=sp.w.s,
                      model="pooling",
                      lag=F,
                      spatial.err="b")
sdem.pool.est<-summary(sdem.pool)
ll.sdem<-sdem.pool.est$logLik
AIC.sdem<-2*7-2*log(sdem.pool.est$logLik)
out.sdem.pool<-data.frame(rbind(sdem.pool.est$ARCoefTable,
                                sdem.pool.est$ErrCompTable,
                                sdem.pool.est$CoefTable,
                                loglik=c(ll.sdem,0,0,0),
                                AIC=c(AIC.sdem,0,0,0)))
for(i in 1:dim(out.sdem.pool)[2]){
    out.sdem.pool[,i]<-round(out.sdem.pool[,i],4)
}
xlsx::write.xlsx(out.sdem.pool,file="./results/sdem.pool.imp.xlsx")
#---------------------------------------
##fixed effect
fms.sdem<-te~fdillag+imp+ins+prd+wfdillag+wimp
sdem.fe.ind<-splm::spml(fms.sdem,data=sp.data.to.2016,listw=sp.w.s,
                        model="within",
                        effect="individual",
                        lag=F,
                        spatial.err="b")
sdem.fe.ind.est<-summary(sdem.fe.ind)
out.sdem.fe.ind<-data.frame(rbind(sdem.fe.ind.est$ARCoefTable,
                                  sdem.fe.ind.est$ErrCompTable,
                                  sdem.fe.ind.est$CoefTable))
for(i in 1:dim(out.sdem.fe.ind)[2]){
    out.sdem.fe.ind[,i]<-round(out.sdem.fe.ind[,i],4)
}
xlsx::write.xlsx(out.sdem.fe.ind,file="./results/sdem.fe.ind.imp.xlsx")
```

```
#-------------------------------------------
sdem.fe.time<-splm::spml(fms.sdem,data=sp.data.to.2016,listw=sp.w.s,
                         model="within",
                         effect="time",
                         lag=F,
                         spatial.err="b")
sdem.fe.time.est<-summary(sdem.fe.ind)
out.sdem.fe.time<-data.frame(rbind(sdem.fe.time.est$ARCoefTable,
                                   sdem.fe.time.est$ErrCompTable,
                                   sdem.fe.time.est$CoefTable))
for(i in 1:dim(out.sdem.fe.time)[2]){
  out.sdem.fe.time[,i]<-round(out.sdem.fe.time[,i],4)
}
xlsx::write.xlsx(out.sdem.fe.time,file="./results/sdem.fe.time.xlsx")
#-------------------------------------------
sdem.fe.twoways<-splm::spml(fms.sdem,data=sp.data.to.2016,listw=sp.w.s,
                            model="within",
                            effect="twoways",
                            lag=F,
                            spatial.err="b")
sdem.fe.twoways.est<-summary(sdem.fe.ind)
out.sdem.fe.twoways<-data.frame(rbind(sdem.fe.twoways.est$ARCoefTable,
                                      sdem.fe.twoways.est$ErrCompTable,
                                      sdem.fe.twoways.est$CoefTable))
for(i in 1:dim(out.sdem.fe.twoways)[2]){
  out.sdem.fe.twoways[,i]<-round(out.sdem.fe.twoways[,i],4)
}
xlsx::write.xlsx(out.sdem.fe.twoways,file="./results/sdem.fe.twoways.xlsx")
#-------------------------------------------
##random effect
sdem.re.ind<-splm::spml(fms.sdem,data=sp.data.to.2016,listw=sp.w.s,
                        model="random",
                        efrect="individual",
                        lag=F,
                        spatial.err="b")
```

```
sdem.re.ind.est<-summary(sdem.re.ind)
sdem.re.ind.ll<-sdem.re.ind.est$logLik
sdem.re.ind.aic<-2*7-2*log(sdem.re.ind.est$logLik)
out.sdem.re.ind<-data.frame(rbind(sdem.re.ind.est$ErrCompTable,
                                  sdem.re.ind.est$CoefTable,
                                  ll=c(sdem.re.ind.ll,0,0,0),
                                  aic=c(sdem.re.ind.aic,0,0,0)))
for(i in 1:dim(out.sdem.re.ind)[2]){
   out.sdem.re.ind[,i]<-round(out.sdem.re.ind[,i],4)
}
xlsx::write.xlsx(out.sdem.re.ind,file="./results/sdem.re.ind.imp.xlsx")
#-------------------------------------
sdem.re.time<-splm::spml(fms.sdem,data=sp.data.to.2016,listw=sp.w.s,
                         model="random",
                         efrect="time",
                         lag=F,
                         spatial.err="b")
sdem.re.time.est<-summary(sdem.re.ind)
ll  <-sdem.re.time.est$logLik
aic<-2*7-2*log(sdem.re.time.est$logLik)
out.sdem.re.time<-data.frame(rbind(sdem.re.time.est$ARCoefTable,
                                   sdem.re.time.est$ErrCompTable,
                                   sdem.re.time.est$CoefTable,
                                   ll=c(sdem.re.ind.ll,0,0,0),
                                   aic=c(sdem.re.ind.aic,0,0,0)))
for(i in 1:dim(out.sdem.re.time)[2]){
   out.sdem.re.time[,i]<-round(out.sdem.re.time[,i],4)
}
xlsx::write.xlsx(out.sdem.re.time,file="./results/sdem.re.time.imp.xlsx")
#-------------------------------------
sdem.re.twoways<-splm::spml(fms.sdem,data=sp.data.to.2016,listw=sp.w.s,
                            model="random",
                            efrect="twoways",
                            lag=F,
                            spatial.err="b")
```

```
sdem.re.twoways.est<-summary(sdem.re.ind)
ll  <-sdem.re.twoways.est$logLik
aic<-2*7-2*log(sdem.re.twoways.est$logLik)
out.sdem.re.twoways<-data.frame(rbind(sdem.re.twoways.est$ARCoefTable,
                                      sdem.re.twoways.est$ErrCompTable,
                                      sdem.re.twoways.est$CoefTable,
                                      ll=c(sdem.re.ind.ll,0,0,0),
                                      aic=c(sdem.re.ind.aic,0,0,0)))
for(i in 1:dim(out.sdem.re.twoways)[2]){
    out.sdem.re.twoways[,i]<-round(out.sdem.re.twoways[,i],4)
}
xlsx::write.xlsx(out.sdem.re.twoways,file="./results/sdem.re.twoways.xlsx")
##fdi-exp---------------------------------------
##gns
(aicgnsOls<-2*7-2*log(237.926))
(aicgnsfe<-2*6-2*log(869.0266))
##sdem
(aicsdemfe<-2*6-2*log(859.08998))
##sem
(aicsemfe<-2*4-2*log(854.3519))
##slx
(aicsemfe<-2*4-2*log(854.3519))
##sarar
(aicsararols<-2*5-2*log(234.05158))
(aicsararfe<-2*5-2*log(859.84831))
##fdi-exp---------------------------------------
##fdi-imp---------------------------------------
##gns
(aicgnsOls.imp<-2*7-2*log(231.9402))
(aicgnsfe.imp<-2*6-2*log(861.6255))
##sdem
(aicsdemfe.imp<-2*6-2*log(859.08998))
##sem
(aicsemfe.imp<-2*4-2*log(854.3519))
##slx
```

```
(aicsemfe.imp<-2*4-2*log(854.3519))
##sarar
(aicsararols.imp<-2*5-2*log(234.05158))
(aicsararfe.imp<-2*5-2*log(859.84831))
##fdi-imp-----------------------------------
(rb.exp.gns<-2*7-2*log(579.8321))
(rb.exp.sdm<-2*7-2*log(573.06298))
(rb.exp.sar<-2*5-2*log(571.0252))
ols1<-readxl::read_excel("G:/projects2019/paper3/dataSaving/out2016.xlsx")
fms<-te~fdi+exp+wfdi+wexp+ins+prd
olsm1<-lm(fms,data=ols1)
out.ols1<-summary(olsm1)
loglik<-   logLik(olsm1)
aic.ols1<-2*6-2*log(loglik)
#-------------------------------------------
(rb.exp.gns.t<-2*7-2*log(868.4612))
(rb.exp.sdm.w<-2*7-2*log(849.6177))
(rb.exp.sar.w<-2*5-2*log(8.323531243915554e+02))
ols1<-readxl::read_excel("E:/projects2019/paper3/dataSaving/wd20161.xlsx")
View(ols1)
fms<-te~fdi+exp+wfdi+wexp+ins+prd
olsm1<-lm(fms,data=ols1)
out.ols1<-summary(olsm1)
loglik<-   logLik(olsm1)
aic.ols1<-2*6-2*log(loglik)
#-------------------------------------------
(rb.exp.gns.wv<-2*7-2*log(920.8512))
(rb.exp.sdm.wv<-2*7-2*log(900.6975))
(rb.exp.sar.wv<-2*5-2*log(1439.2))
olswv<-readxl::read_excel("E:/projects2019/paper3/dataSaving/wdv20161.xlsx")
View(olswv)
fms<-te~fdi+exp+wfdi+wexp+cre+prd
olsmwv<-lm(fms,data=olswv)
out.olswv<-summary(olsmwv)
(loglik.wv<-   logLik(olsmwv))
```

```
(aic.olswv<-2*6-2*log(loglik))
```

附录 10　robust_fdi_imp.R

```
##fdi-imp-------------------------------------
(rb.imp.gns<-2*7-2*log(579.4537))
(rb.imp.sdm<-2*7-2*log(571.7823))
(rb.imp.sar<-2*5-2*log(572.0366))
ols.imp.sdem<-readxl::read_excel("E:/projects2019/paper3/dataSaving/out2016_
imp.xlsx",col_names=F)
View(ols.imp.sdem)
colnames(ols.imp.sdem)<-c("year","region","te","fdi","imp","wfdi","wimp","
ins","prd")
fms<-te~fdi+imp+wfdi+wimp+ins+prd
olsm.imp.sdem<-lm(fms,data=ols.imp.sdem)
out.olsm.imp.sdem<-summary(olsm.imp.sdem)
(loglik.sdem<-   logLik(olsm.imp.sdem))
(aic.sdem     <-   2*6-2*log(loglik.sdem))
#---------------------------------------------
(rb.imp.gns.t<-2*7-2*log(860.9740))
(rb.imp.sdm.w<-2*7-2*log(844.5452))
(rb.imp.sar.w<-2*5-2*log(829.2103))
ols.imp.sdem<-
    readxl::read_excel("E:/projects2019/paper3/dataSaving/wdimp2016.xlsx",
                col_names=F)
View(ols.imp.sdem)
colnames(ols.imp.sdem)<-c("year","region","te","fdi","imp","wfdi","wimp","
ins","prd")
fms<-te~fdi+imp+wfdi+wimp+ins+prd
olsm.imp.sdem<-lm(fms,data=ols.imp.sdem)
out.olsm.imp.sdem<-summary(olsm.imp.sdem)
(loglik.sdem<-   logLik(olsm.imp.sdem))
(aic.sdem     <-   2*6-2*log(loglik.sdem))
#---------------------------------------------
(rb.imp.gns.wv<-2*7-2*log(1460.9300))
```

```
(rb.imp.sdm.wv<-2*7-2*log(1444.258))
(rb.imp.sar.wv<-2*5-2*log(1439.21))
ols.imp.sdem<-
readxl::read_excel("E:/projects2019/paper3/dataSaving/datawv2016.xlsx",
col_names=F)
View(ols.imp.sdem)
colnames(ols.imp.sdem)<-c("year","region","te","fdi","imp","wfdi","wimp","
cre","prd")
fms<-te~fdi+imp+wfdi+wimp+cre+prd
olsm.imp.sdem<-lm(fms,data=ols.imp.sdem)
out.olsm.imp.sdem<-summary(olsm.imp.sdem)
(loglik.sdem<-   logLik(olsm.imp.sdem))
(aic.sdem     <-   2*6-2*log(loglik.sdem))
#-------------------------------------
(rb.imp.sem.t<-2*6-2*log(856.577))
(rb.imp.sem.w<-2*6-2*log(847.531))
(rb.imp.sem.wv<-2*6-2*log(1442.29))
(rb.exp.sem.t<-2*6-2*log(566.39))
(rb.exp.sem.w<-2*6-2*log(855.41))
(rb.exp.sem.wv<-2*6-2*log(1442.29))
```

后 记

城市化效率是城市化进程结果的一个重要表现。大量文献采用数据包络分析方法和随机前沿方法测度城市化效率,并对其国内影响因素进行了大量的计量分析,较少文献采用空间随机前沿方法测度城市化效率,更少的文献研究影响城市化效率的国际因素。基于此,本书运用空间杜宾随机前沿方法测度城市化效率,并重点分析了对外贸易和外商直接投资对城市化效率的影响机制。本书先回顾了研究效率的常规方法,充分利用最新研究成果,推导了空间杜宾随机前沿效率测度方法,应用到我国 31 省、市、自治区的城市化效率测度,最后运用经典空间计量方法分析了对外贸易和外商直接投资对城市化效率的影响,为城市化效率研究提供了一个新的研究视角和典型应用素材。

在本书的写作过程中,参阅了大量的中英文文献资料,在此对这些作者表示衷心的感谢。

家人的大力支持和朋友的鼓励是我写作本书的持续动力,谨以此书献给我的家人和朋友,谢谢我的家人给予我的支持和包容,谢谢朋友们的建议和鼓励。

感谢湘潭大学出版社编辑们的辛勤付出和帮助,本书才能得以付梓出版。

因研究条件和个人研究水平的限制,书中难免存在不足之处,许多方面存在待改进的空间,很多方面有待进一步研究,敬请国内外学者批评、指正和赐教!

陈辉民

(湖南工程学院经济学院金融工程教研室)

2021 年 3 月